Ergänzende digitale Inhalte

▶ Dieses Symbol weist auf ergänzende digitale Inhalte hin. Rufen Sie zur Nutzung **www.westermann.de/dorn-bader-152384** auf oder verwenden Sie den QR-Code. Geben Sie anschließend den Online-Schlüssel ein.

Online-Schlüssel
8DXM-SF0T-7Z1T

westermann

DORN.BADER

Physik S II

Einführungsphase

DORN . BADER
Physik S II Einführungsphase

Herausgegeben von
Prof. Dr. Rainer Müller

Begründet von
Prof. Dr. Franz Bader †, Prof. Friedrich Dorn †

Bearbeitet von
Prof. Dr. Andreas Dölle, Prof. Dr. Rainer Müller, Dr. Henning Rode

Mit Beiträgen von
Dr. Dirk Brockmann-Behnsen, Prof. Dr. Gunnar Friege, Tobias Rosenthal, Dr. Teresa Hilger

Vorbereiten. Organisieren. Durchführen.
BiBox ist das umfassende Digitalpaket zu diesem Lehrwerk mit zahlreichen Materialien und dem digitalen Schulbuch. Für Lehrkräfte und für Schülerinnen und Schüler sind verschiedene Lizenzen verfügbar. Nähere Informationen unter
www.bibox.schule

Zum Schulbuch erscheint:
Lösungsband, ISBN: 978-3-14-**152385**-0

© 2023 Westermann Bildungsmedien Verlag GmbH, Georg-Westermann-Allee 66, 38104 Braunschweig
www.westermann.de

Das Werk und seine Teile sind urheberrechtlich geschützt. Jede Nutzung in anderen als den gesetzlich zugelassenen bzw. vertraglich zugestandenen Fällen bedarf der vorherigen schriftlichen Einwilligung des Verlages. Nähere Informationen zur vertraglich gestatteten Anzahl von Kopien finden Sie auf www.schulbuchkopie.de.

Für Verweise (Links) auf Internet-Adressen gilt folgender Haftungshinweis: Trotz sorgfältiger inhaltlicher Kontrolle wird die Haftung für die Inhalte der externen Seiten ausgeschlossen. Für den Inhalt dieser externen Seiten sind ausschließlich deren Betreiber verantwortlich. Sollten Sie daher auf kostenpflichtige, illegale oder anstößige Inhalte treffen, so bedauern wir dies ausdrücklich und bitten Sie, uns umgehend per E-Mail davon in Kenntnis zu setzen, damit beim Nachdruck der Verweis gelöscht wird.

Druck A^1 / Jahr 2023
Alle Drucke der Serie A sind im Unterricht parallel verwendbar.

Redaktion: Dr. Andreas Hagedorn
Druck und Bindung: Westermann Druck GmbH, Georg-Westermann-Allee 66, 38104 Braunschweig

ISBN 978-3-14-**152384**-3

Bildquellenverzeichnis

|ADAC, München: ©ADAC/Euro NCAP 39.1. |akg-images GmbH, Berlin: 85.1, 112.1. |Alamy Stock Photo, Abingdon/Oxfordshire: Classic Image 96.3; imageBROKER.com GmbH & Co. KG 5.1, 74.1; Science History Images/Photo Researchers 92.1; Vintage_Space 92.2. |Alamy Stock Photo (RMB), Abingdon/Oxfordshire: Grebler, Manfred 76.1; Karjalainen, Mikko 96.1; Kiyoshi Takahase Segundo 69.2; NASA Image Collection 105.1; public domain sourced / access rights from NASA Image Collection 129.1; public domain sourced / access rights from SpaceEnhanced 4.2, 48.1, 70.1; public domain sourced/access rights from NASA Image Collection 81.3, 89.1; Samokhin, Roman 96.2; Science History Images 85.2, 111.1; Wirestock, Inc. 4.1, 6.1; World History Archive 29.1; Zuma Press, Inc. 64.1. |Brockmann-Behnsen, Dirk, Hannover: 76.2, 84.1, 99.1. |dreamstime.com, Brentwood: Budda 42.1. |fotolia.com, New York: bluraz 47.2; Wolfilser 86.1; Xavier, Marc 82.4. |Friege, Gunnar, Hannover: 24.1, 24.2, 112.2. |iStockphoto.com, Calgary: 3DSculptor 106.1; Drazen_ 26.1; Makhbubakhon Ismatova 125.1; Sjoerd van der Wal 61.1; technotr 29.4; Urs Siedentop 31.2. |Kilian, Ulrich - science & more redaktionsbüro, Frickingen: 16.1. |Landesamt für Denkmalpflege und Archäologie Sachsen-Anhalt, Halle (Saale): Juraj Lipták 95.3. |LIO Design GmbH, Braunschweig: 3.1. |Mettin, Markus, Offenbach: 16.3, 22.3, 40.1, 40.2, 44.2. |newVISION! GmbH, Pattensen: 85.3, 132.1, 132.2, 134.1, 138.1, 138.2. |OKAPIA KG - Michael Grzimek & Co., Frankfurt/M.: Manfred Uselmann 42.2. |PantherMedia GmbH (panthermedia.net), München: Kiefer 83.1. |Picture-Alliance GmbH, Frankfurt a.M.: dpa 127.1; dpa/Polizei Bonn 46.4; ZB/Stache, Soeren 12.2; ZUMA Press/David Klein 32.1. |RWTH Aachen University, Aachen: 18.1, 18.3, 37.2, 44.3, 45.4, 52.1, 59.1, 59.4; Dr. Teresa Hilger 52.3; Kristine Tschirschky 59.3. |Salomea, Atelier Krülls, Berlin: 122.1. |Science Photo Library, München: DAVID PARKER & JULIAN BAUM 81.4; NASA 5.2, 90.1; Van Ravenswaay, Detlev 81.1. |Shutterstock.com, New York: Aaron of L.A. Photography 8.1; ESB Professional 47.3; immodium 81.2; Sampajano_Anizza 12.1. |stock.adobe.com, Dublin: chauffe 60.1; Grochowski, Guido 68.1; Kalyakan 64.2; Kneschke, Robert 62.1; Marco2811 53.1; Nadine K. Titel; Oren 127.2; Przybysz, Robert 66.1; tournee 82.3. |Tegen, Hans, Hambühren: 40.3, 45.1, 45.2, 45.3. |Wildermuth, Werner, Würzburg: 8.2, 9.1, 9.2, 10.1, 10.2, 11.1, 11.2, 13.1, 13.2, 14.1, 14.2, 16.2, 18.2, 18.4, 18.5, 19.1, 19.2, 19.3, 19.4, 20.1, 20.2, 21.1, 22.1, 22.2, 23.1, 23.2, 25.1, 25.2, 26.2, 26.3, 27.1, 28.1, 28.2, 28.3, 28.4, 29.2, 29.3, 30.1, 30.2, 30.3, 31.1, 31.3, 32.2, 32.3, 32.4, 33.1, 33.2, 33.3, 33.4, 34.1, 34.2, 35.1, 36.1, 36.2, 36.3, 37.1, 38.1, 38.2, 39.2, 39.3, 41.1, 41.2, 41.3, 43.1, 43.2, 44.1, 46.1, 46.2, 46.3, 46.5, 47.1, 50.1, 51.1, 51.2, 52.2, 52.4, 54.1, 54.2, 55.1, 55.2, 56.1, 58.1, 58.2, 59.2, 60.2, 62.2, 63.1, 63.2, 65.1, 66.2, 66.3, 68.2, 69.1, 71.1, 72.1, 72.2, 72.3, 72.4, 73.1, 73.2, 73.3, 77.1, 78.1, 79.1, 79.2, 79.3, 80.1, 80.2, 80.3, 82.1, 82.2, 83.2, 84.2, 86.2, 87.1, 87.2, 88.1, 88.2, 88.3, 89.2, 92.3, 93.1, 93.2, 93.3, 95.1, 95.2, 98.1, 98.2, 100.1, 100.2, 101.1, 102.1, 103.1, 104.1, 107.1, 108.1, 109.1, 109.2, 110.1, 111.2, 112.3, 113.1, 114.1, 115.1, 115.2, 116.1, 116.2, 118.1, 118.2, 118.3, 118.4, 119.1, 120.1, 120.2, 120.3, 120.4, 121.1, 121.2, 122.2, 123.1, 124.1, 124.2, 125.2, 126.1, 126.2, 128.1, 130.1, 130.2, 131.1, 131.2.

1 Grundlagen der Mechanik

1.1	Größen der Bewegung	8
1.2	Koordinaten und Bezugssysteme	10
1.3	Gleichungen der geradlinigen Bewegungen	12
1.4	Der freie Fall	16
	■ *Methode:* Bewerten	20
1.5	Der waagerechte Wurf	22
	■ *Methode:* Videoanalyse von waagerechten Würfen	24
1.6	Der schiefe Wurf	26
	■ *Exkurs:* Ballistische Kurve	28
	■ *Exkurs:* Historische Vorstellungen	29

Zusammenfassung ... 30
Aufgaben mit Lösungen ... 31

1.7	Die Grundgleichung der Mechanik	32
1.8	Das Trägheitsprinzip	38
	■ *Exkurs:* Sicherheit im Straßenverkehr	39
1.9	Das Wechselwirkungsprinzip	40
1.10	Reibung	42
	■ *Exkurs:* Strömungswiderstand	43

Zusammenfassung ... 46
Aufgaben mit Lösungen ... 47

2 Erhaltungssätze

2.1	Energieformen und Energieerhaltung	50
	■ *Exkurs:* Systeme	51
2.2	Energieerhaltung im Experiment	58
2.3	Mechanische Energie und Kraftansatz	60
	■ *Methode:* Herleitungen mit dem Kraftansatz	63
2.4	Mechanische Leistung und Wirkungsgrad	64
	■ *Exkurs:* Maximalgeschwindigkeit eines Pkw	65
2.5	Impuls und Impulserhaltung	66

Zusammenfassung ... 72
Aufgaben mit Lösungen ... 73

3 Kreisbewegungen

3.1	Beschreibung von Kreisbewegungen	76
3.2	Die Zentripetalkraft	78
	■ *Exkurs:* Die Zentripetalkraft in unterschiedlichem Gewand	81
3.3	Kreisbewegungen und Straßenverkehr	82
3.4	Kreisbewegungen und Bezugssysteme	84
	■ *Exkurs:* Waagerechter Wurf und Kreisbewegung	85
3.5	Zusammenwirken von Kräften	86

Zusammenfassung ... 88
Aufgaben mit Lösungen ... 89

4 Gravitation und Weltbilder

4.1	Astronomie und Weltbilder	92
	■ *Exkurs: Modell oder Wirklichkeit?*	94
	■ *Exkurs: Stern- und Planetenbewegungen am Himmel*	95
4.2	Das Gravitationsgesetz	96
	■ *Exkurs: Cavendish-Waage*	98
	■ *Exkurs: Fallbeschleunigung*	99
4.3	Das Gravitationsfeld	100
4.4	Die keplerschen Gesetze	104
4.5	Bahnen von Raumflugkörpern	106
	■ *Exkurs: Hohmann-Transfer*	107

Zusammenfassung ... 110
Aufgaben mit Lösungen ... 111

4.6	Spezielle Relativitätstheorie	112
4.7	Lichtgeschwindigkeit	114
	■ *Exkurs: Einstein erfindet die SRT*	117
4.8	Gleichzeitigkeit und Zeitdilatation	118
4.9	Längenkontraktion	120
4.10	Effekte und Paradoxien in der SRT	122
4.11	Allgemeine Relativitätstheorie	124
	■ *Exkurs:* GPS – Global Positioning System	126
	■ *Exkurs: Das Hafele-Keating-Experiment*	127
4.12	Vom Urknall zum heutigen Universum	128

Zusammenfassung ... 130
Aufgaben mit Lösungen ... 131

Aufgaben mit:
➡ niedrigem Schwierigkeitsgrad
↗ mittlerem Schwierigkeitsgrad
↑ hohem Schwierigkeitsgrad

Anhang	132
Lösungen zu den Kapiteln 1 – 4	132
Stichwortverzeichnis	142
Tabellenanhang	145

Grundlagen der Mechanik

Physikalische Größen sind hilfreich, um Bewegungen präzise zu beschreiben. Die Begriffe Zeit, Weg, Geschwindigkeit und Beschleunigung sind dabei sehr hilfreich.

Kräfte beschleunigen Körper. Diese Erkenntnis wurde von Sir Isaac Newton in der Grundgleichung der Mechanik formuliert. Newtons Gesetze gehören zum Fundament der Physik. Sie finden ihre Anwendung in alltäglichen Situationen.

1

Das können Sie in diesem Kapitel erreichen:

- Sie beschreiben Bewegungen mit Worten, Diagrammen und Funktionen.
- Sie bestimmen Geschwindigkeiten und Beschleunigungen bei verschiedenen Bewegungen.
- Sie lernen Fall- und Wurfbewegungen zu unterscheiden.
- Sie können Bewegungen mit technischen Hilfsmitteln aufnehmen und auswerten.
- Sie betrachten Bewegungen idealisiert und beschreiben den Einfluss der Reibung bei realen Bewegungen.
- Sie untersuchen den Zusammenhang von Kräften und Zusatzgeschwindigkeit.
- Sie lösen einfache und schwierigere Aufgaben mit der Grundgleichung der Mechanik.
- Sie wenden das Trägheits- und Wechselwirkungsprinzip auch in komplexen Situationen an.
- Sie erkennen und bewerten Risiken und Sicherheitsmaßnahmen im Straßenverkehr.

1.1 Größen der Bewegung

B1 Kartbahn – Fahren im Rundkurs

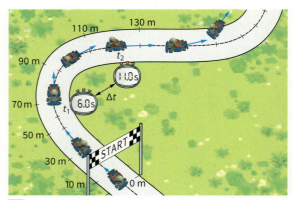

B2 Kartbahn – Zeitpunkte, Orte, Wege und Richtungen

Bewegungen beschreiben. Wir sind umgeben von Bewegungen: Der Bus fährt, der Uhrzeiger dreht sich und Kinder fahren mit ihrem Kart auf einer kurvigen Bahn (Bild **B1**). In der **Kinematik** versucht man diese Bewegungen mit messbaren Größen genau zu beschreiben.

Ein Merkmal einer Bewegung ist der von einem Körper zurückgelegte Weg. Auf der Kartbahn können wir vom Startpunkt aus mit einem Maßstab den Weg ausmessen (Bild **B2**). Der kurvige Weg lässt sich als Summe vieler kurzer gerader Strecken beschreiben. Bis das Kart zur ersten Kurve gelangt, hat es einen Weg $s_1 = 70$ m zurückgelegt. Verlässt es die Kurve, sind es $s_2 = 120$ m. Der Weg in der Kurve ist somit $s_2 - s_1 = 50$ m lang.

Geschwindigkeit als vektorielle Größe. Ein weiteres Merkmal der Bewegung ist die **Geschwindigkeit.** Sie ist eine **vektorielle Größe,** wie etwa die Kraft. Sie hat einen Betrag und eine Richtung. Sie wird grafisch mit einem Pfeil dargestellt. Betrachtet man die Bewegung des Karts in Bild **B2**, so ist die Richtung des Karts vor der Kurve eine andere als nach der Kurve. Der Vektor der Geschwindigkeit zeigt immer in Richtung der Bewegung. Die Länge des Pfeils gibt Auskunft darüber, wie schnell das Kart fährt. Die Einheit der Geschwindigkeit ist $[v] = \frac{m}{s}$.

Der Betrag der Geschwindigkeit. Aus dem Alltag sind Geschwindigkeitsangaben wie 130 $\frac{km}{h}$ bekannt. Diese Angaben beziehen sich meistens auf den Betrag der Geschwindigkeit. Auch im Physikunterricht wurde bisher der Betrag der Geschwindigkeit besprochen. Ein Auto, das sich mit einer Geschwindigkeit von 130 $\frac{km}{h}$ bewegt, legt in einer Stunde einen Weg von 130 Kilometer zurück. Wie man an dieser Angabe sehen kann, benötigt man zur Beschreibung des Geschwindigkeitsbetrags neben der Wegangabe eine Zeitangabe. Betrachten wir noch einmal das Kart. Zum Zeitpunkt $t_1 = 6$ s erreicht es die Kurve, zum Zeitpunkt $t_2 = 11$ s verlässt es die Kurve. Insgesamt hat das Kart dafür eine Zeitspanne von $t_2 - t_1 = 5$ s benötigt. Der Betrag der Geschwindigkeit v ist der Quotient aus dem zurückgelegten Weg und dieser dafür benötigten Zeitspanne:

$$v = \frac{s_2 - s_1}{t_2 - t_1} = \frac{50 \text{ m}}{5 \text{ s}} = 10\ \frac{m}{s}.$$

Differenzen werden mit einem Δ gekennzeichnet ($\Delta s = s_2 - s_1$ bzw. $\Delta t = t_2 - t_1$). Die Gleichung vereinfacht sich damit zu:

$$v = \frac{\Delta s}{\Delta t}.$$

Der Betrag der Geschwindigkeit ist immer größer oder gleich null. Will man die Geschwindigkeit vektoriell angeben, muss man die Wegdifferenz als Vektor $\Delta \vec{s}$ schreiben, bei der Richtung und Länge entscheidend sind. Für genaue Angaben der *momentanen* Geschwindigkeit muss Δt sehr klein sein.

> **! Merksatz**
>
> Die Geschwindigkeit $\vec{v}$ gibt die Änderung des Weges $\Delta \vec{s}$ in einer Zeitspanne Δt an.
> Sie wird mit einem Vektorpfeil dargestellt. Die Pfeilrichtung gibt die Bewegungsrichtung und die Länge des Pfeils den Betrag an.
>
> $$\vec{v}(t) = \frac{\Delta \vec{s}}{\Delta t} \text{ mit } [v] = \frac{m}{s}.$$

Beschleunigung als vektorielle Größe. Bei Bewegungen im Alltag ändert sich die Geschwindigkeit ständig. Ein Radfahrer fährt nicht immer mit einer konstanten

Geschwindigkeit in die gleiche Richtung. Die physikalische Größe, mit der diese Geschwindigkeitsänderung beschrieben wird, ist die **Beschleunigung.** Sie ist ebenfalls eine vektorielle Größe mit Betrag und Richtung.

Das Bild **B3** zeigt drei verschiedene Situationen. In Situation a) wird der Betrag der Geschwindigkeit größer, die Richtung ändert sich nicht. In b) verringert sich der Betrag der Geschwindigkeit, die Richtung bleibt gleich. Situation c) zeigt die Geschwindigkeit des Karts vor und nach der Kurve. Sowohl Betrag als auch Richtung der Geschwindigkeit haben sich geändert.

Wenn sich der Betrag der Geschwindigkeit vergrößert bzw. verkleinert, zeigt diese **Geschwindigkeitsänderung** $\Delta \vec{v}$ in bzw. entgegengesetzt zur Richtung der Bewegung. Ändert sich auch die Richtung der Geschwindigkeit, kann der Vektor der Geschwindigkeitsänderung wie in Bild **B3c** gezeigt konstruiert werden. $\Delta \vec{v}$ wird auch **Zusatzgeschwindigkeit** genannt. Der Quotient aus Geschwindigkeitsänderung und der benötigten Zeit ist die **Beschleunigung** $\vec{a}$. Der Vektor $\vec{a}$ zeigt immer in Richtung der Geschwindigkeitsänderung $\Delta \vec{v}$. Die Länge des Pfeils gibt den Betrag der Beschleunigung an. Die Einheit ist $\frac{m}{s^2}$.

> **! Merksatz**
>
> Die Beschleunigung $\vec{a}$ gibt die Änderung der Geschwindigkeit $\Delta \vec{v}$ in einer Zeitspanne Δt an:
>
> $\vec{a} = \frac{\Delta \vec{v}}{\Delta t}$ mit $[a] = \frac{m}{s^2}$.

Handelt es sich bei der betrachteten Bewegung um eine geradlinige Bewegung, so kann der **Betrag der Beschleunigung** über die Änderung des Betrags der Geschwindigkeit berechnet werden:

$a = \frac{\Delta v}{\Delta t}$.

Den Bremsvorgang beschreiben. Im Alltag bedeutet **bremsen,** dass sich bei einem Körper der Geschwindigkeitsbetrag verringert. In der Physik handelt es sich dabei auch um eine Beschleunigung, die der Geschwindigkeit entgegengerichtet ist. Sind der Betrag a und die Richtung der Beschleunigung konstant, verringert sich der Betrag der Geschwindigkeit gleichmäßig. Aufgrund dieser Verringerung muss die Beschleunigung beim Abbremsen deshalb ein negatives Vorzeichen haben.

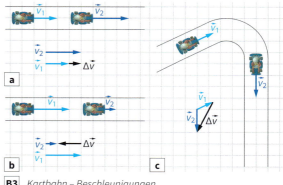

B3 *Kartbahn – Beschleunigungen*

Der Betrag der Beschleunigung ist dabei positiv, das Minus ergibt sich aus der entgegengesetzten Richtung der Beschleunigung.

> **✷ Beispielaufgabe: Bremsvorgang**
>
> Ein Fahrzeug fährt auf einer Geraden mit einer konstanten Geschwindigkeit von $v_1 = 30 \frac{m}{s}$. Es muss seine Geschwindigkeit auf einen Betrag $v_2 = 22 \frac{m}{s}$ verringern. Dabei vergeht eine Zeitspanne $\Delta t = 4$ s. Berechnen Sie die Beschleunigung des Fahrzeugs.
>
> **Lösung:**
> Weil die Bewegung auf einer Geraden stattfindet, genügt es, die Beträge der Geschwindigkeiten zu betrachten. Die Geschwindigkeitsvektoren sind in Bild **B3b** veranschaulicht. Setzt man die Geschwindigkeitswerte ein, so erhält man:
>
> $a = \frac{22 \frac{m}{s} - 30 \frac{m}{s}}{4 \text{ s}} = \frac{-8 \frac{m}{s}}{4 \text{ s}} = -2 \frac{m}{s^2}$.
>
> Der Geschwindigkeitsbetrag verringert sich pro Sekunde um $2 \frac{m}{s}$. Der Beschleunigungsvektor ist dem Geschwindigkeitsvektor entgegengerichtet. Der Betrag der Beschleunigung ist $2 \frac{m}{s^2}$.

Arbeitsaufträge

1 ⇒ Übertragen Sie die Geschwindigkeitsvektoren und ermitteln sie den Vektor der Geschwindigkeitsänderung $\Delta \vec{v}$ grafisch. Die blauen Vektoren haben die gleiche Länge.

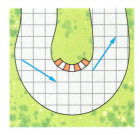

Größen der Bewegung

1.2 Koordinaten und Bezugssysteme

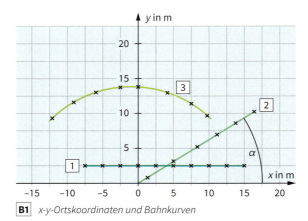

B1 x-y-Ortskoordinaten und Bahnkurven

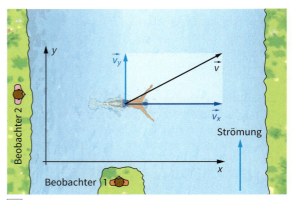

B2 Bewegung eines Schwimmers in einem Fluss

Richtungen und Koordinatensysteme. Um Bewegungen genau beschreiben zu können, verwendet man wie in der Mathematik Koordinatensysteme. Je nachdem, wie die Achsen eines solchen Koordinatensystems belegt sind, können verschiedene Größen dargestellt werden. Trägt man auf der Rechtsachse (auch: Abszisse) die horizontale Bewegung des Objekts und auf der Hochachse (auch: Ordinate) die vertikale Bewegung ab, erhält man die **Bahnkurve** der Bewegung. Sie gibt uns jedoch keine Information, zu welchen Zeitpunkten sich der Körper an welchem Punkt befindet.

In Bild **B1** sind drei Bahnkurven dargestellt. Bewegung 1 verläuft parallel zur Rechtsachse. Der zurückgelegte Weg lässt sich aus den Ortskoordinaten bestimmen: $\Delta s = 15\text{ m} - (-7{,}5\text{ m}) = 22{,}5\text{ m}$. Da die Bewegung parallel zur Rechtsachse verläuft, kann hier statt Δs auch Δs_x geschrieben werden. Bewegung 2 und Bewegung 3 verlaufen in der x-y-Ebene. Bewegung 2 lässt sich auch durch den Richtungswinkel α zwischen Rechtsachse und Bewegungsrichtung angeben. Bei Bewegung 3 ändert sich dieser Winkel ständig.

Geschwindigkeiten und Bezugssysteme. Für die Bestimmung der Geschwindigkeit von Objekten ist der Standort des Beobachters oft entscheidend.

Gedankenexperiment 1: Ein Schwimmer bewegt sich mit einer konstanten Geschwindigkeit $\vec{v}_x$ über einen Fluss. Gleichzeitig wird er von der Strömung des Flusses, der mit der Geschwindigkeit $\vec{v}_y$ fließt, in y-Richtung bewegt (Bild **B2**). Zwei ruhende Beobachter sehen den Schwimmer von der Seite, ein dritter schaut sich die Bewegung von oben an (Bild **B2**). Folgende Beobachtungen werden gemacht:
- Beobachter 1 sieht nur die Bewegung des Schwimmers in x-Richtung und misst den Betrag der Geschwindigkeit v_x.
- Beobachter 2 sieht nur die Bewegung des Schwimmers in y-Richtung und misst den Betrag der Geschwindigkeit v_y.
- Beobachter 3 stellt fest, dass der Schwimmer auf einer schrägen Geraden mit dem Geschwindigkeitsbetrag v den Fluss überquert. Für ihn hat der Schwimmer neben der Geschwindigkeit $\vec{v}_x$ noch die Zusatzgeschwindigkeit $\vec{v}_y$ durch die Strömung.

Die Summe $\vec{v}$ der Geschwindigkeiten $\vec{v}_x$ und $\vec{v}_y$ ergibt sich durch grafische Addition. Für den Fall, dass $\vec{v}_x$ und $\vec{v}_y$ senkrecht zueinander stehen, ergibt sich der Betrag v der Geschwindigkeit aus dem Satz des Pythagoras:

$$v = \sqrt{v_x^2 + v_y^2}.$$

Achtung: Der Satz des Pythagoras darf nur angewendet werden, wenn beide Vektoren rechtwinklig zueinander stehen.

Gedankenexperiment 2: Ein vierter Beobachter steht auf der Seite von Beobachter 1. Er bewegt sich jedoch zeitgleich mit dem Schwimmer in die gleiche Richtung mit dem Geschwindigkeitsbetrag v_x. Für ihn bewegt sich der Schwimmer nicht.

In der Physik ist es eine erfolgreiche Strategie, Bewegungen aus verschiedenen Beobachterpositionen zu betrachten. Jeder Beobachter befindet sich in seinem eigenen **Bezugssystem**.

Grundlagen der Mechanik

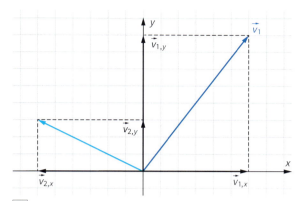

B3 *Geschwindigkeitskomponenten*

Geschwindigkeitskomponenten. Für die Beschreibung von Bewegungen ist es oftmals nützlich die Teilgeschwindigkeiten entlang der Achsen des gewählten Koordinatensystems zu betrachten. Bild **B3** zeigt, wie zwei Geschwindigkeitsvektoren $\vec{v}_1$ und $\vec{v}_2$ zerlegt werden können. Man bezeichnet die Richtung der Rechtsachse als x-Richtung und die der Hochachse als y-Richtung. Die Geschwindigkeitskomponenten werden entsprechend mit $\vec{v}_{1,x}$ bzw. $\vec{v}_{1,y}$ bezeichnet. Die vektorielle Addition der Geschwindigkeitskomponenten ergibt wieder den ursprünglichen Geschwindigkeitsvektor.

Die Geschwindigkeiten $\vec{v}_1$ und $\vec{v}_2$ unterscheiden sich im Betrag ihrer Komponenten $\vec{v}_{1,y}$ bzw. $\vec{v}_{2,y}$ in Richtung der Hochachse. Die Beträge der Komponenten $\vec{v}_{1,x}$ und $\vec{v}_{2,x}$ sind gleich, jedoch zeigt $\vec{v}_{1,x}$ in Richtung der positiven und $\vec{v}_{2,x}$ in Richtung der negativen Rechtsachse.

Bei Bewegungen entgegen der x-Richtung spricht man manchmal von einer „negativen Geschwindigkeit in x-Richtung" und meint damit eine Richtungsangabe bezüglich einer Koordinatenachse und den Betrag. Der Grund dafür ist, dass die x-Komponente eines sich mit $\vec{v}_{2,x}$ bewegenden Körpers mit der Zeit immer kleiner wird.

Beispielaufgabe: Flussüberquerung

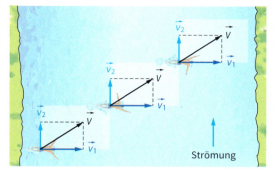

Ein Schwimmer überquert mit einer Geschwindigkeit $\vec{v}_1$ einen 10 m breiten Fluss. Er schwimmt dabei mit einem Betrag $v_1 = 2\,\frac{m}{s}$ direkt von einer Seite zur gegenüberliegenden. Der Fluss fließt mit einem konstanten Geschwindigkeitsbetrag $v_2 = 1\,\frac{m}{s}$ senkrecht zum Schwimmer.

Ein Beobachter betrachtet die Szene von oben. Berechnen Sie den Geschwindigkeitsbetrag des Schwimmers aus Sicht des Beobachters.

Lösung:
Für den Beobachter hat der Schwimmer neben der Geschwindigkeit $\vec{v}_1$ noch die Zusatzgeschwindigkeit $\vec{v}_2$ der Strömung. Im Bild oben ist die Position des Schwimmers zu drei Zeitpunkten zu sehen.

Für ihn addieren sich beide Geschwindigkeiten zu einer Gesamtgeschwindigkeit $\vec{v}$. Da $\vec{v}_1$ und $\vec{v}_2$ senkrecht zueinander stehen, hat die Gesamtgeschwindigkeit den Betrag:
$$v = \sqrt{v_1^2 + v_2^2} \approx 2{,}2\,\frac{m}{s}.$$

Der Schwimmer bewegt sich gleichförmig mit einem Geschwindigkeitsbetrag von $2{,}2\,\frac{m}{s}$ auf einer Geraden, die nicht senkrecht zum Ufer verläuft.

Arbeitsaufträge

1 Ein Schwimmer möchte einen 30 m breiten Fluss überqueren. Er schwimmt mit einem Geschwindigkeitsbetrag von $0{,}6\,\frac{m}{s}$ senkrecht zur Strömungsrichtung. Die Strömung hat einen Geschwindigkeitsbetrag von $1{,}2\,\frac{m}{s}$.
a) Bestimmen Sie die Zeit, die der Schwimmer zur Überquerung benötigt.
b) Bestimmen Sie den Betrag der Gesamtgeschwindigkeit des Schwimmers.
c) Berechnen Sie die Länge der Gesamtstrecke, die der Schwimmer zurückgelegt hat.
d) Ermitteln Sie grafisch eine Geschwindigkeit, mit der der Schwimmer schwimmen muss, um das Ufer genau gegenüber zu erreichen.

1.3 Gleichungen der geradlinigen Bewegungen

B1 Marathonlauf

B2 Seifenkistenrennen

Die gleichförmige geradlinige Bewegung. Bewegt sich ein Körper mit einer konstanten Geschwindigkeit (in Richtung und Betrag), spricht man von einer gleichförmigen geradlinigen Bewegung. Im Alltag lässt sie sich zum Beispiel bei Marathonläufern auf einem geraden Teilstück beobachten (Bild **B1**).

Startet man eine Zeitmessung zu Beginn eines geraden Abschnitts und trägt den von einem Läufer zurückgelegten Weg auf der Hochachse und die benötigte Zeit auf der Rechtsachse in ein Koordinatensystem ein, so erhält man eine Ursprungsgerade (Bild **B3a**). Die Zeit t und der zurückgelegte Weg s sind proportional zueinander. Die Steigung der Geraden entspricht dabei dem Betrag der Geschwindigkeit des Läufers:

$$v = \frac{\Delta s}{\Delta t} = \frac{s}{t}.$$

Je steiler die Gerade ist, desto größer ist der Betrag der Geschwindigkeit. Die Steigung der Geraden ändert sich nicht, die Geschwindigkeit ist also konstant. Folglich ist die Beschleunigung null. Stellt man die Gleichung nach s um, so erhält man die Bewegungsgleichung der geradlinigen gleichförmigen Bewegung:

$$s(t) = v \cdot t.$$

> **! Merksatz**
>
> Bei einer gleichförmigen geradlinigen Bewegung sind Betrag und Richtung der Geschwindigkeit $\vec{v}$ konstant. Der Betrag v der Geschwindigkeit lässt sich aus der Steigung des Graphen im $s(t)$-Diagramm ableiten.
> Die Bewegungsgleichung für eine Bewegung mit $s(t = 0\,\text{s}) = 0\,\text{m}$ lautet:
>
> $$s(t) = v \cdot t.$$

Die gleichmäßig beschleunigte geradlinige Bewegung. Bewegt sich ein Körper in eine bestimmte Richtung und nimmt der Betrag der Geschwindigkeit in gleichen Zeitspannen gleichmäßig zu oder ab, liegt eine andere spezielle Bewegung vor: die gleichmäßig beschleunigte geradlinige Bewegung. Der Betrag und die Richtung der Beschleunigung sind dabei konstant.

Eine gut gebaute Seifenkiste (ohne Lenkung) auf einer geraden Rampe (Bild **B2**) führt eine solche Bewegung aus. Erstellt man ein $v(t)$-Diagramm, so kann man den Betrag der Beschleunigung aus der Steigung ablesen. Die Geschwindigkeit zum Zeitpunkt t kann dann berechnet werden mit:

$$v(t) = a \cdot t.$$

Der von der Seifenkiste zurückgelegte Weg s ändert sich proportional zum Quadrat der Zeit, also $s \sim t^2$. Das $s(t)$-Diagramm ist aus diesem Grund parabelförmig (Bild **B4a**). Der Proportionalitätsfaktor beträgt für alle gleichmäßig beschleunigten, geradlinigen Bewegungen stets $\frac{1}{2}a$. Die Bewegungsgleichung der gleichmäßig beschleunigten Bewegung lautet: ▶

$$s(t) = \tfrac{1}{2}\, a \cdot t^2.$$

> **! Merksatz**
>
> Bei einer gleichmäßig beschleunigten geradlinigen Bewegung nimmt der Betrag der Geschwindigkeit mit der Zeit gleichmäßig zu.
> Die Bewegungsgleichungen für eine Bewegung aus der Ruhe mit $s(t = 0\,\text{s}) = 0\,\text{m}$ lauten:
>
> $$s(t) = \tfrac{1}{2}\, a \cdot t^2,$$
> $$v(t) = a \cdot t.$$

Auf einen Blick: Gegenüberstellung der Spezialfälle

Gleichförmige geradlinige Bewegung. Bei der gleichförmigen geradlinigen Bewegung sind Betrag und Richtung der Geschwindigkeit konstant. Der zurückgelegte Weg s ist proportional zur Zeit t.

Bewegungsgleichungen:
$s(t) = v \cdot t$,
$v(t) = v$ = konstant,
$a(t) = 0$.

Gleichmäßig beschleunigte Bewegung. Bei der gleichmäßig beschleunigten geradlinigen Bewegung sind Betrag und Richtung der Beschleunigung konstant. Der zurückgelegte Weg s ist proportional zu t^2. Die Geschwindigkeit v ist proportional zu t.

Bewegungsgleichungen:
$s(t) = \frac{1}{2} a \cdot t^2$,
$v(t) = a \cdot t$,
$a(t) = a$ = konstant.

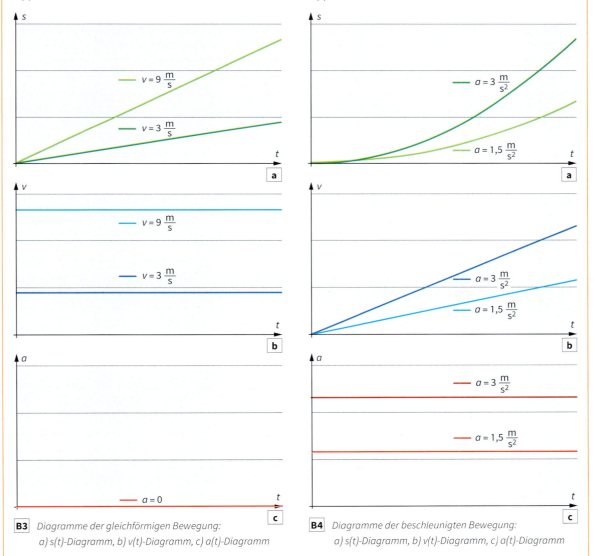

B3 Diagramme der gleichförmigen Bewegung:
a) s(t)-Diagramm, b) v(t)-Diagramm, c) a(t)-Diagramm

B4 Diagramme der beschleunigten Bewegung:
a) s(t)-Diagramm, b) v(t)-Diagramm, c) a(t)-Diagramm

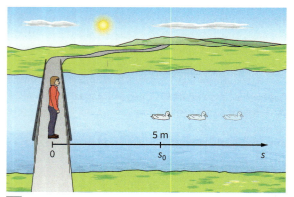

B1 *Gleichförmige Bewegung mit Anfangsweg*

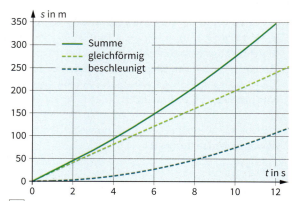

B2 *Beschleunigung mit Anfangsgeschwindigkeit: s(t)-Diagramm*

Bewegungen im Alltag. ▶ Damit die Bewegungsgleichungen auf der vorigen Seite gelten, müssen gewisse Bedingungen erfüllt sein:
- Die Bewegung beginnt im Ursprung des gewählten Bezugssystems.
- Bei der beschleunigten Bewegung befindet sich der Körper zu Beginn in Ruhe.

Bewegungen im Alltag erfüllen diese Bedingungen nicht immer. In den folgenden Beispielen ist zu sehen, wie diese Bewegungen mathematisch beschrieben werden können.

Beispiel 1: Gleichförmige Bewegung mit Anfangsweg. Ein Beobachter steht auf einer Brücke und beobachtet eine Ente, die sich gleichförmig von ihm wegbewegt (Bild **B1**). Zum Zeitpunkt $t_0 = 0\,\text{s}$ hat die Ente den Abstand $s_0 = 5\,\text{m}$ zum Beobachter, nach einer Sekunde 6 m und nach zwei Sekunden 7 m. Die Ente bewegt sich demnach mit $v = 1\,\frac{\text{m}}{\text{s}}$. Ihre Bewegung wird durch die Funktion $s(t) = 1\,\frac{\text{m}}{\text{s}} \cdot t + 5\,\text{m}$ beschrieben.

> **! Merksatz**
>
> Beginnt eine gleichförmige Bewegung am Ort s_0, so kann der zum Zeitpunkt t zurückgelegte Weg berechnet werden mit:
>
> $s(t) = v \cdot t + s_0$.

Beispiel 2: Beschleunigte Bewegung mit Anfangsgeschwindigkeit. Ein Auto fährt auf der Autobahn mit einem konstanten Geschwindigkeitsbetrag von $72\,\frac{\text{km}}{\text{h}}$. Innerhalb von 10 Sekunden beschleunigt es auf $126\,\frac{\text{km}}{\text{h}}$. Der Betrag der Beschleunigung lässt sich mit der Gleichung $a = \frac{\Delta v}{\Delta t}$ ermitteln. Um den Betrag der Geschwindigkeit zu einem gewissen Zeitpunkt zu berechnen, muss neben der Beschleunigung auch die Anfangsgeschwindigkeit berücksichtigt werden. Man erhält die Gleichung

$$v(t) = \frac{35\,\frac{\text{m}}{\text{s}} - 20\,\frac{\text{m}}{\text{s}}}{10\,\text{s}} \cdot t + 20\,\frac{\text{m}}{\text{s}} = 1{,}5\,\frac{\text{m}}{\text{s}^2} \cdot t + 20\,\frac{\text{m}}{\text{s}}.$$

> **! Merksatz**
>
> Hat ein Körper zu Beginn einer beschleunigten Bewegung die Anfangsgeschwindigkeit v_0, so gilt für die Geschwindigkeit zum Zeitpunkt t:
>
> $v(t) = a \cdot t + v_0$.

Um den Ort des Pkw zum Zeitpunkt t zu bestimmen, betrachten wir die Bewegung als Überlagerung der gleichförmigen Bewegung mit $72\,\frac{\text{km}}{\text{h}}$ und der beschleunigten Bewegung mit $\Delta v = 54\,\frac{\text{km}}{\text{h}}$ (Bild **B2**). Ohne Beschleunigung würde das Auto den Weg $s_1(t) = v_0 \cdot t$ zurücklegen. Durch die Beschleunigung legt es zusätzlich den Weg $s_2(t) = \frac{a}{2} \cdot t^2$ zurück.

Für den insgesamt zurückgelegten Weg muss man $s_1(t)$ und $s_2(t)$ addieren. Befindet sich das Fahrzeug zu Beginn der Bewegung bereits an einem Ort s_0, muss auch dieser (wie bei der gleichförmigen Bewegung) addiert werden.

> **! Merksatz**
>
> Beginnt ein Körper eine beschleunigte Bewegung am Ort s_0 mit der Anfangsgeschwindigkeit v_0, kann der Weg zum Zeitpunkt t berechnet werden mit
>
> $s(t) = \frac{a}{2} \cdot t^2 + v_0 \cdot t + s_0$.

Änderungsraten beschreiben die Geschwindigkeit.

Die mittlere Geschwindigkeit v auf einer Strecke $\Delta s = s_2 - s_1$, die in der Zeit $\Delta t = t_2 - t_1$ zurückgelegt wird, entspricht der mittleren Änderungsrate von $s(t)$ im Intervall $[t_1; t_2]$. Wird zum Beispiel mit Hilfe zweier Lichtschranken im Abstand Δs die Zeit Δt gemessen, die ein Körper für diese Strecke benötigt, so entspricht der Quotient $\frac{\Delta s}{\Delta t}$ der *mittleren* Geschwindigkeit v des Körpers zwischen den Lichtschranken.

Bei Körpern mit sich ändernder Geschwindigkeit kann die mittlere Geschwindigkeit jedoch nur einen mehr oder weniger groben Näherungswert zur Beschreibung der Geschwindigkeit zu einem bestimmten *Zeitpunkt*, also der **Momentangeschwindigkeit,** liefern. Wird die Geschwindigkeit des Körpers an einer bestimmten Stelle oder zu einem bestimmten Zeitpunkt gesucht, so muss das Messintervall verkleinert werden. Im Experiment bedeutet das, dass man den Abstand zwischen den Lichtschranken verrringert. Das Messintervall $[t_1; t_2]$ um den Zeitpunkt t wird zur Bestimmung der Geschwindigkeit so klein gewählt, dass t_2 kaum größer als t_1 ist. Die Messzeit Δt geht gegen null. Die mittlere Geschwindigkeit nähert sich immer weiter der Momentangeschwindigkeit zum Zeitpunkt t an.

In der Mathematik wird dieser Grenzprozess durch die **Ableitung** ausgedrückt. Physikalisch dargestellt erhält man die Momentangeschwindigkeit v eines Körpers zum Zeitpunkt t, indem man die Ableitung des Weges s nach der Zeit t bildet. Grafisch entspricht die Momentangeschwindigkeit $v(t)$ der Steigung $s'(t)$ im $s(t)$-Diagramm. Für die Beschleunigung als Änderungsrate der Geschwindigkeit gilt gleiches. Für die Ableitung nach der Zeit wird statt $s'(t)$ auch $\dot{s}(t)$ geschrieben, entsprechend $v'(t) = \dot{v}(t)$.

> **! Merksatz**
> Für die Bewegungsgleichungen gilt:
> $v(t) = s'(t) = \dot{s}(t)$ und $a(t) = v'(t) = \dot{v}(t)$.

Arbeitsaufträge

1 ➡ Ein Zug erreicht aus der Ruhe nach 10 s die Geschwindigkeit $5\,\frac{m}{s}$.
Berechnen Sie seine Beschleunigung und den in dieser Zeit zurückgelegten Weg.

2 ➡ Eine Triathletin benötigt für den 10 km langen Lauf eine Zeit von 44 Minuten. Berechnen Sie die Durchschnittsgeschwindigkeit der Sportlerin.

3 ↗ Radfahrer A startet bei Kilometer 350 mit einem Geschwindigkeitsbetrag von $20\,\frac{km}{h}$ und fährt Radfahrerin B entgegen. Diese startet zeitgleich bei Kilometer 420 und fährt mit $25\,\frac{km}{h}$. Beide halten die Geschwindigkeit konstant.
Bestimmen Sie grafisch den Ort und den Zeitpunkt, an dem sich beide treffen.

4 ➡ Ein ICE beschleunigt innerhalb von 49 Sekunden auf $100\,\frac{km}{h}$.
a) Bestimmen Sie die Zeit, innerhalb der der ICE bei gleicher Beschleunigung einen Geschwindigkeitsbetrag von $230\,\frac{km}{h}$ erreicht.
b) Berechnen Sie den in dieser Zeit zurückgelegten Weg.

5 ↗ Ein Pkw fährt mit einem konstanten Geschwindigkeitsbetrag von $18\,\frac{m}{s}$, als der Fahrer plötzlich eine Notbremsung einleiten muss. Nach 0,3 s beginnt er das Fahrzeug zu bremsen und kommt nach weiteren 1,5 s zum Stillstand. ▶
a) Berechnen Sie den Betrag der Beschleunigung.
b) Berechnen Sie den Weg, den das Fahrzeug insgesamt zurückgelegt hat.
c) Vergleichen Sie den Weg aus b) mit dem Weg, den ein alkoholisierter Fahrer mit einer Reaktionszeit von 1,2 s zurücklegt.

6 ⬆ Ein Körper befindet sich zum Zeitpunkt $t = 0$ s im Ursprung eines Koordinatensystems und bewegt sich in Richtung der positiven Rechtsachse.
Fall 1: Der Körper bewegt sich gleichförmig.
Fall 2: Der Körper bewegt sich gleichmäßig beschleunigt.
Untersuchen Sie, wie der zurückgelegte Weg s des Körpers im $v(t)$-Diagramm und die Fläche zwischen dem Graphen und der Zeitachse zusammenhängen.

1.4 Der freie Fall ▶

B1 *Papier und Kugel: Was erreicht zuerst den Boden?*

Fallende Körper. Auf der Erde fällt alles nach unten. Lässt man eine Stahlkugel und ein Blatt Papier fallen, bewegen sich beide Körper in Richtung Boden. Das Blatt Papier beginnt zu taumeln und benötigt viel mehr Zeit als die Stahlkugel. Knüllt man das Papier zu einem Ball zusammen, fällt es bereits deutlich schneller.

Der Grund dafür ist, dass die geknüllte Papierkugel eine viel kleinere Oberfläche und somit einen kleineren Luftwiderstand hat als das Blatt Papier. Um zu untersuchen, ob auch die Masse des Körpers einen Einfluss auf den Fall der Körper hat, führen wir Versuch **V1** durch. Befindet sich Luft in der Röhre, fällt die Kugel schneller als die Feder. Erzeugt man in der Röhre ein Vakuum und lässt dann beide Körper fallen, stellt man fest: Beide fallen gleich schnell. Die Masse der Körper hat keinen Einfluss auf den Fall. Ohne Luftwiderstand fallen Körper unterschiedlicher Masse und Form beschleunigt nach unten und immer gleich schnell. Diese spezielle beschleunigte Bewegung heißt **freier Fall**.

> **! Merksatz**
>
> Die Fallbewegung eines Körpers im Vakuum heißt freier Fall. Unabhängig von Masse und Form fallen alle Körper im Vakuum gleich schnell.

Fallgesetze. Der freie Fall ist ein Spezialfall der gleichmäßig beschleunigten Bewegung. Der Wert der Beschleunigung kann wie in Versuch **V2** experimentell ermittelt werden. Da der freie Fall gleichmäßig beschleunigt ist, gilt $s(t) = \frac{a}{2} \cdot t^2$. Stellt man diese Gleichung nach a um, kann für jedes Wertepaar (s, t) die Beschleunigung berechnet werden. Der Mittelwert dieser Messungen beträgt $a = 9{,}83 \, \frac{m}{s^2}$. Der über viele Messungen ermittelte Wert liegt bei $9{,}81 \, \frac{m}{s^2}$. Man spricht von der **Fallbeschleunigung** oder dem **Ortsfaktor** g.

Ersetzt man in den Gleichungen der beschleunigten Bewegung die Variable a durch den Wert g, so ergibt sich:

$$s(t) = \tfrac{1}{2} g \cdot t^2,$$
$$v(t) = g \cdot t.$$

> **! Merksatz**
>
> Für den freien Fall aus der Ruhe mit dem konstanten Beschleunigungsbetrag $a = g = 9{,}81 \, \frac{m}{s^2}$ gelten die Fallgesetze:
>
> Zeit-Weg-Gesetz: $\quad s(t) = \tfrac{1}{2} g \cdot t^2$
>
> Zeit-Geschwindigkeits-Gesetz: $\quad v(t) = g \cdot t$
>
> Der Faktor g heißt Fallbeschleunigung und ist für alle Körper am gleichen Ort gleich groß.

V1 Fallröhre – Feder und Kugel im Vakuum

In einer Fallröhre kann man Fallbewegungen unter verschiedenen Bedingungen untersuchen. In der Röhre befinden sich eine Metallkugel und eine Flaumfeder. Dreht man die Röhre, fallen beide Körper nach unten. Zunächst ist die Röhre mit Luft gefüllt. Danach wird die Luft aus der Röhre gepumpt und der Versuch wiederholt.

V2 Bestimmung der Fallbeschleunigung

Die bei $s(t = 0 \, s) = 0 \, m$ eingeklemmte Stahlkugel schließt einen elektrischen Kontakt. Beim Freigeben der Kugel wird er unterbrochen und die Uhr gestartet. Die Kugel trifft unten auf einen Teller, die Uhr stoppt. Für unterschiedliche Höhen s wird die Fallzeit t gemessen.

s in m	t in s	a in m · s⁻²
0,200	0,201	9,90
0,400	0,286	9,78
0,800	0,404	9,80

Angabe der Genauigkeit. In der Auswertung von Versuch **V2** werden mit Hilfe eines Taschenrechners die erforderlichen Rechenschritte vorgenommen. Beim ersten Zeit-Weg-Wertepaar folgt:

$$2 \cdot \frac{s}{t^2} = 2 \cdot \frac{0{,}200 \text{ m}}{(0{,}201 \text{ s})^2} = 2 \cdot 4{,}9503725155 \, \frac{\text{m}}{\text{s}^2}$$
$$= 9{,}900745031 \, \frac{\text{m}}{\text{s}^2}$$

Würde man nun dieses Taschenrechnerergebnis vollständig notieren, so könnte man davon ausgehen, dass man auf die zehnte Nachkommastelle genau gemessen hat. Diese Genauigkeit ist aber kaum zu rechtfertigen – der Aufbau erlaubt keine so präzise Messung.

Signifikante Stellen. Vor der abschließenden Angabe der Beschleunigung werden die Größen betrachtet, die in die Rechnung eingehen. In diesem Beispiel sind der Weg und die Zeit für die Rechnung relevant. Beide Größen sind mit drei signifikanten Stellen angegeben. Diese sind ein Maß für die Genauigkeit, mit der gemessen wurde. Dabei gilt, dass führende Nullen nicht mitgezählt werden, Nullen am Ende hingegen schon. Die Tabelle **T1** zeigt verschiedene Beispiele.

Größe	0,2 m	2,34 m	2,340 m	0,0023 km
Sig. Stell.	1	3	4	2

T1 *Beispiele zur Anzahl der signifikanten Stellen (blau)*

In Versuch **V2** sind die beiden Messgrößen Höhe und Zeit jeweils mit drei signifikanten Stellen angegeben. Also wird das Ergebnis ebenfalls mit drei signifikanten Stellen angegeben. Dabei wird an der letzten Stelle gerundet (Tabelle **T2**).

Um die Genauigkeit einer Messung bei der Angabe von Messwerten zu berücksichtigen, wird in der Physik zwischen der Angabe $s = 0{,}2$ m und $s = 0{,}200$ m unterschieden: Im ersten Fall wird auf einen Dezimeter genau gemessen. Die tatsächliche Länge beträgt folglich:

$$0{,}15 \text{ m} \leq s \leq 0{,}24 \text{ m}.$$

Im zweiten Fall hingegen gilt:

$$0{,}1995 \text{ m} \leq s \leq 0{,}2004 \text{ m}.$$

> **! Merksatz**
> Werden Größen berechnet, dann hat das Ergebnis ebenso viele signifikante Stellen wie die Eingangsgröße mit der kleinsten Anzahl an signifikanten Stellen.

Größe	$s = 0{,}200$ m	$t = 0{,}201$ s	$a = 9{,}90 \, \frac{\text{m}}{\text{s}^2}$
Sig. Stellen	3	3	3

T2 *Signifikante Stellen der Messgrößen aus Versuch V2*

---

* Beispielaufgabe: Der Fallturm

Im einem Fallturm fallen in Kapseln verpackte Experimente 4,70 s lang näherungsweise frei. Berechnen Sie die Mindesthöhe des Turms.

Lösung:

Die Kapseln werden aus der Ruhe zum Zeitpunkt $t = 0$ s von der Turmspitze fallen gelassen. Die Wegachse zeigt nach unten, der Nullpunkt liegt an der Spitze des Turms.
Die Kapsel fällt gleichmäßig beschleunigt mit $g = 9{,}81 \, \frac{\text{m}}{\text{s}^2}$. In der Zeit t legt die Kapsel den Weg

$$s(t) = \tfrac{1}{2} g \cdot t^2$$

zurück. In 4,7 s fällt die Kapsel daher:

$$s(4{,}70 \text{ s}) = \tfrac{1}{2} \cdot 9{,}81 \, \tfrac{\text{m}}{\text{s}^2} \cdot (4{,}70 \text{ s})^2 = 108 \text{ m}.$$

Der Fallturm muss mindestens 108 m hoch sein.

Arbeitsaufträge

1 ➡ Berechnen Sie den Fallweg eines Steins für die Fallzeiten 0,10 s; 0,20 s; 0,30 s sowie die Geschwindigkeit nach 0,75 m Fallweg.

3 ✏ Überprüfen Sie die Höhenangabe: Ein Bergführer lässt einen Stein von einer angeblich 150 m hohen Steilwand in einen Bergsee fallen. Nach 4,5 s sieht er erste Wellen auf dem See.

4 ➡ Ein Turmspringer trifft mit einer Geschwindigkeit auf die Wasseroberfläche, die von der Sprunghöhe abhängt. Berechnen Sie die Geschwindigkeiten für Sprungtürme der Höhe 3,0 m; 5,0 m; 7,5 m; 10 m.

5 ✏ Erläutern Sie, welche Beschleunigung in Versuch **V2** angegeben werden muss, wenn die Höhe s nur mit einer Nachkommastelle angegeben wird.

V Stationenlernen Fallbewegungen

Sechs Stationen zum Thema Fallbewegung mit und ohne Reibung. Zu jeder Station soll ein Versuchsprotokoll mit Versuchsbeschreibung, Messergebnissen, Auswertung und Deutung angefertigt werden.

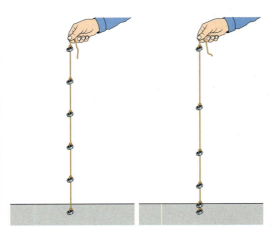

1. Station – Fallschnüre

Material: 10 Schraubenmuttern (mindestens M10), Wollfaden, Maßstab

Auftrag: Von GALILEO GALILEI stammt die Idee, Bleikugeln in einer Schnur so anzuordnen, dass sie in festem Rhythmus auf den Boden klopfen (tak – tak – tak – ...). Planen und fertigen Sie mit Schraubenmuttern eine solche Fallschnur und eine zweite mit gleichen Abständen an. In welchen Abständen müssen die Muttern geknotet werden, damit der zeitliche Abstand des Klopfgeräusches immer gleich ist?

Variante: Benutzen Sie statt Ihres Gehörs eine Handy-App zur Bestimmung des zeitlichen Abstands von akustischen Signalen (z. B. *Phyphox* → *akustische Stoppuhr* → *Sequenz*).

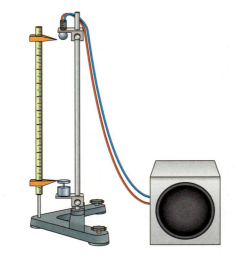

2. Station – Akustische Messung von g

Material: Startvorrichtung (Kugel unterbricht Dauergeräusch beim Loslassen, z. B. Klingel), Auffangblech (Kugel erzeugt lautes Geräusch beim Aufprall), Mikrofon, Speicheroszilloskop zur Anzeige des zeitlich variierenden Mikrofonsignals

Auftrag: Bestimmen Sie die Fallzeit aus dem zeitlichen Abstand der akustischen Signale beim Loslassen und Aufprallen der Kugel. Messen Sie die Fallzeiten für unterschiedlich lange Fallstrecken. Wiederholen Sie jede Messung 10-mal und bilden Sie für jede Fallstrecke den Mittelwert der Fallzeiten. Fertigen Sie ein Zeit-Ort-Diagramm an. Berechnen Sie aus den Messdaten jeweils den Betrag g der Fallbeschleunigung.

Variante: Bestimmen Sie den zeitlichen Abstand von zwei akustischen Signalen mit einer Handy-App (z. B. *Phyphox* → *akustische Stoppuhr*). Ändern Sie dazu die Startvorrichtung so ab, dass beim Loslassen der Kugel ein Signal ertönt.

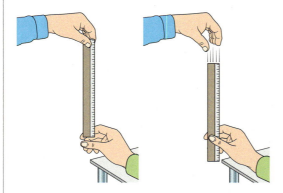

3. Station – Reaktionszeit

Material: Lineal (Längenmaßstab genügender Länge)

Auftrag: a) Ein Partner hält das Lineal am oberen Ende fest, ein zweiter umfasst mit Mittelfinger und Daumen das untere Ende, ohne es zu berühren. Die erste Person lässt das Lineal ohne Vorwarnung fallen. Die zweite Person greift sofort zu. Bestimmen Sie die Fallstrecken für verschiedene Personen. b) Stellen Sie eine Formel für den Zusammenhang zwischen Fallstrecke und Reaktionszeit auf. Bestimmen Sie damit die Reaktionszeit der Gruppenmitglieder. Bauen Sie mit diesen Ergebnissen ein Zeitlineal.

4. Station – g-Messung mit Computer

Material: Computer mit Interface, Lichtschranke, Schlitzplatte, sogenannte g-Leiter; Stegabstand 1 cm

Auftrag: Die Lichtschranke wird mit einem Computerinterface verbunden. In der Software wird Wegmessung mit Wegintervall $\Delta s = 1$ cm eingestellt. Der Computer protokolliert den Zeitpunkt bei jeder Unterbrechung der Lichtschranke. So gewinnen Sie ein Zeit-Ort-Diagramm der fallenden g-Leiter. Starten Sie die Software und lassen Sie die g-Leiter durch die Lichtschranke fallen.

Erzeugen Sie nach dem Versuch auch ein $v(t)$- und ein $a(t)$-Diagramm. Bilden Sie den Mittelwert der Beschleunigungswerte und erhalten Sie so den Wert für g.

Variante: Werten Sie das Messdiagramm aus und bestimmen Sie aus der Kenntnis von g aus der Literatur den unbekannten Stegabstand der in dieser Messung verwendeten g-Leiter.

5. Station – Fall mit Filmauswertung

Material: Wurfgerät (z. B. Spielzeugkanone), Kugel (möglichst farbig), Videokamera oder digitale Fotokamera, Computer mit Programm zur Videoanalyse (siehe Seite 24)

Auftrag: Filmen Sie aus einiger Entfernung einen senkrechten Wurf nach oben. Übertragen Sie die Videodatei auf den Computer und ermitteln Sie mit Hilfe der Analysesoftware eine $v(t)$-Wertetabelle und ein $v(t)$-Diagramm. Interpretieren Sie das Diagramm und ermitteln Sie den konstanten Wert der Beschleunigung.

6. Station – Fallende Hütchen mit Videoanalyse

Material: Kreisscheiben aus Papier, Schere, Klebstoff, Maßstab, Videokamera oder Handy mit Videofunktion, Programm zur Videoanalyse (siehe Seite 24)

Auftrag: Stellen Sie aus den Kreisscheiben Papierhütchen her, die geradlinig, aber möglichst langsam, nach unten fallen. Fertigen Sie einen Videofilm eines fallenden Hütchens an. Übertragen Sie die Videodatei auf den Computer und ermitteln Sie mit Hilfe einer Videoanalysesoftware das $v(t)$-Diagramm der Fallbewegung.

Untersuchen Sie die Behauptung: Nach einer kurzen „Anlaufstrecke" bewegt sich das Hütchen mit konstanter Geschwindigkeit. Deuten Sie das Ergebnis. Stecken Sie zwei, drei oder vier Hütchen ineinander und vergleichen Sie mit Hilfe der Videoanalyse die Fallbewegung eines solchen Päckchens mit der Fallbewegung eines einzelnen Hütchens.

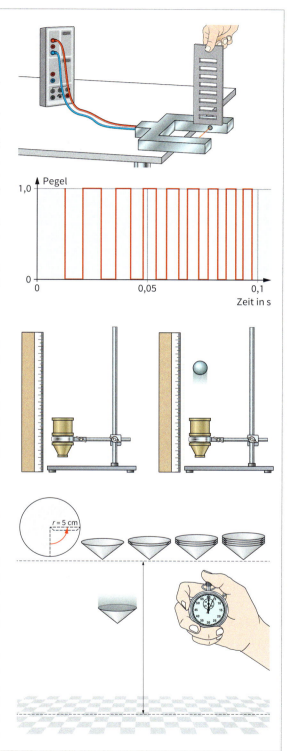

Methode: Bewerten

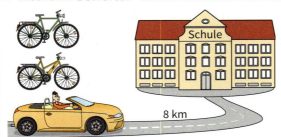

B1 Entscheidungsfindung zum Schulweg

B2 Kriterien zur Wahl des Verkehrsmittels für den Schulweg

Entscheidungen treffen. Physikalisches Argumentieren ist nicht allein auf den Schulraum beschränkt. In der Lösung von Problemen in der Alltagswelt kann die naturwissenschaftliche Perspektive genauso einen Beitrag leisten wie in der konkreten Bewertung von Problemstellungen im Unterricht. Dabei kann nicht nur physikalisches Sachwissen genutzt werden, sondern auch Strategien und Prozesse. Es können auch Bewertungen und Entscheidungen gefordert sein, die über rein physikalische Probleme hinausgehen.

Bezüglich des Verkehrsmittels zur Schule müssen zahlreiche Lernende für sich eine Entscheidung treffen. Im konkreten Beispiel hier wird angenommen, dass der Weg zur Schule ca. 8 km lang ist. Als Verkehrsmittel stehen ein Fahrrad, ein E-Bike sowie das „Elterntaxi" bereit (Bild **B1**). Es wird angenommen, dass kein öffentlicher Nahverkehr bereitsteht.

Objektive und subjektive Elemente. In dem skizzierten Problem ist die Wahl der Alternativen bereits vorgenommen. Als Entscheidungsmöglichkeiten sind lediglich Fahrrad, E-Bike oder Elterntaxi gegeben, der Fußweg oder andere öffentliche Verkehrsmittel sind nicht in Betracht gezogen. Diese Auswahl ist unabhängig von persönlichen Vorlieben und Einstellungen getroffen. Sie ist also objektiv.

Die Ermittlung der relevanten Kriterien und deren Gewichtung in der Entscheidungsfindung enthalten jedoch persönliche Elemente, die bei verschiedenen Personen zu unterschiedlichen Ergebnissen führen können (Bild **B2**). Diese Elemente sind also subjektiv, tragen aber ebenso zum Bewertungsprozess bei. In der Analyse des Problems sind verschiedene Kriterien vorstellbar. Sie darzustellen und zu begründen ist der Bestandteil der Bewertung.

Gewichten und Entscheiden. In der Auswahl der zu berücksichtigenden Kriterien und deren Bewertung wird der subjektive Aspekt der Bewertung deutlich. Um diese Aspekte nachvollziehbar darzustellen, kann beispielsweise eine **Entscheidungstabelle** (Matrix) herangezogen werden, die sowohl die Kriterien also auch die Gewichtung enthält. Für das Beispiel werden als Kriterien Zeit, Umweltverträglichkeit (UV) und Kosten ausgewählt (Tabellen **T1** und **T2**). Für alle drei Verkehrsmittel werden Daten erhoben, um sie bezüglich der Eignung zu vergleichen.

Kriterien	Gew.	Fahrrad		E-Bike		Auto	
Zeit	3	0	3·0 = 0	0	0	1	3
UV	1	1	1·1 = 1	0	0	0	0
Kosten	2	1	2·1 = 2	0	0	0	0
Gesamt			3		0		3

T1 Mögliche Gewichtung und Bewertung des Problems

Jedes Kriterium wird anschließend gewichtet. Das stärkste Kriterium erhält die höchste Gewichtung (3), das schwächste Kriterium die niedrigste (1). In der folgenden Untersuchung wird jeweils der „Gewinner" eines Kriteriums mit einer 1 (blau) gekennzeichnet. Für jedes Kriterium wird die Punktzahl durch Multiplikation bestimmt und in der rechten Spalte (rot) summiert. Das Verkehrsmittel mit der höchsten Punktzahl wird als mögliche Lösung des Problems favorisiert. Die beiden Tabellen **T1** und **T2** zeigen zwei Entscheidungsgrundlagen mit unterschiedlichem Ergebnis.

Kriterien	Gew.	Fahrrad		E-Bike		Auto	
Zeit	1	0	1·0 = 0	0	0	1	1
UV	3	1	3·1 = 3	0	0	0	0
Kosten	2	1	2·1 = 2	0	0	0	0
Gesamt			5		0		1

T2 Alternative mögliche Bewertung des Problems

Grundlagen der Mechanik

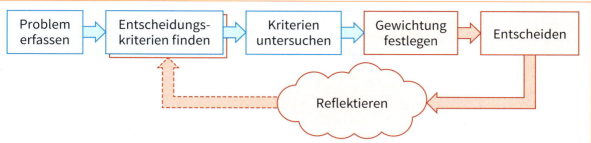

B3 *Bewertungsprozess. Objektive Elemente sind in Blau dargestellt, subjektive in Rot*

Reflexion. Gerade bei Entscheidungen, die nicht eindeutig ausfallen, ist ein Rückblick auf das gewählte Verfahren sinnvoll (Bild **B3**). Hier kann geprüft werden, ob alle Informationen berücksichtigt wurden und ob die eigene Gewichtung angemessen erscheint.

In der ersten Bewertung (Tabelle **T1**) erfolgt keine eindeutige Entscheidung. Es ist also erforderlich die eigene Priorisierung noch einmal zu überdenken und den Entscheidungsprozess zu reflektieren. Hier kann beispielsweise argumentiert werden, dass die Zeitersparnis für das persönliche Wohlbefinden und die schulische Leistung eine solche herausragende Stellung hat, dass die Bewertung zugunsten des Autos erfolgt. Die Entscheidungstabelle ist hier eine Hilfe in der Strukturierung.

In der zweiten Bewertung (Tabelle **T2**) ist mit dem Fahrrad ein eindeutiges Ergebnis zu erkennen. Die abweichende Gewichtung führt zu einer anderen Entscheidungsfindung. Dieses ist aber nachvollziehbar und begründet. Auch hier ist die Entscheidungstabelle nur eine Hilfe in der Bewertung. Ihr Vorteil ist, dass die getroffenen subjektiven Entscheidungen bezüglich des Gewichts transparent dargestellt werden, sodass der Prozess nachvollziehbar ist. Auch eine Bewertung mit dem Ergebnis „E-Bike" ist denkbar, wenn beispielsweise das Fahrrad als „zu anstrengend" eingeordnet wird.

Innerphysikalische Bewertung. Auch in innerphysikalischen Problemen sind sowohl objektive als auch subjektive Elemente zu finden. In der Beispielaufgabe wird der Messgenauigkeit eine höhere Gewichtung zugeschrieben als der Erstellung des Aufbaus. Die Bewertung erfolgt also zugunsten der Videoanalyse.

Andere technische Rahmenbedingungen können hier jedoch sehr leicht zu anderen Befunden führen.

Beispielaufgabe:
In einem Experiment soll der Zusammenhang zwischen der Auslenkhöhe h eines Pendels sowie seiner Geschwindigkeit v im tiefsten Punkt untersucht werden. Als mögliche Hilfsmittel zur Geschwindigkeitsmessung sind Lichtschranken (LS), Ultraschallsensoren (US) sowie eine Videokamera mit Videoanalysesoftware (VA) verfügbar. Bewerten Sie den Einsatz der Hilfsmittel bezüglich ihrer Eignung für das Experiment.

Lösung:
Neben der Verfügbarkeit der Materialien sind als Kriterien insbesondere die Möglichkeit des Aufbaus, die Messgenauigkeit und die Datenbereitstellung vorstellbar. Für alle drei Kriterien ist eine Recherche erforderlich. Insbesondere für eine Videoanalyse ist relevant, wie viele Bilder die Kamera pro Sekunde aufzeichnen kann. Die Lichtschranken können entweder als Paar betrieben oder zur Dunkelzeitmessung eingesetzt werden. Vereinfacht wird hier vom Paarbetrieb ausgegangen.

In der Recherche zur Messgenauigkeit kann beispielsweise resultieren, dass das Lichtschrankenpaar einen Abstand von 0,01 m aufweisen muss und maximal auf 0,01 s genau misst. Der Ultraschallsensor weist eine geringere Genauigkeit auf. In der Videoanalyse werden 120 Bilder pro Sekunde erkannt, die Bereitstellung der Daten erfolgt automatisiert. Der Aufbau mit einer Highspeedkamera erfordert jedoch spezielle Lichtquellen. Nach diesen Kriterien wird die Videoanalyse bevorzugt.

Kriterien	Gew.	LS		US		VA	
Aufbau	2	1	2	0	0	0	0
Messgen.	3	0	0	0	0	1	3
Daten	1	0	0	0	0	1	1
Gesamt			2		0		4

Der freie Fall

1.5 Der waagerechte Wurf

B1 Eine Skaterin lässt einen Ball fallen.

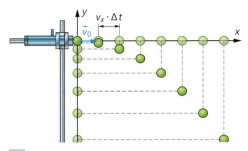

B2 Positionen einer Kugel beim waagerechten Wurf

Zusammengesetzte Bewegungen. Fährt eine Skaterin mit der Geschwindigkeit $\vec{v}_0$ an einem Beobachter vorbei und lässt einen Tennisball fallen, können mehrere Beobachtungen gemacht werden:
- Für die Skaterin fällt der Ball senkrecht nach unten.
- Für den Beobachter bewegen sich Skaterin und Ball mit derselben horizontalen Geschwindigkeit.
- Der Beobachter registriert, dass der Ball zusätzlich zur Horizontalbewegung eine Bewegung nach unten ausführt. Insgesamt verfolgt der Ball eine krummlinige Flugbahn.

Im Versuch **V1** wird so eine Bewegung genauer untersucht. In diesem Experiment wird eine Kugel durch eine Abschussvorrichtung waagerecht beschleunigt und ausgelöst. Sie hat dann eine Geschwindigkeit in der Horizontalen. Gleichzeitig fällt die Kugel beschleunigt nach unten. Diese spezielle Bewegung nennt man einen **waagerechten Wurf**. Bild **B2** zeigt, dass sich der waagerechte Wurf der Kugel aus zwei voneinander unabhängigen Bewegungen zusammensetzt. Diese ungestörte Überlagerung der beiden Bewegungen wird **Superposition** genannt: ▶

- In vertikaler Richtung lässt sich die Bewegung als freier Fall beschreiben. Ein seitlich stehender Beobachter würde die Kugel nur vertikal fallen sehen.
- Ein von oben schauender Beobachter sieht nur die horizontale Bewegung der Kugel. Für ihn erscheint die Bewegung gleichförmig mit der Anfangsgeschwindigkeit $\vec{v}_0$.

> **! Merksatz**
>
> Beim waagerechten Wurf bewegt sich ein Körper zunächst horizontal (waagerecht) mit der Anfangsgeschwindigkeit $\vec{v}_0$.
> Werden Reibungseffekte vernachlässigt, setzt sich die Bewegung aus einer gleichförmigen Bewegung in horizontaler Richtung und einem freien Fall in vertikaler Richtung zusammen

Beschreibung des waagerechten Wurfs. Zur Beschreibung der Bewegung werden die Gleichungen zur Bewegung mit konstanter Geschwindigkeit sowie zum freien Fall verwendet und kombiniert. Zur Vereinfachung wird angenommen, dass der Wurf zum Zeitpunkt

V1 Waagerechter Wurf und freier Fall im Vergleich

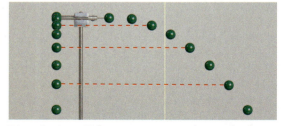

Ein mit einer Feder gespannter Bolzen (Abschussvorrichtung) stößt die rechte Stahlkugel waagerecht nach rechts. Gleichzeitig wird die linke Stahlkugel freigelassen. Sie fällt vertikal aus der Ruhe nach unten.

Das Bild zeigt mehrere Momentaufnahmen von beiden Kugeln. Folgende Beobachtungen lassen sich zum Beispiel mit einer Videoanalyse überprüfen:
- Beide Kugeln prallen unabhängig von der Abschussgeschwindigkeit zur gleichen Zeit auf den Boden auf.
- Zu jedem Zeitpunkt befinden sich beide Kugeln auf gleicher Höhe. Das bedeutet: Sie sind in der Vertikalen die gleiche Strecke gefallen.
- In horizontaler Richtung legt die horizontal abgeschossene Kugel in gleichen Zeitabschnitten gleichlange Strecken zurück.

$t = 0$ s im Ursprung des Koordinatensystems beginnt. Die y-Achse zeigt nach oben, die positive x-Achse zeigt in Richtung der horizontalen Anfangsgeschwindigkeit (Bild **B2**). Für die gleichförmige Bewegung in horizontaler Richtung gilt:

$$x(t) = v_x \cdot t, \qquad v_x(t) = v_0.$$

Die Bewegung in vertikaler Richtung ist ein freier Fall. Es gilt im zuvor festgelegten Koordinatensystem:

$$y(t) = -\frac{g}{2} \cdot t^2, \qquad v_y(t) = -g \cdot t.$$

Bahngeschwindigkeit beim waagerechten Wurf.
Mit den oben genannten Bewegungsgleichungen können die Ortskoordinaten der Bahnkurve eines waagerechten Wurfs punktweise berechnet werden. Der geworfene Körper bewegt sich längs dieser Bahnkurve. Seine Geschwindigkeit zeigt in Richtung der Bewegung und wird **Bahngeschwindigkeit** genannt.

Wir kennen zu jedem Zeitpunkt die Geschwindigkeiten in x-Richtung und y-Richtung. Die Bahngeschwindigkeit setzt sich aus diesen beiden Geschwindigkeiten zusammen. Die Länge des resultierenden Vektors, also den Betrag von $\vec{v}$, berechnet man mit dem Satz des Pythagoras aus $v_x(t) = v_0$ und $v_y(t) = -g \cdot t$:

$$v(t) = \sqrt{v_x^2(t) + v_y^2(t)} = \sqrt{v_0^2 + (-g \cdot t)^2}$$
$$= \sqrt{v_0^2 + (g \cdot t)^2}.$$

Bild **B3** zeigt die Bahngeschwindigkeit zu verschiedenen Zeitpunkten des Wurfs, die jeweils um eine Zeitspanne Δt auseinanderliegen. Man erkennt, wie die Zunahme der Geschwindigkeit in y-Richtung für die Zunahme des Geschwindigkeitsbetrags v sorgt.

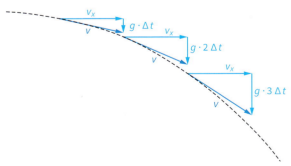

B3 *Geschwindigkeiten zu den Zeitpunkten $t_1 = \Delta t$, $t_2 = 2\Delta t$ und $t_3 = 3\Delta t$*

Beispielaufgabe: Lufthilfe

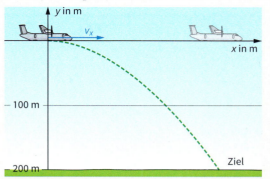

Ein Versorgungsflugzeug soll in 200 m Höhe mit einer Horizontalgeschwindigkeit von $50\,\frac{m}{s}$ ein Paket abwerfen. Bestimmen Sie den Ort, an dem der Pilot den Abwurf auslösen muss, damit das Paket im vereinbarten Zielbereich auftrifft.

Lösung:
Wir vernachlässigen Reibungseffekte und betrachten die Bewegung des Pakets als waagerechten Wurf. Das Koordinatensystem wählen wir so wie im Bild. Zum Zeitpunkt $t = 0$ s befindet sich das Paket im Nullpunkt des Koordinatensystems. Es hat eine Geschwindigkeit in x-Richtung von $v_x = 50\,\frac{m}{s}$. In der Vertikalen bewegt sich das Paket im freien Fall:

$$y(t) = -\tfrac{1}{2} g \cdot t^2.$$

Trifft das Paket nach einer Zeit t_A auf den Boden, hat es die y-Koordinate $y(t_A) = -200$ m. Es gilt:

$$-200\,\text{m} = -\tfrac{1}{2} g \cdot t_A^2.$$

Löst man die Gleichung nach t_A^2 auf und berechnet dann die Wurzel auf beiden Seiten, erhält man mit $g = 9{,}81\,\text{m s}^{-2}$ die Lösung:

$$t_A = \sqrt{\frac{2 \cdot 200\,\text{m}}{9{,}81\,\frac{m}{s^2}}} \approx 6{,}4\,\text{s}.$$

Die horizontale Bewegung wird beschrieben mit:

$$x(t) = v_x \cdot t = 50\,\tfrac{m}{s} \cdot t.$$

Zum Zeitpunkt t_A befindet sich das Paket bei

$$x(t_A) = v_x \cdot t_A = 50\,\tfrac{m}{s} \cdot 6{,}4\,\text{s} = 320\,\text{m}.$$

Das Paket muss also ungefähr 320 m vor dem Zielpunkt ausgelöst werden, damit es das Ziel trifft.

Methode: Videoanalyse von waagerechten Würfen

B1 *Auswertung eines Videos zum waagerechten Wurf: a) Momentaufnahme, b) Momentaufnahme mit Auswertung*

Die Videoanalyse ist ein Verfahren zur Auswertung von Bewegungen wie dem freien Fall, dem Fall mit Reibung oder dem Wurf. Mit ihrer Hilfe kann man im Sport wichtige Hinweise bekommen, wie man weiter oder höher springen kann. Es gibt viele Videoanalyseprogramme, die sich in Details unterscheiden. Das grundlegende Vorgehen für eine Videoanalyse ist aber allen gemeinsam.

Aufnahme. Geeignete Videos für eine Videoanalyse lassen sich heute mit Videokameras, Fotokameras oder Smartphones leicht aufnehmen. Zu beachten ist vor allem,
- dass die Bewegung von der Seite aufgenommen wird, um Verzerrungseffekte zu minimieren,
- dass während der Aufnahme die Kamera nicht bewegt und der Zoom nicht verwendet wird und
- dass die Aufnahme einen Maßstab oder charakteristische Markierungen mit bekanntem Abstand (z. B. zwei Pfosten) enthält, um in der Bewegungsanalyse zurückgelegte Strecken bestimmen zu können.
- dass das zu untersuchende Objekt und der Hintergrund einen großen Farbkontrast aufweisen.

Das Video muss zudem in einem Format (z. B. avi) vorliegen, das vom Analyseprogramm unterstützt wird, oder es muss in ein solches Format umgewandelt (konvertiert) werden.

Auswertung. In der Analysesoftware müssen nach Öffnung des Videos ein Koordinatensystem, ein Längen- und ein Zeitmaßstab festgelegt werden:
- **Koordinatensystem:** Ursprung und Orientierung von x- und y-Achse eines Koordinatensystems werden passend zur Situation festgelegt. Die x- und y-Koordinaten beziehen sich auf dieses System.
- **Längenmaßstab:** Ein mitgefilmter Maßstab (oder eine bekannte Strecke im Video) dient der Umrechnung der im Video messbaren Abstände in Pixel in eine Länge in m.
- **Zeitmaßstab:** Zudem ist die Bildrate (Bilder pro Sekunde, frames per second, fps) anzugeben, mit der das Video aufgenommen wurde. Ein typischer Wert sind 30 fps. Die Bilder haben dann einen zeitlichen Abstand von $\Delta t = \frac{1\,\text{s}}{30} \approx 0{,}03$ s.

Das Untersuchungsobjekt wird im ersten Bild markiert („angeklickt") und die Ortskoordinaten werden in eine Tabelle zusammen mit der Zeit $t = 0$ s eingetragen. Dann lässt man das Video um ein Bild (oder n Bilder) weiterlaufen und markiert erneut das Untersuchungsobjekt. Die Koordinaten und die Zeit $t + \Delta t$ (oder $t + n \cdot \Delta t$) werden automatisch in die Tabelle eingetragen. Dieser Schritt wird so lange wiederholt, bis man die gesamte Bewegung auf diese Weise ausgewertet hat (Bild **B1b**).

Zeit in s	x-Position in cm	y-Position in cm
…	…	…
0,0833	19,5	−0,022
0,0867	20,3	−0,025
0,0900	21,2	−0,027
…	…	…

Die tabellarischen Zeit-Orts-Koordinaten sind der Ausgangspunkt für alle weiteren Auswertungen. Beispielsweise lassen sich Zeit-Ort-Diagramme anfertigen. Hier erkennt man, wie sich das Objekt in x-Richtung gleichförmig (Bild **B2a**) und in y-Richtung gleichmäßig beschleunigt bewegt (Bild **B2b**). Die meisten Videoanalyseprogramme ermöglichen es, aus den Messdaten mit einer Regression die Bewegungsgleichungen zu ermitteln.

Die Geschwindigkeit, die Beschleunigung und viele weitere physikalische Größen werden entweder ebenfalls mit dem Videoanalyseprogramm oder mit einem Tabellenkalkulationsprogramm, in das man die Zeit-Ort-Koordinaten überführt, berechnet.

Besonderheiten

- **Hochgeschwindigkeitsaufnahmen** (High speed videos) sind nötig, um besonders schnelle Bewegungen aufnehmen zu können, da der zeitliche Abstand der Bilder bei gewöhnlichen Videos zu groß für eine präzise Auswertung ist. Etwa 200 Bilder pro Sekunde (200 fps) sind heute schon mit Smartphones möglich, der zeitliche Abstand der Bilder beträgt dann nur noch 0,005 Sekunden.
- **Automatische Auswertung:** Viele Videoanalyseprogramme haben eine **Autotracking-Funktion,** mit der das Untersuchungsobjekt in jedem Bild automatisch erkannt und die Zeit-Orts-Koordinaten aufgenommen werden. Das Anklicken des Objekts in jedem Bild mit der Hand entfällt, was bei langen Videos oder Hochgeschwindigkeitsvideos sonst sehr mühsam ist. Voraussetzung ist, dass das Objekt in den Bildern gut erkannt werden kann. Den Kontrast zur Umgebung im Video erhöht man beispielsweise durch farbige Markierungen oder Leuchtpunkte und entsprechende Beleuchtung.

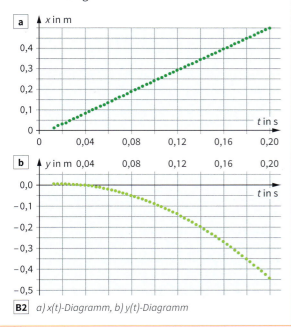

B2 a) x(t)-Diagramm, b) y(t)-Diagramm

Arbeitsaufträge

1 ➝ Die Feuerwehr löscht von einer Leiter in 12 m Höhe mit waagerechtem Strahl ein Feuer. Der Strahl trifft ein Fenster in 7 m horizontaler Entfernung und 9 m Höhe. Berechnen Sie die Wassergeschwindigkeit an der Düse.

2 ✏ Ein Tennisball soll von der Grundlinie aus in 2 m Höhe waagerecht so „abgeschossen" werden, dass er maximal 50 cm vor dem Ende des gegnerischen Feldes auftrifft. Die Grundlinien sind etwa 23,8 m voneinander entfernt.
a) Berechnen Sie den „erlaubten" Bereich für die Abschussgeschwindigkeit.
b) Bestimmen Sie die Koordinaten des optimalen Aufschlags. Zeichnen Sie maßstäblich die Flugbahn und berechnen Sie die Auftreffgeschwindigkeit.

3 ➝ Eine Kugel wird mit 100 $\frac{m}{s}$ waagerecht auf das Zentrum einer 50 m entfernten Zielscheibe geschossen. Bestimmen Sie den Auftreffort.

4 ✏ Ein Flugzeug fliegt mit einer Geschwindigkeit von $v_0 = 150 \frac{km}{h}$ und wirft ein Paket ab. Das Paket landet 400 m horizontal vom Abwurfpunkt entfernt in der Landezone. Berechnen Sie die Höhe, in der das Flugzeug fliegt.

5 ✏ Überprüfen Sie die Ergebnisse des Skateboardversuchs (Bild **B1** auf der vorherigen Seite) mit Hilfe einer geeigneten Videoanalysesoftware. Verwenden Sie dazu beispielsweise ein Smartphone und einen Golfball.

6

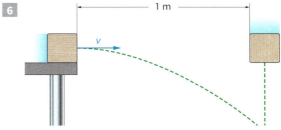

⬆ Ein Holzklotz rutscht mit der Geschwindigkeit v über die Kante eines waagerechten Tisches der Höhe h. Ein anderer Holzklotz fällt im Abstand von 1 m von der Tischkante aus gleicher Höhe frei nach unten.
Erläutern Sie Bedingungen, unter denen sich die beiden Holzklötze „im Flug" treffen.

1.6 Der schiefe Wurf

B1 Beim Boulespiel

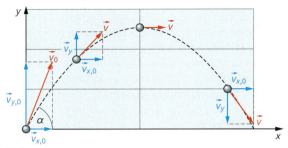

B2 Positionen einer Kugel beim schiefen Wurf

Würfe im sportlichen Kontext. Bei verschiedensten Sportarten müssen Kugeln, Bälle oder andere Gegenstände geworfen werden. Dabei kommt es sowohl auf die Wurfweite (zum Beispiel beim Kugelstoßen) als auch auf die Genauigkeit des Wurfs (zum Beispiel beim Boulespiel) an. Bei all diesen Sportarten ist nicht nur Wurfkraft, sondern auch Wurftechnik wichtig. Die Würfe haben dabei eins gemeinsam: In der Regel werden sie unter einem Abwurfwinkel, also „schief", geworfen. Man spricht vom **schiefen Wurf**. Ziel dieses Kapitels ist es, diese Art des Wurfes zu analysieren. Bei den hier betrachteten Würfen kann der Luftwiderstand vernachlässigt werden.

Im Versuch **V1** sieht man, dass die Bewegung einer Boule-Kugel in der Horizontalen eine gleichförmige Bewegung und in der Vertikalen eine gleichmäßig beschleunigte Bewegung ist. Die gleichen Bedingungen waren bereits beim waagerechten Wurf erfüllt. Der waagerechte Wurf ist ein Spezialfall des schiefen Wurfs. Die Koeffizienten in den Gleichungen in Versuch **V1** hängen von der Anfangsgeschwindigkeit, dem Abwurfwinkel und der Körpergröße des Werfenden ab.

Beschreibung des schiefen Wurfs. ▶ Zunächst betrachtet man den vereinfachten Fall: Der Wurf beginnt und endet auf dem Boden. Man verwendet ein x-y-Koordinatensystem wie in Bild **B2** um den Wurf zu beschreiben. Der Wurf beginnt zum Zeitpunkt $t = 0$ s. Das Wurfobjekt wird im Ursprung mit der Geschwindigkeit $\vec{v}_0$ unter dem Winkel α geworfen. Die Startgeschwindigkeit $\vec{v}_0$ kann in den horizontalen Anteil $\vec{v}_{x,0}$ und $\vec{v}_{y,0}$ zerlegt werden. Es gilt:

$$v_{x,0} = v_0 \cdot \cos(\alpha) \quad \text{und} \quad v_{y,0} = v_0 \cdot \sin(\alpha).$$

Die Bewegung in horizontaler Richtung ist eine gleichförmige Bewegung mit der Geschwindigkeit $\vec{v}_{x,0}$. Es gilt deshalb:

$$x(t) = v_0 \cdot \cos(\alpha) \cdot t. \tag{1}$$

In der vertikalen Richtung befindet sich das Objekt im freien Fall mit der Anfangsgeschwindigkeit $\vec{v}_{y,0}$. Die Bewegungsgleichung lautet deshalb:

$$y(t) = -\frac{g}{2} \cdot t^2 + v_0 \cdot \sin(\alpha) \cdot t. \tag{2}$$

Bild **B2** zeigt, dass sich die Geschwindigkeiten entlang der Bahn des schiefen Wurfes ändern. Am Scheitel-

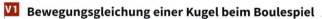

V1 Bewegungsgleichung einer Kugel beim Boulespiel

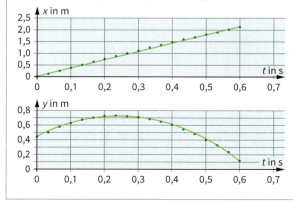

Beim Boulespiel wird eine Metallkugel geworfen. Der Wurf wird von der Seite gefilmt. Mit einer Videoanalysesoftware wird der Wurf ausgewertet. Die Position des Balles kann für jedes Einzelbild bestimmt werden. Trägt man diese Daten in einem $x(t)$- bzw. $y(t)$-Diagramm auf, so erhält man die links sichtbaren Graphen.

Eine Regression der Daten bis zum Zeitpunkt $t = 0{,}6$ s liefert die Funktionen:

$$x(t) = 3{,}71 \cdot t,$$
$$y(t) = -4{,}97\, t^2 + 2{,}43\, t + 0{,}44.$$

26 Grundlagen der Mechanik

punkt ist der Geschwindigkeitsbetrag am kleinsten. Mathematisch entspricht die Bahnkurve einer nach unten geöffneten Parabel.

> **! Merksatz**
>
> Die Bewegungsgleichungen für den schiefen Wurf ohne Reibung mit Abwurfwinkel α und Abwurfgeschwindigkeit v_0 sind in Koordinatenschreibweise:
> $$x(t) = v_0 \cdot \cos(\alpha) \cdot t,$$
> $$y(t) = -\frac{1}{2} g \cdot t^2 + v_0 \cdot \sin(\alpha) \cdot t.$$
> Die Bahnkurve eines schiefen Wurfs ohne Reibung ist eine (Wurf-)Parabel.

Die Koeffizienten aus Versuch **V1** lassen uns folgende Schlüsse ziehen: Die Kugel hat eine Startgeschwindigkeit in x-Richtung von $3{,}7\,\frac{m}{s}$. In y-Richtung hat die Kugel die Startgeschwindigkeit $2{,}43\,\frac{m}{s}$. Der Koeffizient $-4{,}97$ sollte die Hälfte der Fallbeschleunigung sein und erlaubt den Vergleich von Realität und gewähltem Modell.

Wurfweite und maximale Wurfhöhe. Beim Kugelstoßen kommt es auf große Stoßweiten an. Näherungsweise handelt es sich um einen schiefen Wurf, bei dem Reibungseffekte vernachlässigt werden können. Neben der Abstoßgeschwindigkeit spielt der Abwurfwinkel eine wichtige Rolle. Mit den Gleichungen (1) und (2) kann der Abwurfwinkel, bei dem eine maximale Stoßweite erreicht wird, berechnet werden. Der schiefe Wurf endet zum Zeitpunkt t_E, wenn die Kugel auf dem Boden auftrifft ($y(t_E) = 0$):
$$y(t) = -\frac{g}{2} t_E^2 + v_0 \cdot \sin(\alpha) \cdot t_E = 0.$$

Diese Gleichung hat eine Lösung mit $t_E > 0$:
$$t_E = 2 v_0 \cdot \frac{\sin(\alpha)}{g}.$$

Um die Wurfweite w zu berechnen, setzt man diese Zeit in Gleichung (1) ein:
$$w = x(t_E) = v_0 \cdot \cos(\alpha) \cdot 2 \cdot v_0 \cdot \frac{\sin(\alpha)}{g}$$
$$= 2 v_0^2 \cdot \cos(\alpha) \cdot \frac{\sin(\alpha)}{g}. \quad (3)$$

Erfolgen Abwurf und Auftreffen auf der gleichen Höhe, so wird aus Symmetriegründen zur Zeit $t = 0{,}5\, t_E$ die maximale Höhe erreicht. Setzt man diesen Wert in Gleichung (2) ein, so erhält man:
$$h = \frac{1}{2} \cdot \frac{(v_0 \cdot \sin(\alpha))^2}{g}.$$

w ist maximal, wenn das Produkt $\cos(\alpha) \cdot \sin(\alpha)$ am größten ist. Dies gilt für $\alpha = 45°$. Im Modell ist dies der beste Abwurfwinkel, um die größte Wurfweite zu erzielen.

> **! Merksatz**
>
> Die Wurfweite beim schiefen Wurf kann mit der Gleichung
> $$w = 2 v_0^2 \cdot \frac{\cos(\alpha) \cdot \sin(\alpha)}{g}$$
> berechnet werden. Die Gleichung für die maximale Wurfhöhe lautet:
> $$h = \frac{1}{2} \cdot \frac{(v_0 \cdot \sin(\alpha))^2}{g}.$$

Der Wurf mit Starthöhe. Viele Würfe im Sport können als schiefe Würfe beschrieben werden. Aus der eigenen Erfahrung und aus Versuch **V1** ist ersichtlich, dass Würfe im Sport nur selten die gleiche Höhe für Start- und Endpunkt haben. In Versuch **V1** beginnt die Bewegung der Kugel über dem Boden, die Bewegung endet, wenn sie auf den Boden auftrifft. Auch beim Kugelstoßen beginnt der Wurf über dem Boden. ▶

Die Bewegungsgleichungen (1) und (2) können angewendet werden, wenn die Randbedingungen der sportlichen Bewegung berücksichtigt werden. Betrachtet man einen Kugelstoß, kann das Koordinatensystem so gewählt werden, dass der Startort die Koordinaten $(0\,\text{m};\,2\,\text{m})$ hat und die Achsen wie in Bild **B3** orientiert sind. Auch hier kann die Startgeschwindigkeit $\vec{v}_0$ in die Anteile $\vec{v}_{x,0}$ und $\vec{v}_{y,0}$ zerlegt werden. Gleichung (1) bleibt unverändert. Die Gleichung (2) verändert sich zu:
$$y(t) = -\frac{g}{2} t^2 + v_0 \cdot \sin(\alpha) \cdot t + y_0.$$

Beim Kugelstoß ist die Starthöhe etwa $y_0 = 2\,\text{m}$. In Versuch **V1** beträgt die Starthöhe $y_0 = 0{,}44\,\text{m}$.

B3 *Analyse des Kugelstoßes*

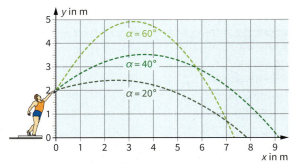

B1 Wurfbahnen für verschiedene Stoßwinkel

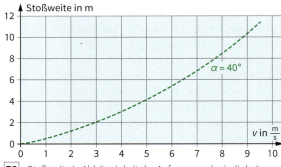

B3 Stoßweite in Abhängigkeit der Anfangsgeschwindigkeit

Gewinnen beim Kugelstoßen. Im Modell des schiefen Wurfs beträgt der optimale Winkel, bei dem die Wurfweite maximal ist, 45°. Das gilt jedoch nur, wenn Start- und Landehöhe gleich sind. Wie verhält es sich, wenn die Kugel wie beim Kugelstoßen von einer Starthöhe von 2 m abgeworfen wird?

Nimmt man für den Betrag der Abstoßgeschwindigkeit $v_0 = 8{,}5\,\frac{m}{s}$ an und simuliert mit dem Computer verschiedene Abwurfwinkel α, erhält man ein Diagramm wie in Bild **B1**. Bei den gezeigten Winkeln liefert $\alpha = 40°$ die größte Wurfweite. Die Reichweite in Abhängigkeit vom Stoßwinkel zeigt das $w(\alpha)$-Diagramm in Bild **B2**. Die Kurve hat bei $\alpha = 40°$ ein Maximum. In der Umgebung des Werts ändert sich die Reichweite nur wenig.

Für das Training kann abgeleitet werden: Der Abstoßwinkel sollte etwa 40° betragen. Kleine Abweichungen von diesem Winkel beeinflussen die Reichweite wenig.

Wählt man den festen Winkel $\alpha = 40°$ und simuliert verschiedene Startgeschwindigkeiten, so erhält man folgendes Resultat (Bild **B3**): Mit steigender Anfangsgeschwindigkeit steigt auch die Stoßweite. Dieser Zusammenhang ist nicht proportional. Für einen guten Wurf muss die Anfangsgeschwindigkeit möglichst groß sein.

Versteckte Würfe. Auch Sportarten, von denen man es nicht vermutet, können mithilfe des schiefen Wurfs beschrieben werden. Ein Beispiel dafür ist der Weitsprung. Dabei ist das geworfene Objekt der Körper des Sportlers. Sein Schwerpunkt, der etwas oberhalb der Hüfte liegt, folgt beim Sprung einer Wurfparabel. Sie beginnt in einer Höhe von etwa einem Meter, wenn sich der hintere Fuß vom Boden löst und endet, wenn die Füße den Boden berühren. Die Hüfte befindet sich dann noch einen halben Meter über dem Boden.

Exkurs: Ballistische Kurve

Bei den in diesem Kapitel betrachteten Sportarten kann die Luftreibung vernachlässigt werden, da wir Kugeln bei geringen Geschwindigkeiten betrachten. Bei hohen Geschwindigkeiten ist diese Idealisierung jedoch nicht immer zulässig. Reale Bahnkurven weichen teilweise deutlich von denen des idealisierten Wurfs ab. Man nennt die Bahnkurven mit Reibung ballistische Kurven.

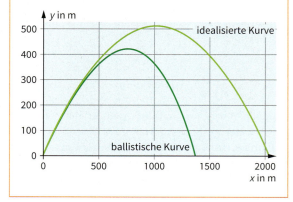

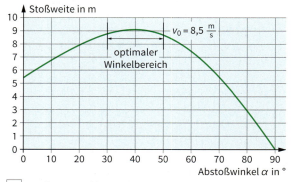

B2 Stoßweite in Abhängigkeit vom Stoßwinkel

Exkurs: Historische Vorstellungen

Wie sehr Erfahrungswissen von falschen Vorstellungen überlagert werden kann, zeigt der Holzschnitt (rechts) aus dem Jahr 1561. Streng nach der Lehre des Aristoteles folgt die abgeschossene Kugel einer geraden Linie, bis ihre Bewegung zum Stillstand gekommen ist. Dann erst fällt sie senkrecht nach unten wie jeder andere schwere Körper. Galilei hat ebenfalls Wurfbewegungen untersucht und dabei eine neue Methode angewendet: Er stellte sich vor, dass bei einem geworfenen Körper zwei Bewegungen unabhängig voneinander stattfinden. Das bedeutet, dass der Fall und die Vorwärtsbewegung gleichzeitig ablaufen und sich gegenseitig überlagern. Heute wirkt diese Erkenntnis selbstverständlich. 100 Jahre später nutzte Newton diese Erkenntnis für seine Bewegungsgleichungen.

Arbeitsaufträge

1 Ein Basketball wird mit einer Anfangsgeschwindigkeit $v_0 = 7 \frac{m}{s}$ unter einem Winkel $\alpha = 56°$ geworfen. Berechnen Sie die Wurfweite, wenn:
a) der Ball vom Boden aus geworfen wird;
b) der Ball aus einer Höhe von 2 m über dem Boden geworfen wird.

2 Die Tabelle zeigt Positionen eines Basketballs. Zeichnen Sie ein $y(x)$-Koordinatensystem mit den angegebenen Daten und prüfen Sie, ob es sich um einen schiefen Wurf (ohne Luftreibung) handeln könnte.

x in m	0,00	0,30	0,71	1,18	1,72	2,28	2,88
y in m	2,02	2,53	2,92	3,26	3,48	3,50	3,34

3

Schätzen Sie die Sprungweite beim Weitsprung grob ab. Nehmen Sie dazu an, dass der Springer unter einem Winkel von 25° und mit einer Geschwindigkeit von 10 $\frac{m}{s}$ abspringt. Die Abstände d_1 und d_2 vor und nach dem „Wurf" betragen etwa 0,6 m und 0,75 m.

4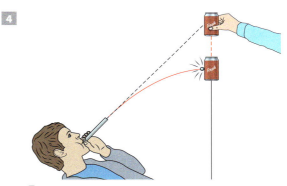

a) Beschreiben Sie die Bewegungen des mit dem Blasrohr abgeschossenen Kügelchens und der Dose. Berücksichtigen Sie, dass die Abschussgeschwindigkeit bei jedem Schuss variieren kann.
b) Formulieren und begründen Sie eine Regel, wann die Dose losgelassen werden muss, damit sie vom Kügelchen getroffen wird.
c) Führen Sie das Experiment in einer Kleingruppe durch, bis (fast) jeder Schuss ein Treffer ist.

5 Führen Sie den Versuch mit der Boulekugel auf Seite 26 selbst durch. Verwenden Sie ihr Smartphone zum Filmen und werten Sie das Video mit einer Videoanalysesoftware aus.

6 Untersuchen Sie, ob die Bahnkurve eines waagerechten Wurfs ebenfalls eine Wurfparabel ist.

Zusammenfassung

1. Geschwindigkeit

Die physikalische vektorielle Größe **Geschwindigkeit** $\vec{v}$ gibt an, in welche Richtung und wie schnell sich ein Körper bewegt. Der Betrag v der Geschwindigkeit eines Körpers ist definiert durch den Quotienten aus zurückgelegtem Weg Δs und der dafür benötigten Zeitspanne Δt:

$$v = \frac{\Delta s}{\Delta t}.$$

Die Geschwindigkeit v entspricht der momentanen Änderungsrate bzw. der Ableitung von $s(t)$.
Grafisch wird die Geschwindigkeit mit einem Pfeil dargestellt. Die Richtung des Pfeils gibt die Bewegungsrichtung an; die Länge des Pfeils gibt den Betrag der Geschwindigkeit an.

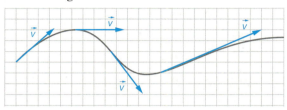

2. Beschleunigung

Die Beschleunigung $\vec{a}$ ist wie die Geschwindigkeit eine vektorielle Größe mit Richtung und Betrag. Sie ist der Quotient aus der Änderung der Geschwindigkeit Δv und der benötigten Zeitspanne Δt.
Die Beschleunigung entspricht der momentanen Änderungsrate bzw. der Ableitung von $v(t)$.

3. Geradlinige Bewegungen

Geradlinige gleichförmige Bewegung: Die Geschwindigkeit ist in Betrag und Richtung konstant. Es gilt:

$$s(t) = v \cdot t + s_0, \quad v = \text{konstant}, \quad a = 0\,\tfrac{\text{m}}{\text{s}^2}.$$

Gleichmäßig beschleunigte Bewegung: Die Beschleunigung ist in Betrag und Richtung konstant. Es gelten die Bewegungsgleichungen ($a = $ konstant):

$$s(t) = \tfrac{a}{2} \cdot t^2 + v_0 \cdot t + s_0, \quad v(t) = a \cdot t + v_0.$$

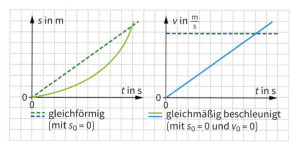

4. Fallbewegungen

Fallbewegungen sind spezielle beschleunigte Bewegungen. Die vertikale Fallbewegung eines Körpers im Vakuum heißt **freier Fall**. Die **Fallbeschleunigung** g ist für alle Körper an einem Ort gleich. Sie beträgt auf der Erde ungefähr $9{,}81\,\tfrac{\text{m}}{\text{s}^2}$.
Die Bewegungsgleichungen für den freien Fall aus der Ruhe lauten:

$$y(t) = -\tfrac{g}{2} \cdot t^2 + y_0, \quad v_y(t) = -g \cdot t.$$

5. Wurfbewegungen

Beim **waagerechten Wurf** wird ein Körper horizontal mit einer Anfangsgeschwindigkeit v_0 abgeworfen. Der waagerechte Wurf lässt sich als Kombination von zwei voneinander unabhängigen Bewegungen beschreiben: Einem freien Fall in vertikaler Richtung und einer Bewegung mit konstanter Geschwindigkeit in horizontaler Richtung.
Es gelten die folgenden Bewegungsgleichungen, wenn als Startpunkt der Ursprung des Koordinatensystems gewählt wird:

$$x(t) = v_x \cdot t, \quad v_x(t) = v_0 = \text{konstant}$$

$$y(t) = -\tfrac{1}{2} g \cdot t^2, \quad v_y(t) = -g \cdot t.$$

Bei einem **schiefen Wurf** wird ein Körper unter einem Abwurfwinkel α zur Horizontalen abgeworfen. Für die Anfangsgeschwindigkeiten gilt:

$$v_{x,0} = v_0 \cdot \cos(\alpha),$$

$$v_{y,0} = v_0 \cdot \sin(\alpha).$$

Der schiefe Wurf setzt sich ebenfalls aus zwei voneinander unabhängigen Bewegungen zusammen: einer beschleunigten Bewegung nach oben und einer gleichförmigen Bewegung in horizontaler Richtung.

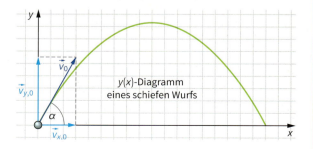

$y(x)$-Diagramm eines schiefen Wurfs

Aufgaben mit Lösungen

1

➡ Die Skizzen zeigen die Geschwindigkeiten eines Fisches zu einem Zeitpunkt t_1 (dunkelblauer Pfeil) und zu einem etwas späteren Zeitpunkt t_2 (hellblau).
a) Übertragen Sie die Skizze maßstabsgerecht in Ihr Heft.
b) Zeichnen Sie die Änderung der Geschwindigkeit (Zusatzgeschwindigkeit) ein.
c) Ein Zentimeter Pfeillänge entspricht $3{,}6\,\frac{km}{h}$. Ermitteln Sie die Beträge aller Geschwindigkeiten in der Einheit $\frac{m}{s}$.

2

➡ Ein Auto fährt mit $120\,\frac{km}{h}$ an einem stehenden Polizeiauto vorbei. Dieses fährt mit konstanter Beschleunigung vom Betrag $a = 5\,\frac{m}{s^2}$ sofort los. Der Fahrer des Autos bemerkt dies nicht und fährt unverändert weiter. Zeichnen Sie die $s(t)$-, $v(t)$-, $a(t)$-Diagramme. Ermitteln Sie den Zeitpunkt, zu dem sich beide Autos nebeneinander befinden.

3

↗ Auf dem Mond fällt aus Versehen ein Werkzeug in 10 m Höhe aus der Landefähre.
a) Berechnen Sie die Geschwindigkeit, mit der das Werkzeug auf dem Boden landet, und die zugehörige Fallzeit ($g_M = 1{,}62\,\frac{m}{s^2}$).
b) Eine Astronautin wirft das Werkzeug vertikal nach oben in Richtung der Landefähre. Berechnen Sie die Abwurfgeschwindigkeit, mit der das Werkzeug die Hand 2 m über dem Boden verlassen muss, um die Fähre zu erreichen.

4

↑ GALILEI experimentierte mit rollenden Kugeln in „Fallrinnen": gerade Rinnen, die er unter einem kleinen Winkel zur Horizontalen aufstellte. Er fand heraus, dass sich die im Takt seines Pulsschlages zurückgelegten Teilstrecken wie die ungeraden Zahlen 1, 3, 5, 7 usw. verhalten. Zeigen Sie, dass daraus für den Weg s, der in einer Zeit t zurückgelegt wird, folgt: $s \sim t^2$.

5

↗ Ein Skater springt vor dem Hindernis von dem rollenden Board nach oben ab. Hinter dem Hindernis landet er wieder auf dem Board.
„Ist doch ganz einfach", sagt er dem staunenden Publikum, „das Board ist doch ständig unter mir". Beurteilen Sie diese Aussage aus physikalischer Sicht.

6

↑ Eine ruhende Person auf einer Brücke lässt eine Kugel fallen. Zeitgleich lässt eine im Zug mit $v = 216\,\frac{km}{h}$ über die Brücke fahrende Person eine Kugel fallen (Bild **B1**).
Sie sehen fünf Momentaufnahmen der beiden Kugeln. Ermitteln Sie auf zwei unterschiedlichen Wegen den zeitlichen Abstand dieser Momentaufnahmen.

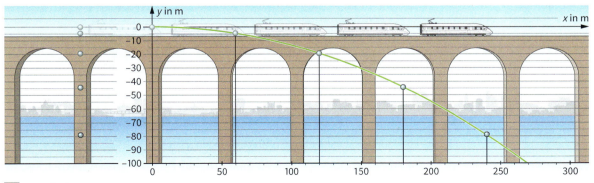

B1 Zu Aufgabe 6

1.7 Die Grundgleichung der Mechanik

B1 Champions-League-Finale 2017: Ronaldo trifft zum 3 : 1.

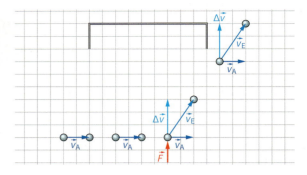

B3 Konstruktion der Endgeschwindigkeit bei der Hereingabe

V1 Elfmeter und Hereingabe

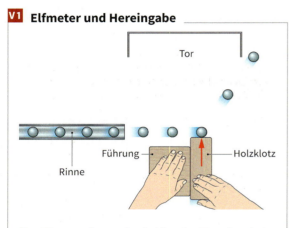

Zur Untersuchung der beiden im Text beschriebenen Fußballsituationen wird der oben gezeigte Versuch aufgebaut. Ein Holzblock wird festgehalten und dient als Führung. Mit einem zweiten Holzblock wird auf die Stahlkugel eine Kraft in Richtung Tor ausgeübt. Im ersten Versuchsteil ruht die Kugel zu Beginn („Elfmeter"), im zweiten erhält sie durch eine schräge Rinne eine Anfangsgeschwindigkeit parallel zum Tor („Hereingabe")

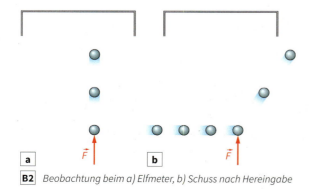

B2 Beobachtung beim a) Elfmeter, b) Schuss nach Hereingabe

Die Zusatzgeschwindigkeit. Champions-League-Finale 2017, Real Madrid gegen Juventus Turin, 64. Minute: Ronaldo verwandelt eine flache Hereingabe von Modrić zum 3 : 1 (Bild **B1**). Das Spiel ist entschieden. Der Treffer sieht einfach aus, aber Stürmer schießen Bälle, die von der Seite hereingepasst werden, auch regelmäßig neben das Tor. Anders beim Elfmeter: Hier treffen die meisten Schützen zumindest das Tor.

Mit dem Modellversuch **V1** werden die Situationen „Elfmeter" und „Hereingabe" untersucht. In beiden Situationen wird die Kugel mit der gleichen Kraft in Richtung Tor geschossen. Die Beobachtungen des Experiments sind in den Bildern **B2a** und **B2b** dargestellt: Beim Elfmeter rollt die Kugel ins Tor, bei der Annahme nach der Hereingabe rollt die Kugel schräg am Tor vorbei. Die Ursache dafür ist, dass sich die Bewegung der Kugel aus zwei Bewegungen zusammensetzt:
- aus der Bewegung in die Anfangsrichtung und
- aus der Bewegung in Stoßrichtung.

Die Geschwindigkeit vor dem Stoß wird hier als **Anfangsgeschwindigkeit** $\vec{v}_A$ bezeichnet. Die Geschwindigkeit, die die Kugel durch den Stoß erhält, nennt man **Zusatzgeschwindigkeit** $\Delta\vec{v}$ und die Geschwindigkeit nach dem Stoß Endgeschwindigkeit $\vec{v}_E$. Damit können wir die **Endgeschwindigkeit** der Kugel wie in Bild **B3** aus Geschwindigkeitspfeilen zusammensetzen:

Die Kugel rollt nach dem Stoß mit der Anfangsgeschwindigkeit $\vec{v}_A$ weiter nach rechts und gleichzeitig mit der Zusatzgeschwindigkeit $\Delta\vec{v}$ in Richtung Tor. Die Endgeschwindigkeit $\vec{v}_E$ ergibt sich aus diesen beiden Geschwindigkeiten. Sie zeigt schräg am Tor vorbei. Im Fußball heißt dies: Es wurde zwar aufs Tor gezielt, doch der Ball geht leider vorbei.

Konstruktion der Endgeschwindigkeit. Um vorherzusagen, ob eine Kugel das Tor trifft oder nicht, kann die Endgeschwindigkeit $\vec{v}_E$ mit Hilfe von Geschwindigkeitspfeilen konstruiert werden (Bild **B4**).
- Ausgehend von der Kugel zeichnet man die Anfangsgeschwindigkeit $\vec{v}_A$ der Kugel als Pfeil ein. Die Länge des Pfeils entspricht dem Betrag der Geschwindigkeit.
- Durch den Stoß erhält die Kugel zusätzlich zur Anfangsgeschwindigkeit die Zusatzgeschwindigkeit $\Delta\vec{v}$ in Richtung des Stoßes. Auch diese Geschwindigkeit zeichnet man als Pfeil ausgehend von der Kugel ein.
- Man erhält die Endgeschwindigkeit $\vec{v}_E$, indem man die beiden Geschwindigkeitspfeile zu einem Parallelogramm ergänzt. Anschließend wird ausgehend von der Kugel ein Pfeil entlang der Diagonalen des Parallelogramms gezeichnet.

Konstruktion der Zusatzgeschwindigkeit. Sind die Anfangs- und die Endgeschwindigkeit bekannt, kann auch die Zusatzgeschwindigkeit konstruiert werden (Bild **B5**):
- Ausgehend von der Kugel wird der Vektor der Anfangsgeschwindigkeit $\vec{v}_A$ als Pfeil eingezeichnet.
- Nach dem Stoß soll der Geschwindigkeitsvektor $\vec{v}_E$ in eine bestimmte Richtung zeigen. Auch dieser wird ausgehend von der Kugel als Pfeil eingezeichnet.
- Um die Zusatzgeschwindigkeit $\Delta\vec{v}$ zu erhalten, wird der Pfeil für $\Delta\vec{v}$ so an die Pfeilspitze von $\vec{v}_A$ angesetzt, dass er zur Spitze von $\vec{v}_E$ zeigt.
- Dieser Pfeil wird dann parallel so verschoben, dass der Fußpunkt von $\Delta\vec{v}$ in der Mitte der Kugel liegt. Dieser Pfeil entspricht nach Betrag und Richtung dem Vektor der Zusatzgeschwindigkeit $\Delta\vec{v}$.

Beispielaufgabe: Ball ins Tor

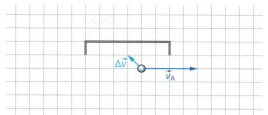

Im gezeigten Fall soll der Ball das Tor treffen. Überprüfen Sie mit einer Konstruktion, ob die Zusatzgeschwindigkeit ausreicht.

Lösung:
Die Endgeschwindigkeit $\vec{v}_E$ konstruiert man, indem man die beiden Geschwindigkeitspfeile zu einem Parallelogramm ergänzt und dann ausgehend von dem Ball einen Pfeil für die Endgeschwindigkeit entlang der Diagonalen des Parallelogramms zeichnet. Der Pfeil der Endgeschwindigkeit zeigt rechts am Tor vorbei. Daher reicht die Zusatzgeschwindigkeit nicht aus, um das Tor zu treffen.

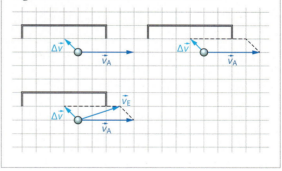

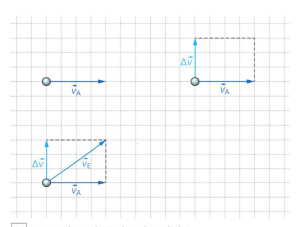

B4 Konstruktion der Endgeschwindigkeit

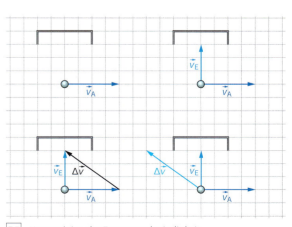

B5 Konstruktion der Zusatzgeschwindigkeit

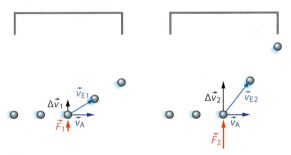

B1 Unterschiedlich große Kräfte bewirken unterschiedliche Zusatzgeschwindigkeiten.

B2 Unterschiedliche Einwirkzeiten bewirken unterschiedliche Zusatzgeschwindigkeiten.

Eine Kraft bewirkt eine Zusatzgeschwindigkeit.

Wenn man einen Fußball ankickt, übt der Fuß eine Kraft auf den Ball aus. Dadurch ändert sich die Geschwindigkeit des Balles. Die neue Geschwindigkeit des Balles setzt sich aus der Anfangs- und der Zusatzgeschwindigkeit zusammen. Wird die Kraft auf den Fußball größer, dann wird auch die Zusatzgeschwindigkeit größer.

In Bild **B1a** und **B1b** wirken unterschiedlich große Kräfte auf eine Kugel. Die Kraft hat einen Betrag und eine Richtung und wird hier genau wie die Geschwindigkeit als Vektor dargestellt. Man kann beobachten, dass bei einer größeren Kraft die Zusatzgeschwindigkeit größer wird. Die in den Bildern **B1a** und **B1b** dargestellten Situationen zeigen: Je größer die Kraft $\vec{F}$ ist, die auf einen Körper ausgeübt wird, desto größer ist die Zusatzgeschwindigkeit $\Delta\vec{v}$, die der Körper erhält.

Neben der Kraft gibt es aber noch weitere Faktoren, die die Zusatzgeschwindigkeit beeinflussen. So spielt es auch eine Rolle, wie lange die Kraft auf einen Körper einwirkt.

Einwirkdauer und Zusatzgeschwindigkeit.

Wenn eine Kraft lange auf einen Ball ausgeübt wird, ändert sich die Geschwindigkeit des Balles stärker, als wenn die gleiche Kraft nur kurz auf den Ball einwirkt. Dazu werden wieder zwei Versuche mit Kugeln durchgeführt. Jetzt wird die Kugel aber nicht angestoßen, sondern wie in Bild **B2a** und **B2b** mit einem Gebläse abgelenkt. In Bild **B2a** wird das Gebläse nur für einen ganz kurzen Moment angeschaltet. In Bild **B2b** bleibt das Gebläse länger angeschaltet, sodass die Dauer der Krafteinwirkung auf die Kugel erhöht wird. Man beobachtet, dass die Zusatzgeschwindigkeit umso größer wird, je länger der Luftstrom des Gebläses auf die Kugel einwirkt. Das Ergebnis aus Bild **B2a** und **B2b** zeigt: Je länger eine Kraft auf einen Körper einwirkt, desto größer ist die Zusatzgeschwindigkeit, die der Körper erhält.

> **! Merksatz**
> Die Zusatzgeschwindigkeit ist umso größer,
> - je größer die Kraft $\vec{F}$ ist, die auf den Körper ausgeübt wird,
> - je länger die Kraft $\vec{F}$ auf den Körper einwirkt.

---

* Beispielaufgabe: Zusatzgeschwindigkeit im Sport

a) Torschuss:
Beschreiben Sie, wie die Endgeschwindigkeit eines Fußballs beim Torschuss erhöht werden kann.
b) Seitenwind beim Skispringen:
Beim Skispringen beeinflusst der Seitenwind die Flugrichtung des Springers. Vergleichen Sie den Einfluss eines kurzen Windstoßes auf den Skispringer mit dem Einfluss eines dauerhaften Seitenwinds mit gleicher Stärke.

Lösung:
a) Je größer die Kraft ist, die beim Torschuss auf den Ball ausgeübt wird, desto größer ist die Zusatzgeschwindigkeit, die der Ball erhält. Dadurch wird die Endgeschwindigkeit des Fußballs größer.
b) Bei einem kurzen Windstoß wirkt die Kraft nur für einen kurzen Zeitraum auf den Skispringer. Er erhält dadurch nur eine kleine Zusatzgeschwindigkeit in Windrichtung. Bei dauerhaftem Seitenwind mit gleicher Stärke wirkt die Kraft länger: Die Zusatzgeschwindigkeit ist größer.

Masse und Zusatzgeschwindigkeit. Es werden nun zwei Versuche mit Kugeln unterschiedlicher Masse durchgeführt (Bild **B3**). Es zeigt sich, dass die Zusatzgeschwindigkeit umso größer ist, je kleiner Masse der Kugel ist. Bei einer Kugel mit großer Masse ist die Zusatzgeschwindigkeit bei gleicher Kraft kleiner.

> **! Merksatz**
>
> Je kleiner die Masse m eines Körpers ist, auf den eine Kraft $\vec{F}$ ausgeübt wird, desto größer ist die Zusatzgeschwindigkeit $\Delta\vec{v}$, die er erhält.

Aus diesem Grund ist die Zusatzgeschwindigkeit und damit die Wurfweite beim Weitwurf viel größer als beim Kugelstoßen.

Berechnung der Zusatzgeschwindigkeit. Die bisherigen Ergebnisse, die noch sorgfältig experimentell geprüft werden müssen, können vorläufig mit der folgenden Gleichung zusammengefasst werden:

$$\vec{F} \cdot \Delta t = m \cdot \Delta \vec{v}. \qquad (1)$$

Diese Gleichung sagt Folgendes aus:
- Wenn eine Kraft $\vec{F}$ auf einen Körper einwirkt, erhält dieser die Zusatzgeschwindigkeit $\Delta\vec{v}$.
- Die Richtung der Zusatzgeschwindigkeit entspricht der Richtung der Kraft.
- Je größer die Kraft $\vec{F}$ ist, desto größer ist die Zusatzgeschwindigkeit $\Delta\vec{v}$, wenn Einwirkdauer und Masse konstant sind.
- Je länger die Einwirkdauer Δt ist, desto größer ist die Zusatzgeschwindigkeit $\Delta\vec{v}$ bei konstanter Kraft und Masse.
- Je kleiner die Masse m des Körpers ist, desto größer ist die Zusatzgeschwindigkeit $\Delta\vec{v}$ bei konstanter Kraft und Einwirkdauer.

NEWTONS Bewegungsgleichung. Stellt man Gleichung (1) nach der Kraft um, so erhält man die Gleichung:

$$\vec{F} = m \cdot \frac{\Delta\vec{v}}{\Delta t}.$$

Der Quotient $\frac{\Delta\vec{v}}{\Delta t}$ gibt die Änderung der Zusatzgeschwindigkeit pro Zeitintervall an, also die Beschleunigung. Die Beschleunigung ist wie die Geschwindigkeit ein Vektor mit Richtung und Betrag. Ersetzt man in der Gleichung den Quotienten $\frac{\Delta\vec{v}}{\Delta t}$ bei kleinen Zeitspannen Δt durch $\vec{a}$, dann nimmt die Gleichung die folgende Form an:

$$\vec{F} = m \cdot \vec{a}.$$

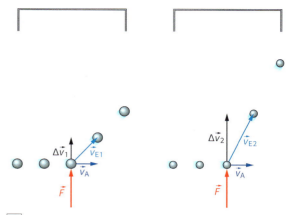

B3 Bei kleinerer Kugelmasse bewirkt eine Kraft eine größere Zusatzgeschwindigkeit

Diese Gleichung wird als **Grundgleichung der Mechanik** bezeichnet. Sie sagt Folgendes aus:
- Wenn auf einen Körper eine Kraft $\vec{F}$ ausgeübt wird, wird dieser beschleunigt.
- Je größer die Kraft $\vec{F}$, desto größer ist die Beschleunigung (bei konstanter Masse).
- Je größer die Masse m des Körpers ist, desto kleiner ist die Beschleunigung (bei konstanter Kraft).

Dieser Zusammenhang wurde 1687 von ISAAC NEWTON formuliert und wird deshalb auch als **newtonsche Bewegungsgleichung** oder **zweites newtonsches Gesetz** bezeichnet.

Die Maßeinheit der Kraft wurde im Jahr 1913 zur Anerkennung NEWTONs Arbeit mit **Newton** (N) bezeichnet. Diese Einheit setzt sich aus der Einwirkdauer Δt (Sekunde s), der Masse m (Kilogramm kg) und der Zusatzgeschwindigkeit $\Delta\vec{v}$ (Meter pro Sekunde $\frac{m}{s}$) zusammen:

$$1\,\text{N} \cdot 1\,\text{s} = 1\,\text{kg} \cdot 1\,\frac{\text{m}}{\text{s}} \quad \text{bzw.}$$

$$1\,\text{N} = 1\,\frac{\text{kg} \cdot \text{m}}{\text{s}^2}.$$

> **! Merksatz**
>
> Die Grundgleichung der Mechanik lautet:
>
> $$\vec{F} = m \cdot \vec{a}.$$
>
> Für die Einheit der Kraft gilt:
>
> $$1\,\text{N} = 1\,\frac{\text{kg} \cdot \text{m}}{\text{s}^2}.$$

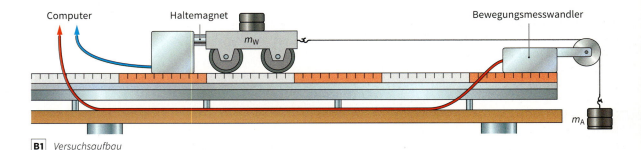

B1 Versuchsaufbau

Experimentelle Überprüfung der Grundgleichung.
Mit einem Fahrbahnversuch (Bild **B1**) wird die Grundgleichung der Mechanik, $\vec{F} = m \cdot \vec{a}$, experimentell überprüft. $\vec{a}$ und $\vec{F}$ zeigen in die gleiche Richtung, deshalb genügt es die Beträge zu betrachten.

Ein Wagen mit geringem Rollwiderstand wird auf eine Fahrbahn gestellt. Ein am Wagen befestigter Faden wird über eine Umlenkrolle gelegt, an dessen anderem Ende ein kleiner Körper mit der Masse m_A als Antrieb befestigt ist. Wird der Wagen vom Haltemagneten losgelassen, sinkt die Antriebsmasse m_A aufgrund ihrer Gewichtskraft nach unten und beschleunigt den Wagen.

Die Kraft F_A, die den Wagen beschleunigt, ist die Gewichtskraft $F_G = m_A \cdot g$ des kleinen Massestücks ($g = 9{,}81 \, \frac{m}{s^2}$). Die Beschleunigung a des Wagens wird aus den Daten eines Bewegungssensors in der Umlenkrolle berechnet und am angeschlossenen Computer als $a(t)$-Diagramm dargestellt (Bild **B2**). Das Experiment wird in zwei Varianten durchgeführt:

1. Zunächst wird die zu beschleunigende Masse m konstant gehalten und die Kraft F_A variiert. Die Beschleunigung a wird gemessen.
2. Dann wird die Kraft F_A konstant gehalten und die Masse des Wagens m_W variiert. Die Beschleunigung a wird gemessen.

Konstante Masse. Der Versuch wird mit unterschiedlichen Massestücken als Antrieb mehrfach wiederholt. Die zu beschleunigende Masse m setzt sich aus der Masse m_W des Wagens und der Antriebsmasse m_A zusammen: $m = m_W + m_A$. Damit m konstant bleibt, legt man zu Beginn einige Massestücke auf den Wagen und fügt diese nach und nach der Antriebsmasse hinzu. Die dritte Zeile in Tabelle **T1** zeigt die ermittelten Beschleunigungen für die verschiedenen Antriebsmassen bzw. -kräfte.

Die vierte Zeile zeigt die Quotienten $\frac{F_A}{m \cdot a}$, also z. B.

$$\frac{98{,}1 \text{ mN}}{0{,}27 \, \frac{m}{s^2} \cdot 355 \text{ g}} = 1{,}02$$

für Spalte 1. Sie liegen recht nahe beim vermuteten Wert 1, bestätigen also die newtonsche Gleichung. Trägt man F gegen $m \cdot a$ auf, ergibt sich eine Ursprungsgerade mit der Steigung 1 (Bild **B3**).

m_A in g	10	20	30	40	50
F_A in mN	98,1	196,2	294,3	392,4	490,5
a in m·s^{-2}	0,27	0,54	0,79	1,06	1,33
$\frac{F_A}{m \cdot a}$	1,02	1,02	1,05	1,04	1,04

T1 Auswertung für verschiedene Antriebsmassen für m = konstant

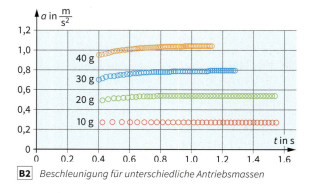

B2 Beschleunigung für unterschiedliche Antriebsmassen

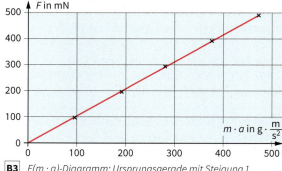

B3 $F(m \cdot a)$-Diagramm: Ursprungsgerade mit Steigung 1

Grundlagen der Mechanik

Konstante Antriebskraft. Nun werden alle Versuche mit einem Massestück der Masse $m_A = 20$ g durchgeführt, d. h. mit konstanter Antriebskraft $F_A = 20$ g $\cdot$ 9,81 m s^{-2} = 196,2 mN. Die zu beschleunigende Masse m setzt sich aus der Masse des Wagens, der Antriebsmasse und der Masse der Zusatzgewichte, die nach und nach auf den Wagen gelegt werden, zusammen. Tabelle **T2** zeigt die bei diesem Versuch gemessenen Beschleunigungen a für verschiedene Massen m.

Die Quotienten $\frac{F_A}{m \cdot a}$ (Zeile 3 in Tabelle **T2**) liegen wieder nahe am Wert 1 und bestätigen erneut die Richtigkeit der newtonschen Gleichung. Die Abweichung lässt sich in beiden Versuchsreihen mit der Reibung zwischen Wagen und Fahrbahn sowie der Tatsache erklären, dass auch die Umlenkrolle beschleunigt werden muss.

m in g	325	335	345	355	365
a in m s^{-2}	0,59	0,56	0,55	0,54	0,53
$\frac{F_A}{m \cdot a}$	1,02	1,05	1,03	1,02	1,01

T2 *Auswertung für verschiedene Gesamtmassen bei gleicher Antriebskraft $F_A = 196,2$ mN*

Die Hypothese, dass der Zusammenhang zwischen Kraft, Masse und Beschleunigung durch die Gleichung $F = m \cdot a$ beschrieben wird, hat sich im Experiment somit bestätigt. Bis heute ist die Grundgleichung bei immer genaueren Experimenten nie widerlegt worden. Man hat aber die Grenzen ihrer Gültigkeit gefunden: In der Relativitätstheorie und der Quantenmechanik reicht die Grundgleichung nicht mehr aus. Hier kommen neue Gesetzmäßigkeiten ins Spiel.

Arbeitsaufträge

1

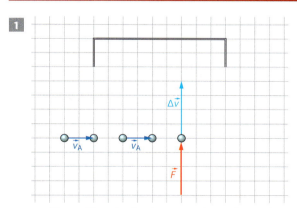

→ Überprüfen Sie durch Konstruktion der Endgeschwindigkeit, ob der Ball im obigen Fall das Tor trifft.

2 → Ein Kleinwagen mit einer Masse von 750 kg beschleunigt aus dem Stand in 10 s auf 100 $\frac{km}{h}$. Der Fahrer hat eine Masse von 70 kg.
a) Berechnen Sie die Antriebskraft des Pkw.
b) Der Pkw wird mit zusätzlichen 100 kg beladen. Berechnen Sie die Zeit, in der der Pkw eine Geschwindigkeit von 100 $\frac{km}{h}$ erreicht.

3 Beim Elfmeter erreicht der Ball ($m = 430$ g) das Tor mit der Geschwindigkeit $v = 120 \frac{km}{h}$. Berechnen Sie die Kraft, die der Torschütze auf den Ball ausgeübt hat, wenn die Einwirkdauer 1 s betrug.

4 Formel-1-Pilot MAX VERSTAPPEN hatte beim Rennen in Silverstone 2021 einen Crash, bei dem eine „g-Kraft" von 51 g auf seinen Körper wirkte. Er konnte bereits am nächsten Rennen wieder teilnehmen.
a) Recherchieren Sie, welche Bedeutung die Angabe 51 g in diesem Kontext hat.
b) Fahrer in der Formel 1 müssen mit Rennanzug eine Masse von mindestens 80 kg haben. Berechnen Sie den Betrag der „g-Kraft" in kN.

5 **phyphox** Nehmen Sie mit Hilfe Ihres Smartphones und der App *Phyphox* die Beschleunigungen bei verschiedenen Bewegungen (z. B. beim Radfahren, Autofahren oder in einem Fahrstuhl) auf. Befestigen Sie dazu ihr Smartphone sicher an Ihrem Körper. Berechnen Sie anhand der Beschleunigungsdaten die maximalen Kräfte, die während der Bewegungen auf Ihren Körper gewirkt haben.

6 Ein Pkw-Fahrer ($m = 80$ kg) behauptet, er benötigt bei einer Geschwindigkeit von nur 30 $\frac{km}{h}$ keinen Sicherheitsgurt. Beurteilen Sie anhand der folgenden Situation diese Meinung: Der Pkw fährt mit dieser Geschwindigkeit frontal gegen eine Mauer und kommt nach 0,2 s zum Stehen.
Berechnen Sie die Masse eines Körpers, dessen Gewichtskraft so groß wie die abbremsende Kraft ist.

1.8 Das Trägheitsprinzip

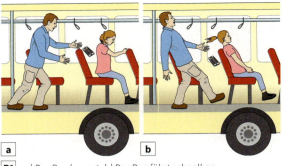

B1 a) Der Bus bremst. b) Der Bus fährt schnell an.

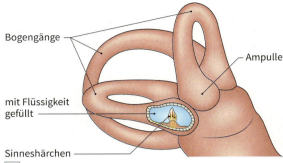

B2 Das Gleichgewichtsorgan befindet sich im Innenohr.

Die Trägheit. Wenn ein Bus vor einer Haltestelle bremst, fallen stehende Insassen nach vorn. Auch Gegenstände im Kofferraum rutschen nach vorn, wenn sie nicht gesichert sind. Die fest verbauten Sitze rutschen nicht. Diese Beobachtungen können mit der Grundgleichung der Mechanik $\vec{F} = m \cdot \vec{a}$ erklärt werden.

Während der Bus fährt, bewegen sich auch alle Körper innerhalb des Busses mit der gleichen Geschwindigkeit. Solange diese Geschwindigkeit konstant bleibt, erfahren die Körper keine Beschleunigung und keine Kraft. Bremst der Bus ab, werden er und die fest verbauten Sitze gegen die Fahrtrichtung beschleunigt. Die stehenden Insassen werden nicht beschleunigt, sondern bewegen sich weiter geradeaus. Ihre Füße, die auf dem Boden stehen, werden abgebremst, der Körper nicht. Die Insassen fallen nach vorn.

Ähnliche Beobachtungen können beim schnellen Anfahren oder bei Kurvenfahrten auf einer rutschigen Fahrbahn gemacht werden. Fährt der Bus schnell an, werden die Füße der Personen beschleunigt, aber die Oberkörper bleiben in Ruhe. Es wirkt, als würde man nach hinten fallen. Ein Auto, das auf einer nassen oder vereisten Fahrbahn zu schnell um eine Kurve fährt, kann durch die fehlende Reibung keine Kraft erfahren und bewegt sich weiter geradeaus in die Leitplanke.

Das diesen Vorgängen zugrunde liegende Prinzip nennt man **Trägheitsprinzip** oder **erstes newtonsches Gesetz**.

> **! Merksatz**
> Trägheitsprinzip: Ein Körper befindet sich in Ruhe oder bewegt sich geradlinig gleichförmig, solange keine Kraft auf ihn einwirkt.

Die Trägheit von Körpern wurde in der Geschichte der Physik erst verhältnismäßig spät entdeckt. ARISTOTELES glaubte, dass ein Körper sich nur bewegt, solange er von einer Art „Motor" angetrieben wird. Da alle Bewegungen auf der Erde irgendwann zur Ruhe kommen, lag diese Vorstellung nahe. Sie wurde erst durch GALILEI und NEWTON widerlegt. GALILEI stellte sich vor, wie sich eine Kugel auf einer sehr glatten Oberfläche ohne jede Reibung immer mit der gleichen Geschwindigkeit bewegt, und NEWTON erkannte, dass Kugeln in der Realität nur irgendwann zur Ruhe kommen, weil sie durch Reibung gebremst werden.

Trägheit im Ohr. Das **Gleichgewichtsorgan** im Innenohr besteht aus drei mit Flüssigkeit gefüllten Bogengängen (Bild **B2**). Sie sind rechtwinklig zueinander angeordnet und münden jeweils in eine Ausbuchtung (Ampulle), in der sich kleine Sinneshärchen befinden. Wenn sich der Kopf dreht, dreht sich auch das Innenohr mit. Es dauert allerdings einen kurzen Moment, bis auch die Flüssigkeit in den Bogengängen diese Drehbewegung mitmacht. Die Folge ist: Die Härchen werden von der „trägen" Flüssigkeit umgebogen. Diesen Reiz geben die Härchen als Nervensignal an das Gehirn weiter.

Arbeitsaufträge

1 Ein Kleinwagen der Masse 890 kg muss abgeschleppt werden. Das Abschleppseil verträgt eine maximale Belastung von 10^4 N. Beim ruckartigen Anfahren reißt das Seil trotzdem. Erklären Sie dies.

2 Ein Lastwagen hat auf einer ebenen glatten Ladefläche ein ungesichertes Paket liegen. Erläutern Sie anhand einer Skizze, wie sich das Paket weiter bewegt, wenn der Lastwagen eine Linkskurve fährt.

Exkurs: Sicherheit im Straßenverkehr

Um das Verletzungsrisiko bei Unfällen für die Insassen zu minimieren, wird eine sogenannte **Knautschzone** eingebaut, die sich während des Unfalls verformt (Bild **B4**). Auto und Fahrer erfahren negative Beschleunigungen. Durch die Verformung verlängert sich die Einwirkungsdauer. Dadurch verringert sich die Kraft. Die Fahrgastzelle selbst ist sehr stabil, damit sie sich beim Unfall möglichst wenig verformt und niemanden einklemmt.

Die gleiche Funktion haben **Airbags.** Sie werden im Kollisionsfall schlagartig mit Gas gefüllt und sorgen dafür, dass die Einwirkungsdauer beim Bremsen verlängert wird. So wirkt eine kleinere Kraft. Gleichzeitig sorgt der Airbag dafür, dass die Kraft sich auf eine größere Fläche verteilt.

Auch der **Anschnallgurt** ist ein wichtiges Element, um das Verletzungsrisiko bei Unfällen zu verringern. Ist der Insasse nicht angeschnallt, setzt sich ein Unfall aus zwei Vorgängen zusammen: Dem Aufprall des Fahrzeugs auf das Hindernis und dem Aufprall des Insassen auf die Innenteile des Fahrzeugs.

Die Diagramme zeigen den zeitlichen Verlauf der Beschleunigungen für die Fahrgastzelle eines Autos und für den Kopf einer Puppe bei einem Frontalstoß auf eine Mauer mit einer Geschwindigkeit von 50 $\frac{km}{h}$.

Bild **B3** zeigt, dass das Fahrzeug beschleunigt wird, während der Kopf fast ungehindert weiterfliegt. Er wird erst dann durch die Innenteile des Fahrzeugs abgebremst, wenn das Fahrzeug bereits steht. Die Kräfte, die auf den Insassen wirken, sind wesentlich höher als die Kräfte, die auf das Fahrzeug wirken.

B4 *Crashtest*

Mit Gurt verringert sich die Beschleunigung und damit die Kraft, die auf den Kopf wirkt, auf einen ungefährlichen Wert (Bild **B5**).

Viele Menschen glauben, dass sie sich im Auto bei geringen Geschwindigkeiten nicht anschnallen müssen, weil sie sich beim Unfall am Lenkrad abstützen können. Dass diese Menschen sich irren, zeigt die folgende Situation:

Beispiel: Ein Pkw fährt mit 50 $\frac{km}{h}$ gegen eine Mauer und kommt nach 0,15 s zum Stehen. Der Fahrer hat eine Masse von 90 kg.

Lösung: Man berechnet die Kraft, die auf den Fahrer im Inneren des Autos wirkt. Der Geschwindigkeitsunterschied beträgt 50 $\frac{km}{h} \approx 14 \frac{m}{s}$. Die Einwirkzeit der Kraft ist 0,15 s. Setzt man diese Angaben in die Grundgleichung der Mechanik ein, erhält man:

$$F \approx \frac{90 \text{ kg} \cdot 14 \frac{m}{s}}{0,15 \text{ s}} = 8,4 \text{ kN}.$$

Diese Kraft ist vergleichbar mit der Kraft, die benötigt wird, um einen ca. 860 kg schweren Gegenstand anzuheben. Das ist für einen Menschen unmöglich.

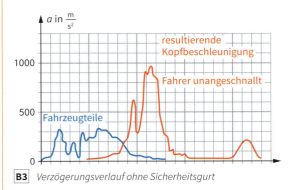

B3 *Verzögerungsverlauf ohne Sicherheitsgurt*

B5 *Verzögerungsverlauf mit Sicherheitsgurt*

Das Trägheitsprinzip

1.9 Das Wechselwirkungsprinzip

B1 Beide Frauen ziehen am Seil.

B2 Nur eine Frau zieht am Seil.

Kraft und Gegenkraft. Zwei Personen mit etwa gleicher Masse stehen sich auf zwei Skateboards gegenüber und ziehen gleichzeitig an einem Seil. Sie treffen sich in der Mitte (Bild **B1**). Die beiden treffen sich aber auch dann in der Mitte, wenn nur eine Person am Seil zieht (Bild **B2**). Dieses überraschende Phänomen kann mit der Grundgleichung der Mechanik erklärt werden: Person 1 zieht am Seil und übt eine Kraft $\vec{F}_{12}$ auf Person 2 aus. Person 2 erhält eine Zusatzgeschwindigkeit. Gleichzeitig erhält auch Person 1 eine Zusatzgeschwindigkeit, das heißt auch auf sie muss eine Kraft ausgeübt werden. Diese Kraft $\vec{F}_{21}$ kann nur von Person 2 auf Person 1 ausgeübt worden sein.

Allgemein gilt: Erhält ein Körper eine Zusatzgeschwindigkeit (erfährt er also eine Beschleunigung), muss eine Kraft auf ihn ausgeübt worden sein. Da sich beide Skateboards genau in der Mitte treffen, müssen beide die gleiche Zusatzgeschwindigkeit und somit bei gleicher Masse die gleiche Kraft erfahren haben. Die Kräfte $\vec{F}_{12}$ und $\vec{F}_{21}$ müssen also den gleichen Betrag haben, die Richtung ist genau entgegengesetzt:

$$\vec{F}_{12} = -\vec{F}_{21}, \quad |\vec{F}_{12}| = |\vec{F}_{21}|.$$

Das dieser Beobachtung zugrunde liegende Prinzip wird **Wechselwirkungsprinzip** genannt.

> **! Merksatz**
>
> Wechselwirkungsprinzip: Übt ein Körper 1 auf einen Körper 2 eine Kraft $\vec{F}_{12}$ aus, so übt auch Körper 2 auf Körper 1 eine gleich große, entgegengesetzt gerichtete Kraft $\vec{F}_{21} = -\vec{F}_{12}$ aus.

Wenn die Personen in Bild **B1** und **B2** nicht die gleiche Masse haben, treffen sie sich nicht in der Mitte. Auch dies wird mit der Grundgleichung der Mechanik erklärt. Der Betrag beider Kräfte ist identisch und es gilt $|\vec{F}| = m \cdot |\vec{a}|$. Die Person mit der kleineren Masse erfährt deshalb eine stärkere Beschleunigung und erhält damit eine größere Zusatzgeschwindigkeit.

Das Wechselwirkungsprinzip wird auch als **drittes newtonsches Gesetz** bezeichnet. Da die Kraft, die der Körper 1 auf den Körper 2 ausübt (*actio*), genau so groß ist, wie die Gegenkraft, die Körper 2 auf Körper 1 ausübt (*reactio*), lautet die Kurzform des Wechselwirkungsprinzips: *actio = reactio*. Beide Kräfte wirken dabei auf unterschiedliche Körper.

Kräftegleichgewicht. Nach dem Wechselwirkungsprinzip haben die Kraft und die Gegenkraft den gleichen Betrag und wirken in entgegengesetzte Richtungen. Das ist etwas Anderes, als wenn zwei Kräfte im Gleichgewicht sind. Ein Kräftegleichgewicht liegt vor, wenn sich alle Kräfte, die auf *einen* Körper ausgeübt werden, gegenseitig aufheben (Bild **B3**).

Beim Wechselwirkungsprinzip wirken die Kräfte jedoch *immer* auf zwei *verschiedene* Körper. Sie heben sich deshalb nicht gegenseitig auf.

B3 Kräftegleichgewicht: Die Walze ändert ihre Geschwindigkeit nicht.

Grundlagen der Mechanik

Beispielaufgabe: Wechselwirkungsprinzip

Erklären Sie, warum sich die Geschwindigkeiten bei einem Frontalzusammenstoß zwischen einer Bowlingkugel und einer Billardkugel unterschiedlich stark ändern.

Lösung:
Die Bowlingkugel übt eine Kraft $\vec{F}_{12}$ auf die Billardkugel aus. Umgekehrt übt die Billardkugel auf die Bowlingkugel eine Kraft $\vec{F}_{21}$ aus. Beide Kräfte haben den gleichen Betrag und sind einander entgegengerichtet. Die Geschwindigkeiten ändern sich unterschiedlich stark, weil die Massen der Kugeln unterschiedlich groß sind. Nach der Grundgleichung der Mechanik gilt: Je größer die Masse eines Körpers ist, desto kleiner ist seine Beschleunigung (wenn die Kraft konstant ist). Für die Beträge gilt:

$$F_{12} = F_{21}$$
$$m_1 \cdot a_1 = m_2 \cdot a_2 \;\Rightarrow\; a_2 = \frac{m_1}{m_2} \cdot a_1.$$

Die Zusatzgeschwindigkeit der Bowlingkugel ist deshalb viel kleiner als die Zusatzgeschwindigkeit der Billardkugel.

B4 *Rückstoß*

Das Rückstoßprinzip. Im Triebwerk einer Rakete werden Treibgase verbrannt, die sich beim Verbrennen ausdehnen und aus der Rakete strömen. Die Treibgase erfahren also eine Beschleunigung und damit eine Kraft nach unten. Nach dem Wechselwirkungsprinzip üben die Gase eine gleich große Kraft auf die Rakete aus. Diese Kraft muss nach oben zeigen (Bild **B4**). Dadurch hebt die Rakete ab.

Diese Art von Antrieb ist eine Anwendung des Wechselwirkungsprinzips, man spricht auch vom **Rückstoßprinzip.** Es lässt sich auch beobachten, wenn eine Person auf einem Skateboard einen Ball wirft.

Arbeitsaufträge

1 ⇒ Erläutern Sie, was man unter dem Wechselwirkungsprinzip versteht.

2 ⇒ Eine schwere Einkaufstasche kann sich schmerzhaft in die Hand drücken. Erklären Sie dies mit Hilfe des Wechselwirkungsprinzips.

3 ↗ Baron Münchhausen soll sich einer Geschichte nach selbst am Haarschopf aus einem Sumpf gezogen haben.
a) Beurteilen Sie, ob die Geschichte so stattgefunden haben kann.
b) Erklären Sie, wie sich Münchhausen sonst aus dem Sumpf gezogen haben könnte.

4 ↗ Ein Fahrradfahrerin bremst auf einer Schotterstraße kräftig mit der hinteren Bremse. Sie kommt nicht sofort zum Stehen, sondern erst nach einiger Entfernung. Auf einer Asphaltstraße ist dieser Bremsweg für die gleiche Fahrerin sehr viel kürzer.
Untersuchen Sie mit Hilfe des Trägheits- und des Wechselwirkungsprinzips, was sich in den Situationen unterscheidet.

5

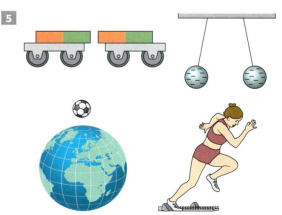

↗ Erläutern Sie die oben gezeigten Beispiele für das Wechselwirkungsprinzip. Übernehmen Sie die Situationen skizzenhaft in Ihr Heft. Zeichnen Sie Kraftpfeile ein. Achten Sie dabei auf Richtung und Angriffspunkt der Kräfte.

1.10 Reibung

B1 *Freifallphase und Gleitphase des Fallschirmsprungs*

Bewegungen im Alltag. Fährt man mit einem Fahrrad auf einer ebenen Strecke, so muss man in die Pedale treten, um eine konstante Geschwindigkeit zu halten. Lässt man das Rad rollen, wird es langsamer. Das scheint dem Trägheitsprinzip zu widersprechen.

Der scheinbare Widerspruch bedeutet nicht, dass die Gesetze und mathematischen Ansätze, die in den vorherigen Kapiteln erklärt wurden, nicht gültig sind. Die mathematischen Modelle zur Beschreibung von beschleunigten und gleichförmigen Bewegungen müssen nur erweitert werden, um die Phänomene vollständig zu beschreiben. Nach dem 2. newtonschen Gesetz gilt: Wenn ein Körper langsamer wird, muss eine Kraft der Bewegung entgegenwirken. Diese Kraft wird als **Reibungskraft** oder **Reibung** bezeichnet. Beim Fahrradfahren erfährt man Reibungskräfte, die durch die Luft und durch den Boden hervorgerufen werden. ▶

Luftreibung. Körper, die sich durch Luft bewegen, erfahren eine **Luftreibungskraft**. Man spricht auch vom **Luftwiderstand**. Die Luftreibung ist beim Radfahren deutlich zu spüren. Je größer die Relativgeschwindigkeit des Radfahrers zur Luft ist, desto größer ist auch die Luftreibung. Dieser Zusammenhang wird bei Gegenwind besonders spürbar. Zusätzlich wirken Reibungskräfte zwischen den Reifen und dem Untergrund. Da der Reifen über den Boden rollt, wird diese Reibungskraft als **Rollreibungskraft** bezeichnet. Zur Vereinfachung betrachten wir im Folgenden fallende Körper, da diese nur die Luftreibungskraft erfahren.

Ein Beispiel für einen **Fall mit Reibung** ist der Fallschirmsprung. Man unterscheidet dabei zwei Phasen: Die Freifallphase mit ungeöffnetem Fallschirm und die Gleitphase mit geöffnetem Fallschirm (Bild **B1**).

In beiden Phasen handelt es sich um einen Fall mit Reibung. Beim Fallschirmsprung macht man die Erfahrung, dass man in beiden Phasen nach einer gewissen Zeit mit einer konstanten Geschwindigkeit nach unten fällt.

In Versuch **V1** wird der Fallschirmsprung mit Papiertrichtern nachgestellt. Eine zeitgleich fallende Stahlkugel fällt näherungsweise frei und dient als Vergleich. Man sieht, dass der Trichter in der Fallbewegung hinter der Stahlkugel zurückbleibt. Im Diagramm (Bild **B2**) erkennt man außerdem, dass der Betrag der Geschwindigkeit des Trichters nicht proportional zur Zeit t steigt, sondern sich nach kurzer Zeit einem konstanten Wert annähert.

Der Luftwiderstand bewirkt eine der Bewegung entgegengerichtete Kraft, die dazu führt, dass die Geschwindigkeit im Vergleich zum freien Fall niedriger ist. Je größer die Geschwindigkeit ist, desto größer ist auch die Luftreibungskraft. Wenn die Luftreibungskraft den gleichen Betrag erreicht hat wie die Gewichtskraft, befindet sich der Körper in einem Kräftegleichgewicht und wird nicht weiter beschleunigt. Der fallende Körper erreicht eine konstante **Endgeschwindigkeit.**

Bei der Stahlkugel ist die Luftreibungskraft sehr klein. Das Gleichgewicht zwischen Gewichtskraft und Luftreibungskraft stellt sich erst nach einer längeren Falldauer ein. Die Endgeschwindigkeit wird vor dem Aufprall der Kugel nicht erreicht.

> **! Merksatz**
> Die Geschwindigkeit beim Fall mit Luftreibung erreicht nach hinreichend langer Fallzeit einen konstanten Wert, die Endgeschwindigkeit.

V1 Fall mit Luftreibung

Eine Kugel und ein Papiertrichter fallen entlang eines nach unten gerichteten Maßstabs. Beide Fallbewegungen werden aufgenommen und mit einer Videoanalysesoftware ausgewertet.
Das Video liefert Wertepaare für Zeit und Ort. Aus diesen kann die Geschwindigkeit bestimmt und in einem $v(t)$-Diagramm aufgetragen werden (Bild **B2**).

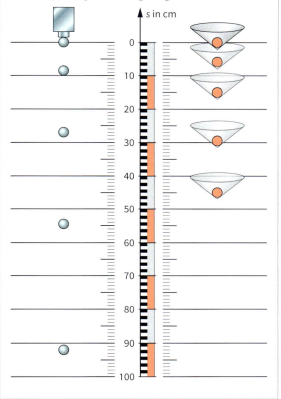

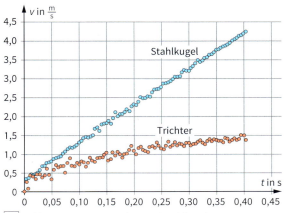

B2 $v(t)$-Diagramm von Trichter und Stahlkugel

Exkurs: Strömungswiderstand

Wenn sich ein Körper in einer Flüssigkeit oder einem Gas bewegt, dann erfährt er einen **Strömungswiderstand.** Dieser ist der Bewegung entgegengerichtet. Der Luftwiderstand ist ein spezieller Strömungswiderstand. Der Betrag der Strömungswiderstandskraft kann mit der folgenden Gleichung berechnet werden:

$$F = \frac{1}{2} \cdot c \cdot A \cdot \rho \cdot v^2.$$

Dabei ist c der **Widerstandskoeffizient,** der experimentell ermittelt wird. A ist die Frontfläche des Körpers senkrecht zur Geschwindigkeit, ρ ist die Dichte des Gases oder der Flüssigkeit und v ist der Geschwindigkeitsbetrag des fallenden Körpers.

Mit Hilfe dieser Gleichung kann die Endgeschwindigkeit eines fallenden Objekts bei einem Fall mit Luftreibung berechnet werden. Der Luftwiderstand ist der Fallbewegung entgegengerichtet. Wenn die Summe der wirkenden Kräfte gleich null ist, dann erreicht der Körper seine Endgeschwindigkeit v_E. Es gilt:

$$m \cdot g = \frac{1}{2} \cdot c \cdot A \cdot \rho \cdot v_E^2.$$

Formt man diese Gleichung nach der Endgeschwindigkeit v_E um, so erhält man:

$$v_E = \sqrt{\frac{2 \cdot m \cdot g}{c \cdot \rho \cdot A}}.$$

Beispiel:
Ein aufgespannter Fallschirm hat eine Querschnittsfläche von 40 m², die Luftdichte beträgt 1,23 $\frac{kg}{m^3}$. Der Widerstandskoeffizient kann mit 1,11 angenommen werden.
Ein Fallschirmspringer mit einer Masse von $m = 80$ kg erreicht damit die Endgeschwindigkeit:

$$v_E = \sqrt{\frac{2 \cdot 80 \text{ kg} \cdot 9{,}81 \frac{m}{s^2}}{1{,}11 \cdot 1{,}23 \frac{kg}{m^3} \cdot 40 \text{ m}^2}}$$

$$v_E \approx 5{,}4 \frac{m}{s} \approx 19 \frac{km}{h}.$$

Der Springer erreicht eine Endgeschwindigkeit von 19 $\frac{km}{h}$.

V1 Ermittlung des Haftreibungskoeffizienten

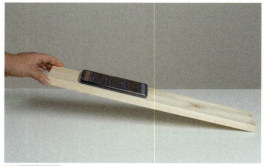

phyphox Ein Smartphone mit bekannter Masse wird auf einer schiefen Ebene platziert. In der Smartphone-App *Phyphox* wird das Werkzeug „Neigung" gestartet. Der Neigungswinkel der schiefen Ebene wird so lange vergrößert, bis das Smartphone gerade zu rutschen beginnt.

Reibungskräfte zwischen Festkörpern. Reibungskräfte zwischen Festkörpern entstehen durch mikroskopisch kleine Unebenheiten, die selbst bei glatt polierten Oberflächen vorliegen. In Bild **B1** wird veranschaulicht, wie sich diese Unebenheiten verzahnen. Je größer die Kraft ist, mit der die beiden Flächen zusammengedrückt werden, desto größer ist die Reibungskraft.

Haftreibung. Die Haftreibung hindert Körper daran, auf Oberflächen hin und her zu rutschen. Die Haftreibungskraft kann nicht beliebig groß werden. Ihr Maximalwert ist abhängig von dem Material und der Oberflächenbeschaffenheit der Körper. Versuch **V1** stellt eine Möglichkeit dar, um den Betrag der maximalen Haftreibungskraft zu bestimmen. Unmittelbar bevor das Smartphone zu rutschen beginnt, befindet es sich in einem Kräftegleichgewicht. Die Hangabtriebskraft und die Haftreibungskraft haben den gleichen Betrag. Sobald der Neigungswinkel α der schiefen Ebene so groß ist, dass die Hangabtriebskraft die maximale Haftreibungskraft übersteigt, beginnt das Smartphone zu rutschen. Mit diesem Winkel kann der Betrag der maximalen Haftreibungskraft berechnet werden:

$$F_{HR} = m \cdot g \cdot \sin(\alpha).$$

Man setzt diese Abhängigkeit mit der **Normalkraft** $F_N = m \cdot g \cdot \cos(\alpha)$ in Beziehung, die senkrecht zwischen Körper und Unterlage wirkt.

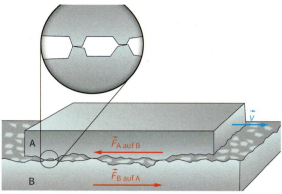

B1 *Mikroskopisch feine Kontaktflächen erzeugen die Reibungskräfte.*

Den Quotienten

$$\mu_{HR} = \frac{F_{HR}}{F_N}$$

nennt man **Haftreibungskoeffizient.** Er ist vom Material und von der Oberflächenbeschaffenheit abhängig. Setzt man die Ausdrücke für F_{HR} und F_N ein, ergibt sich $\mu_{HR} = \tan(\alpha)$. Damit lässt sich der Haftreibungskoeffizient für die Materialienpaare in Versuch **V1** ermitteln.

> **! Merksatz**
>
> Die Haftreibungskraft ist der Bewegung stets entgegengerichtet. Ihr maximaler Betrag kann mit
>
> $$F_{HR} = \mu_{HR} \cdot F_N$$
>
> berechnet werden.

Gleitreibung. Wie die Haftreibung ist die Gleitreibung eine Kraft, die entgegen der Bewegungsrichtung wirkt. Im Alltag ist die Gleitreibung zum Beispiel auf dem Fahrrad erfahrbar. Bei einer kräftigen Bremsung mit dem Hinterrad bleibt das Hinterrad stehen und rutscht über den Boden. Bei einer sanfteren Bremsung tritt die Gleitreibung nicht zwischen Reifen und Straße, sondern zwischen den Bremsbelägen und der Felge auf.

Je größer die Normalkraft ist, desto größer ist auch die Gleitreibungskraft zwischen den beiden Körpern. Der Proportionalitätsfaktor wird experimentell ermittelt. Man nennt ihn **Gleitreibungskoeffizient** μ_{GR}:

$$\mu_{GR} = \frac{F_{GR}}{F_N}.$$

In Versuch **V2** wird eine Möglichkeit gezeigt, wie die Gleitreibungskraft gemessen werden kann. Ein Holzklotz wird hierbei mit einem Federkraftmesser über einen Holztisch gezogen. Zunächst muss die maximale Haftreibungskraft überwunden werden, damit der Klotz sich in Bewegung setzt. Sobald der Klotz über den Tisch gleitet, beobachtet man, dass die zum Ziehen benötigte Kraft abgenommen hat. Daher muss $\mu_{GR} < \mu_{HR}$ gelten.

Außerdem können folgende Eigenschaften der Gleitreibungskraft experimentell ermittelt werden:
- Die Gleitreibungskraft F_{GR} ist von der Relativgeschwindigkeit der aneinanderreibenden Flächen nahezu unabhängig. Bei hohen Geschwindigkeiten sinkt F_{GR} ein wenig.
- Bei gleicher Normalkraft hängt die Gleitreibungskraft kaum von der Größe der reibenden Flächen ab, sondern vor allem von ihrer Beschaffenheit.

> **! Merksatz**
>
> Die Gleitreibungskraft wirkt entgegen der Bewegungsrichtung. Sie tritt auf, wenn zwei Flächen bewegt aneinander reiben. Sie wird mit der Gleichung
>
> $F_{GR} = \mu_{GR} \cdot F_N$
>
> berechnet. μ_{GR} ist der Gleitreibungskoeffizient.

In Tabelle **T1** sind einige Reibungskoeffizienten gegenübergestellt. Die Kombination von Stahl und Teflon wird zum Beispiel bei Hüftprothesen verwendet. Sowohl Haftreibungskoeffizient als auch Gleitreibungskoeffizient sind sehr klein und gleich groß, sodass weder die Bewegung noch der Beginn der Bewegung als unangenehm empfunden werden.

Rollreibung. Die dritte Art der Reibung zwischen zwei Festkörpern ist die Rollreibung. Sie tritt auf, wenn einer der Körper rollt. Versuch **V2** zeigt, dass die Rollreibungskraft F_{RR} die kleinste der drei beschriebenen Kräfte ist. Bei trockenen Berührflächen gilt: $F_{HR} > F_{GR} > F_{RR}$.

Stoffpaar	μ_{HR}	μ_{GR}
Stahl/Stahl (trocken)	0,15	0,05
Stahl/Teflon	0,04	0,04
Holz/Holz	≤ 0,6	≤ 0,5
Gummi/Straße	0,65	0,5

T1 *Reibungskoeffizienten einiger Stoffpaare*

V2 Reibungskoeffizienten vergleichen

a

b

c

Ein Holzblock wird mit einem Federkraftmesser gezogen. Solange der Holzblock ruht, wirkt die Haftreibungskraft (**a**). Wenn der Klotz über den Tisch gleitet, ist die Kraft kleiner (**b**). Anschließend wird der Klotz auf zwei Rollen gelegt und gezogen. Die Kraft ist deutlich kleiner (**c**).

Arbeitsaufträge

1 → a) Berechnen Sie die Kraft, die aufgebracht werden muss, um einen 30 kg schweren Stahlquader auf einer waagerechten trockenen Stahlplatte in Bewegung zu versetzen.
b) Berechnen Sie die Kraft um den gleichen Quader gleitend zu ziehen.
Verwenden Sie Tabelle **T1**.

2 Ein Smartphone mit einer Schutzhülle aus Stoff mit einer Masse von 330 g beginnt auf einem Buch bei einem Winkel von 16° zu rutschen. Berechnen Sie die Haftreibungskraft und den Haftreibungskoeffizienten zwischen der Hülle und dem Buch.

3 **phyphox** Ermitteln Sie mit der App *Phyphox* und dem Werkzeug „Neigung" den Haftreibungskoeffizienten zwischen ihrem Smartphone und unterschiedlichen Oberflächen.
Achten Sie darauf, dass sich Ihr Smartphone in einer Schutzhülle befindet und nicht vom Tisch fällt.

Zusammenfassung

1. Geschwindigkeit

Wenn sich die Geschwindigkeit eines Körpers ändert (Betrag oder Richtung), muss eine Kraft auf ihn wirken. Die durch eine Kraft bewirkte Zusatzgeschwindigkeit $\vec{v}$ wird vektoriell zur Anfangsgeschwindigkeit $\vec{v}_A$ addiert. Das Resultat ist die Endgeschwindigkeit $\vec{v}_E$.

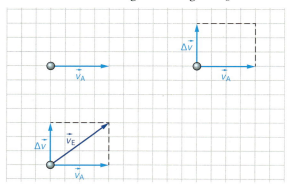

2. Grundgleichung der Mechanik

Wirkt eine Kraft $\vec{F}$ über die Zeit Δt auf einen Körper der Masse m, so ändert sich sein Bewegungszustand um $\Delta \vec{v}$: $\vec{F} \cdot \Delta t = m \cdot \Delta \vec{v}$.

Mit $\vec{a} = \frac{\Delta \vec{v}}{\Delta t}$ lässt sich die Grundgleichung der Mechanik formulieren:

$$\vec{F} = m \cdot \vec{a}.$$

3. Einheit der Kraft

Die Maßeinheit für die Kraft heißt Newton (N). Es gilt:

$$1\,\text{N} = 1\,\text{kg} \cdot \frac{\text{m}}{\text{s}^2}.$$

4. Trägheitsprinzip

Jeder Körper behält Betrag und Richtung seiner Geschwindigkeit bei, solange keine Kraft auf ihn ausgeübt wird. Ladung im oder auf einem Fahrzeug muss deshalb besonders gesichert werden.

5. Fallbeschleunigung

Ein auf der Erde frei fallender Körper wird aufgrund seiner Gewichtskraft $\vec{F}_G$ gleichmäßig mit der Fallbeschleunigung g beschleunigt. Die Fallbeschleunigung ist unabhängig von der Masse des Körpers und beträgt für alle Körper $g = 9{,}81\,\frac{\text{m}}{\text{s}^2}$. Greifen beim Fall Luftwiderstandskräfte $\vec{F}_L$ an der Oberfläche eines Körpers an, sind sie der Gewichtskraft entgegengerichtet und führen dazu, dass der Körper mit einer konstanten Geschwindigkeit fällt, wenn für die Beträge gilt:

$$F_L = F_G.$$

6. Wechselwirkungsprinzip

Übt ein Körper 1 auf einen Körper 2 eine Kraft $\vec{F}_{12}$ aus, so übt auch Körper 2 auf Körper 1 eine gleich große, aber entgegengesetzt gerichtete Kraft $\vec{F}_{21}$ aus:

$$\vec{F}_{12} = -\vec{F}_{21}, \quad |\vec{F}_{12}| = |\vec{F}_{21}|.$$

Dabei greifen die Kräfte $\vec{F}_{12}$ und $\vec{F}_{21}$ immer an zwei *unterschiedlichen* Körpern an.

Beispiel: anziehende Kraft zwischen Körper 1 und Körper 2

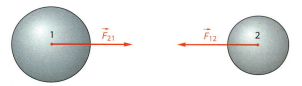

Beispiel: abstoßende Kraft zwischen Körper 1 und Körper 2

7. Kräftegleichgewicht

Greifen zwei gleich große, aber entgegengesetzte Kräfte $\vec{F}_1$ und $\vec{F}_2$ am gleichen Punkt an *einem* Körper an, heben sich die Wirkungen beider Kräfte gegenseitig auf. Man spricht von einem **Kräftegleichgewicht**.

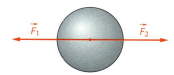

Aufgaben mit Lösungen

1 ➡ Ein rollendes Spielzeugauto erhält durch den Luftstrom eines Haartrockners eine Zusatzgeschwindigkeit. Beschreiben Sie die Bewegung des Autos, wenn der Luftstrom …
a) … in Fahrtrichtung des Autos gerichtet ist.
b) … entgegen der Fahrtrichtung gerichtet ist.

2

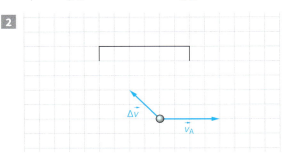

➡ Übertragen Sie das Bild in Ihr Heft. Überprüfen Sie mit einer Konstruktion, ob die Zusatzgeschwindigkeit im gezeigten Fall ausreicht, damit der Ball das Tor trifft.

3 ↗ Ein Lastwagen mit einem Leergewicht von 7 t beschleunigt bei maximaler Antriebskraft in 30 s aus dem Stand auf 80 $\frac{km}{h}$.
a) Berechnen Sie die Beschleunigung des leeren Lastwagens.
b) Berechnen Sie, wie lange es dauert, bis der vollbeladene Lastwagen ($m = 40$ t) eine Geschwindigkeit von 80 $\frac{km}{h}$ erreicht.

4 ↗ Die Grundgleichung der Mechanik enthält keine Aussagen über die Art der Kraft.
Beschreiben Sie, welche verschiedenen Kraftarten auftreten können. Gehen Sie dazu auch auf die Reibungskraft ein.

5 ➡ Ein Pkw mit einer Masse von 1 t beschleunigt in 7 s aus dem Stand auf 100 $\frac{km}{h}$. Berechnen Sie die Beschleunigungskraft.

6 ➡ Bestimmen Sie die Bremskraft, die die Bremsen eines Pkw (800 kg) erreichen müssen, um den gesetzlich geforderten Mindestwert von $a = 2{,}5 \frac{m}{s^2}$ zu erfüllen.

7 ↗ Ein Pkw fährt mit 30 $\frac{km}{h}$ gegen eine Mauer, nach 0,7 s kommt er zum Stehen.
a) Schätzen Sie durch Rechnung die Kraft, die auf eine angeschnallte Person mit der Masse 70 kg wirkt.
b) Beurteilen Sie, ob die Person auf das Anlegen des Sicherheitsgurtes verzichten kann.

8 ↗ An der Mitte einer 1000 m langen Ortsdurchfahrt befindet sich ein Kindergarten. Dort soll dauerhaft eine Geschwindigkeitsüberwachung installiert werden. Bewerten Sie die Verfahren i) „Blitzer" vor dem Kindergarten und ii) „Section Control" (Abschnittskontrolle) hinsichtlich ihrer Eignung.

9 ➡ Ein Zug ($m = 700$ t) fährt mit einer Beschleunigung von 0,15 $\frac{m}{s^2}$ an. Bestimmen Sie die Kraft, die zum Beschleunigen des Zuges notwendig ist.

10

➡ Erläutern Sie mit Hilfe der Grundgleichung der Mechanik, warum eine Radfahrerin langsamer wird, wenn sie nicht mehr in die Pedale tritt.

11 ↗ Erklären Sie, warum bei einem Unfall nicht nur Sicherheitsgurte, sondern auch Airbags überlebenswichtig sein können.

12 ➡ Beschreiben Sie, was mit den Insassen eines Busses passiert, der anfährt bzw. abbremst. Erklären Sie mit Hilfe des Trägheitsprinzips, warum es auch in Bussen sinnvoll wäre, sich anzuschnallen.

13 ↑ Wendet man das Wechselwirkungsprinzip auf einen fallenden Ball an, müsste dieser nicht nur auf die Erde, sondern die Erde müsste auch auf ihn zufallen. Erklären Sie, warum diese Vorstellung richtig ist, obwohl sie der Alltagserfahrung zu widersprechen scheint.

14

➡ Beim Tauziehen stehen sich zwei Mannschaften gegenüber. Erläutern Sie, woran man ein Kräftegleichgewicht beim Tauziehen erkennt.

Erhaltungssätze

Die Größen Energie und Impuls sind für viele Teilgebiete der Physik von Bedeutung: Sie sind in der Quantenphysik ebenso etabliert wie bei der Suche nach Elementarteilchen. Alltägliche Prozesse lassen sich mit Hilfe dieser Größen qualitativ und quantitativ beschreiben.

In der Physik sind Energie und Impuls auch deshalb von besonderer Bedeutung, weil sie zwei der wenigen Größen sind, für die ein Erhaltungssatz gilt. Deshalb kann man viele Prozesse mit Hilfe dieser beiden ursprünglich aus der Mechanik stammenden Größen sehr genau beschreiben.

2

**Das können Sie
in diesem Kapitel erreichen:**

- Sie aktivieren Ihr Wissen über Energieformen, Energieerhaltung und -umwandlung sowie über Leistung.
- Sie können Lageenergie, Bewegungsenergie und Spannenergie in verschiedenen Situationen identifizieren und berechnen.
- Sie führen Experimente zum Energieerhaltungssatz durch und werten sie aus.
- Sie analysieren mechanische Prozesse hinsichtlich der wirkenden Kräfte und der dabei übertragenen Energie und beurteilen damit Risiken und Sicherheitsmaßnahmen im Straßenverkehr.
- Sie beschreiben die Effizienz eines Energiewandlers als Wirkungsgrad.
- Sie können den Bewegungszustand eines Körpers mit Hilfe des Impulses beschreiben.
- Sie nutzen den Impuls als Erhaltungsgröße, um mechanische Prozesse zu beschreiben und zu analysieren.

2.1 Energieformen und Energieerhaltung

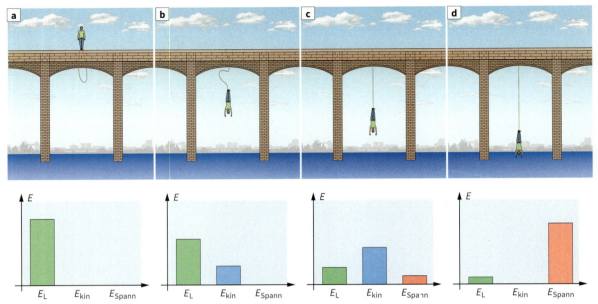

B1 *Bungeesprung im Energiekontenmodell: a) Vor dem Absprung hat der Springer ausschließlich Lageenergie E_L. b) Im freien Fall nimmt die Bewegungsenergie E_{kin} zu und die Lageenergie ab. c) Hat sich das Gummiseil voll entfaltet, spannt es sich im weiteren Verlauf des Sprungs. Seine Spannenergie E_{Spann} nimmt zu. d) Im tiefsten Punkt des Sprungs ist die Spannenergie des Gummiseils maximal und die Lageenergie minimal.*

Energieformen. Energie ist eine Größe, die in verschiedenen Formen auftritt, beispielsweise als mechanische Energie in Form von **Bewegungsenergie** (oder **kinetischer Energie**) E_{kin}, **Lageenergie** E_L oder **Spannenergie** E_{Spann}. Diese Formen unterscheiden sich dadurch, dass sie die Energie mit Hilfe unterschiedlicher physikalischer Größen (Geschwindigkeit, Höhe usw.) quantitativ erfassen. Lage- und Spannenergie werden oft unter dem Begriff **potenzielle Energie** E_{pot} zusammengefasst.

So hat der Bungeespringer in Bild **B1** Lageenergie aufgrund seiner Höhe über dem Erdboden. Tritt er einen Schritt nach vorne und springt ab, wird diese Energie in Bewegungsenergie umgewandelt. Das Gummiseil sorgt dafür, dass der Sprung gefahrlos abläuft, indem es den Springer vor dem Boden abfängt und wieder nach oben schnellen lässt. In guter Näherung genügt das Bungeeseil dem **hookeschen Gesetz**. Damit kann man das Seil als Feder mit der Federkonstante D betrachten.

Eine genaue Betrachtung der Energieformen zu verschiedenen Zeitpunkten des Sprungs zeigt Bild **B1**.
- Vor dem Absprung (Bild **B1a**) hat der Bungeespringer ausschließlich Lageenergie.
- Während des Sprungs in die Tiefe (Bild **B1b**) wird die Lageenergie des Springers in Bewegungsenergie umgewandelt.
- An den Füßen des Springers ist ein elastisches Seil befestigt. Nachdem das Seil vollständig entfaltet ist, beginnt es sich zu dehnen (Bild **B1c**). Danach wird die Lageenergie des Springers nicht mehr nur in Bewegungsenergie, sondern auch in Spannenergie des Seils umgewandelt.
- Am tiefsten Punkt ist das Seil maximal gedehnt (Bild **B1d**). Hier ist die Bewegungsenergie des Springers null, die Lageenergie ist minimal und die Spannenergie ist maximal.
- Anschließend schnellt der Springer wieder nach oben. Es wird Spannenergie in Bewegungsenergie und in Lageenergie umgewandelt.

Energieumwandlung. Beim Bungeesprung tritt die Energie zu verschiedenen Zeitpunkten in verschiedenen Formen auf. Die Energie wird dabei zwischen den grundlegenden mechanischen Energieformen Lageenergie, Bewegungsenergie und Spannenergie umgewandelt. Solche Energieumwandlungen sind für die quantitative Beschreibung verschiedenster – nicht nur rein mechanischer – Prozesse von großer Bedeutung.

Energieerhaltung. Bild **B2** zeigt ein Fadenpendel mit einer schweren Kugel als Pendelkörper. Es wird aus der Gleichgewichtslage (Punkt A) zum Punkt B direkt am Kopf einer dort sitzenden Person ausgelenkt und dann losgelassen. Die Person kann beruhigt sitzen bleiben. Bei der Schwingung des Pendels wird Lageenergie in Bewegungsenergie umgewandelt und umgekehrt. Es kommt aber keine Energie hinzu; die Gesamtenergie bleibt konstant – jedenfalls, solange von außen keine Energie hinzugefügt wird, zum Beispiel durch Anschubsen. Deshalb erreicht der Pendelkörper im Umkehrpunkt C maximal seine ursprüngliche Höhe. Und auch beim Zurückschwingen erreicht er den Kopf der Person gerade nicht. Selbst wenn die Bewegung durch einen Stab in Punkt D umgelenkt wird, erreicht das Pendel seine Ausgangshöhe, allerdings auf einem anderen Weg (Punkt E).

Sowohl beim Bungeesprung als auch bei dem Modellversuch des Fadenpendels wird Energie in verschiedene Formen umgewandelt – die Gesamtenergie bleibt aber erhalten. Diese zunächst im Experiment bestätigte Tatsache wird als **Energieerhaltungssatz** formuliert:

> **! Merksatz**
>
> In einem abgeschlossenen System bleibt die Gesamtenergie erhalten, unabhängig davon, welche Prozesse in diesem System stattfinden. Die vorhandenen Energieformen können sich dabei ineinander umwandeln.

Der Energieerhaltungssatz ist von fundamentaler Bedeutung für die Physik – er ermöglicht es unter anderem, **Energiebilanzen** bei der Suche nach Elementarteilchen aufzustellen oder die Leuchtkraft von Sternen zu untersuchen. Bis jetzt wurde in keinem einzigen Fall eine Verletzung der Energieerhaltung beobachtet. Wir nehmen also ihre allgemeine Gültigkeit für alle Teilgebiete der Physik an.

Abgeschlossene Systeme. Von einem abgeschlossenen System spricht man, wenn das betrachtete System von seiner Umgebung so isoliert ist, dass keine Wechselwirkung mit ihr stattfinden kann. Es werden weder Energie und Materie vom System an die Umgebung abgegeben noch werden Energie und Materie aus der Umgebung aufgenommen. Reale Systeme sind nur angenähert abgeschlossen. Zur Anwendung des

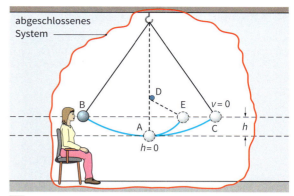

B2 *Das Fadenpendel wird von Punkt A bis Punkt B ausgelenkt.*

Energiesatzes werden sie idealisiert als abgeschlossene Systeme betrachtet. Im Beispiel des Fadenpendels gehören neben dem Pendelkörper, dem Faden, der umgebenden Luft und der Aufhängung auch die Erde zum abgeschlossenen System.

Exkurs: Systeme

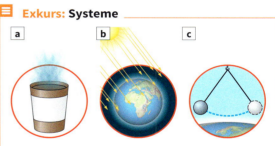

Man unterscheidet drei verschiedene Typen von Systemen:

- Bei einem **offenen System** findet ein beliebiger Austausch von Materie und Energie mit der Umgebung statt. Ein heißer Kaffeebecher (Bild **a**) tauscht mit der umgebenden Luft sowohl Wasserdampf als auch Energie aus – der Kaffee kühlt mit der Zeit ab.
- In einem **geschlossenen System** wird keine Materie ausgetauscht, ein Energieaustausch mit der Umgebung findet aber statt. Unsere Erde kann als ein geschlossenes System angenommen werden, sie tauscht (fast) keine Materie mit dem umgebenden Vakuum aus, nimmt aber große Energiemengen von der Sonne auf (Bild **b**).
- Bei einem **abgeschlossenen System** können weder Materie noch Energie mit der Umgebung ausgetauscht werden. Das Fadenpendel in Bild **c** kann idealisiert als ein abgeschlossenes System betrachtet werden.

V1 Fallender Tischtennisball

Ein Tischtennisball wird aus einer beliebigen Höhe auf eine harte Unterlage fallen gelassen. Zur Messung wird das Experiment „(In)elastischer Stoß" der App *Phyphox* gestartet. Das Smartphone liegt dabei auf der Unterlage in der Nähe des Auftreffortes des Balls (Bild **a**).

Wenn der Ball auf die Unterlage trifft, gibt es ein Geräusch. Die App zeichnet diese akustischen Signale des Balls auf. Aus den Zeitdifferenzen zwischen den akustischen Signalen errechnet die App die ursprüngliche Fallhöhe („Höhe 0") und die Steighöhen („Höhe 1" bis „Höhe 5") (Bild **b**). Unter dem Reiter „Energie" in der App werden die aus den Höhen berechneten Lageenergien („Energie 1" bis „Energie 5"), die nach den Stößen noch vorhanden sind, in Anteilen der Anfangsenergie angezeigt.

Reibung und innere Energie. Beim Pendelversuch (siehe Seite 51) ist die sitzende Person aufgrund des Energieerhaltungssatzes nicht in Gefahr, vom Pendelkörper getroffen zu werden, sofern dem System von außen keine Energie zugeführt wird. Im Gegenteil: Die Beobachtung zeigt, dass die Bewegung des Pendels nach einigen Minuten zur Ruhe kommt. Auf den ersten Blick widerspricht das dem Prinzip der Energieerhaltung. Die Lageenergie, die in Bewegungsenergie umgewandelt wird, wird anschließend wieder in Lageenergie umgewandelt und so weiter. Das wirft die Frage auf, wo die „fehlende" Energie geblieben ist.

Die Antwort findet man, wenn man die Reibung berücksichtigt. Durch **Reibungsprozesse** steigt die Temperatur der umgebenden Luft, des Pendelkörpers und der Aufhängung – allerdings nur so wenig, dass es kaum messbar ist. Dabei nimmt die mikroskopische Energie der Atome oder Moleküle, aus denen der jeweilige Körper besteht, zu. Man sagt, die **innere Energie** der beteiligten Objekte nimmt zu.

Insgesamt geht also keine Energie verloren, vielmehr erhöht sich die innere Energie der im abgeschlossenen System zusammengefassten Objekte. Diese Energie kann anschließend nicht mehr vollständig in mechanische Energieformen der beteiligten Objekte umgewandelt werden. Man spricht von **Energieentwertung**. ▶

! Merksatz

Bei Reibungsvorgängen wird die innere Energie der beteiligten Objekte erhöht. Die Gesamtenergie des abgeschlossenen Systems bleibt dabei erhalten, auch wenn der Vorgang allmählich zur Ruhe kommt.

In Versuch **V1** wird die Energieentwertung eines Balls untersucht, der mehrfach auf einer Unterlage aufprallt, bevor er zur Ruhe kommt. Die mit der Smartphone-App *Phyphox* berechneten Steighöhen des Balls nehmen während des Vorgangs immer weiter ab (Bild **B1**). Die berechnete Lageenergie E_L, die jeweils im höchsten Punkt des Balls (Fall- bzw. Steighöhe) vorhanden ist, nimmt ebenfalls immer weiter ab. Die ursprüngliche Lageenergie $E_L(t=0)$ des Balls wird also während des Vorgangs durch Reibungsprozesse zunehmend in innere Energie E_i umgewandelt (Bild **B1**). Es gilt dabei

$$E_i = E_L(t=0) - E_L(t).$$

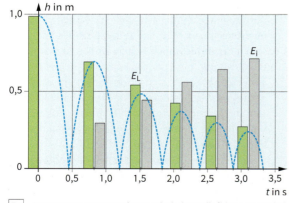

B1 Auswertung von Versuch **V1**: Höhe h des Balls (blaue gestrichelte Linie), Lageenergie E_L (grüner Balken, innere Energie E_i (grauer Balken)

Lageenergie. Der Nervenkitzel ist groß, wenn man als Fahrgast in der Gondel eines Freefall-Towers in die Höhe gezogen wird (Bild **B1**). Am höchsten Punkt klinken die Halterungen aus – die Gondel fällt ungebremst nach unten und wird vor dem Aufprall am Boden mit Wirbelstrombremsen zum Stillstand gebracht. Dabei wird die Lageenergie, die die Gondel in Bezug zum Erdboden hat, in Bewegungsenergie, beim Abbremsen in elektrische und schließlich in innere Energie umgewandelt. Wir werden im Folgenden die mechanischen Energieformen quantitativ erfassen und Formelausdrücke dafür finden.

Wird ein Körper der Masse m um eine Höhe Δh angehoben, so nimmt seine Lageenergie zu. Zum Anheben ist eine Kraft erforderlich, die so groß wie die Gewichtskraft $F_G = m \cdot g$ und ihr entgegengesetzt gerichtet ist. Hierbei ist m die Masse des Körpers und g der Ortsfaktor. Die aufzuwendende Energie ist

$$\Delta E_L = m \cdot g \cdot \Delta h.$$

Nur die *Änderung* der Lageenergie hat dabei eine physikalische Bedeutung. Das Niveau, gegenüber dem die Höhenänderung Δh gemessen wird, kann deshalb willkürlich gewählt werden. Man kann ein **Nullniveau** mit $h = 0$ und $E_{L0} = 0$ festlegen und alle Angaben der Lageenergie auf dieses Nullniveau beziehen. Für die Lageenergie eines Körpers in der Höhe h über dem Nullniveau gilt dann:

$$E_L = m \cdot g \cdot h. \qquad (1)$$

Der Weg, auf dem der Körper in die Höhe h bewegt wird, ist dabei beliebig (siehe Seite 63).

Die bekannte Einheit der Energie ist 1 Joule. Aus Gleichung (1) ergibt sich für die Einheit:

$$1\ \text{J} = 1\ \text{kg} \cdot 1\ \tfrac{\text{m}}{\text{s}^2} \cdot 1\ \text{m} = 1\ \text{kg}\ \tfrac{\text{m}^2}{\text{s}^2}.$$

> **! Merksatz**
>
> Wird ein Körper der Masse m auf einem beliebigen Weg auf die Höhe h über dem Nullniveau gehoben, dann hat er die Lageenergie
>
> $$E_L = m \cdot g \cdot h.$$
>
> Die Einheit für die Energie ist 1 Joule, kurz 1 J. Es gilt:
>
> $$[E] = 1\ \text{J} = 1\ \text{Nm} = 1\ \text{kg}\ \tfrac{\text{m}^2}{\text{s}^2}.$$

B1 *Freefall-Tower*

> **✱ Beispielaufgabe: Freefall-Tower**
>
> Einer der höchsten Freefall-Tower der Welt steht in einem norddeutschen Freizeitpark und hat eine Gesamthöhe von 120 m. Die Gondel kann 103 m frei fallen, bevor sie mit Wirbelstrombremsen zum Stillstand gebracht wird.
>
> Berechnen Sie die Lageenergie E_L der Gondel in Bezug auf das Nullniveau, das als Beginn der Bremsstrecke festgelegt wird. Die Gondel ist mit 24 Personen voll besetzt und hat eine Masse von 11,3 t.
>
> **Lösung:**
> Die Höhendifferenz zwischen Nullniveau und höchstem Punkt ist der Betrag der Fallstrecke $h = 103$ m. Es gilt:
>
> $$\begin{aligned}\Delta E_L &= m \cdot g \cdot h \\ &= 11{,}3 \cdot 10^3\ \text{kg} \cdot 9{,}81\ \tfrac{\text{m}}{\text{s}^2} \cdot 103\ \text{m} \\ &\approx 11{,}4 \cdot 10^6\ \text{J} = 11{,}4\ \text{MJ}\end{aligned}$$
>
> Diese Energie wird während des Falls in Bewegungsenergie und beim anschließenden Abbremsvorgangs vollständig in innere Energie umgewandelt. Der gleiche Energiebetrag ist erforderlich, um die Gondel auf eine Höhe von $h = 103$ m anzuheben.

V1 Fadenpendel

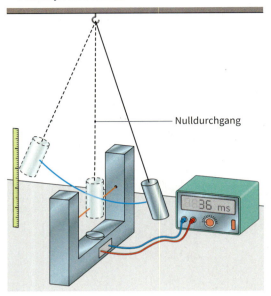

a) Variation der Höhe:
Ein Fadenpendel mit zylindrischem Pendelkörper wird ausgelenkt und losgelassen. Für verschiedene, nicht zu große Auslenkungshöhen wird die Geschwindigkeit des Pendelkörpers im Nulldurchgang gemessen. Dazu wird die Verdunkelungszeit einer Lichtschranke mit Hilfe eines Timers gemessen. Aus dem Durchmesser des Pendelkörpers und der Verdunkelungszeit wird die Geschwindigkeit bestimmt.

b) Variation der Masse:
Im zweiten Versuchsteil untersucht man Pendelkörper mit verschiedener Masse. Dabei bleibt nun die Auslenkungshöhe des Pendelkörpers konstant. Für fünf verschiedene Massen werden folgende Messwerte aufgenommen:

Masse m in g	Lageenergie E_L in J	Geschwindigkeit v in m s^{-1}	Konstante $k = E_L/(m \cdot v^2)$
30	0,009	0,81	0,46
59	0,017	0,80	0,45
109	0,032	0,79	0,47
180	0,053	0,80	0,46
250	0,074	0,79	0,47

Bewegungsenergie. Die Lageenergie der Freefall-Gondel im Freizeitpark (vgl. Seite 53) wird während des Falls zunehmend in Bewegungsenergie umgewandelt – die Geschwindigkeit der Gondel nimmt während des Falls ständig zu. Sie erreicht ihr Maximum unmittelbar bevor der Bremsvorgang beginnt.

In Versuch **V1** wird der Energieerhaltungssatz verwendet, um eine Gleichung für die Bewegungsenergie zu finden. Der Pendelkörper wird durch die Auslenkung auf die Höhe h gebracht und erhält auf diese Weise die Lageenergie E_L. Lässt man den Körper los, wird diese Energie nach und nach in Bewegungsenergie umgewandelt. Im tiefsten Punkt der Pendelbewegung, dem Nulldurchgang, ist die gesamte Lageenergie in Bewegungsenergie E_{kin} umgewandelt worden – der Pendelkörper hat seine maximale Geschwindigkeit erreicht. Nach dem Energieerhaltungssatz gilt für die Gesamtenergie E_{ges} zu jeder Zeit $E_L + E_{kin} = E_{ges}$ = konstant.

Die Bewegungsenergie im Nulldurchgang kann mit dem Energieerhaltungssatz aus der anfänglichen Lageenergie des Pendelkörpers bestimmt werden. Bild **B1** zeigt für unterschiedliche Höhen in Versuch **V1a** den Zusammenhang zwischen der Geschwindigkeit im Nulldurchgang und der Bewegungsenergie. Der parabelförmige Verlauf des Graphen legt den Zusammenhang $E_{kin} \sim v^2$ nahe.

Versuch **V1b** zeigt, dass die Masse m keinen Einfluss auf die Geschwindigkeit am tiefsten Punkt hat. Daraus folgt, dass E_{kin} proportional zu m ist. Das lässt sich auch mit der Energieerhaltung begründen: Bei konstanter Höhe h gilt $E_L \sim m$ und somit folgt auch $E_{kin} \sim m$.
Führt man die Versuche **V1a** und **V1b** zusammen, folgt

$$E_{kin} \sim v^2 \quad \text{und} \quad E_{kin} \sim m.$$

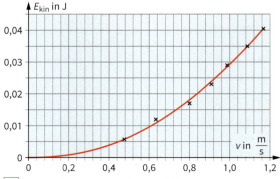

B1 Auswertung von Versuch **V1a**: $E_{kin}(v)$-Diagramm

Die Bewegungsenergie ist also proportional zur Masse des Körpers und zum Quadrat seiner Geschwindigkeit. Die Proportionalitätskonstante wird mit Hilfe der Messwerte aus Versuch **V1b** bestimmt:

$E_{kin} = k \cdot m \cdot v^2$.

Die Analyse der Messwerte ergibt für die Konstante k näherungsweise den Wert $\frac{1}{2}$ (rechte Spalte der Messwerttabelle zu Versuch **V1b**).

> **! Merksatz**
>
> Ein Körper mit der Masse m und der Geschwindigkeit v hat die Bewegungsenergie
>
> $E_{kin} = \frac{1}{2} \cdot m \cdot v^2$.

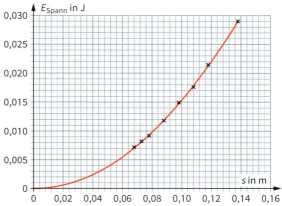

B2 *Zusammenhang zwischen Spannenergie und Auslenkung im $E_{Spann}(s)$-Diagram*

Spannenergie. Das Gummiseil beim Bungeesprung federt den Sturz des Springers ab. Das Seil kann als Feder mit der Federkonstante D aufgefasst werden. Die Lageenergie des Springers wird während des Sprungs in Bewegungsenergie des Springers und Spannenergie des Seils umgewandelt.

Statt des Bungeeseils betrachten wir eine Feder mit der Federkonstante D. Wird sie um die Strecke s aus dem entspannten Zustand ausgelenkt, hat sie Spannenergie. In Versuch **V2** wird die Abhängigkeit der Spannenergie von der Auslenkung und der Federkonstante D untersucht. Für verschiedene Federn führen wir ein Experiment mit einem Wagen auf einer Luftkissenbahn durch. Der Zusammenhang zwischen der Bewegungsenergie im Nulldurchgang und der Auslenkung s der Feder ist in Bild **B2** dargestellt.

Die Kurve legt einen proportionalen Zusammenhang zwischen der Spannenergie und dem Quadrat der Auslenkung nahe. Mit Hilfe einer mathematischen Überlegung (siehe Methode, Seite 63) kann der genaue Zusammenhang zwischen Spannenergie und Federkonstante hergestellt werden. Für die Proportionalitätskonstante findet man den Wert $\frac{1}{2}D$.

> **! Merksatz**
>
> Die Spannenergie E_{Spann} einer Feder mit der Federkonstanten D, die vom entspannten Zustand um die Strecke s ausgelenkt wird, beträgt
>
> $E_{Spann} = \frac{1}{2} \cdot D \cdot s^2$.

V2 Spannenergie

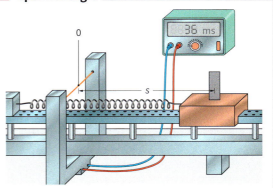

Ein Wagen auf einer Luftkissenbahn ist mit einer Feder (Federkonstante D) an einem Ende der Fahrbahn verankert. Im entspannten Zustand gilt $s = 0$. An dieser Stelle wird eine Lichtschranke positioniert. Der Wagen wird um die Strecke s ausgelenkt und losgelassen. Man misst die Verdunklungszeit der Lichtschranke, wenn der Wagen mit Messaufsatz durch die Lichtschranke fährt.
Dieses Vorgehen wird für verschiedene Auslenkungen und mit verschiedenen Federn wiederholt. Die Spannenergie der Feder wird dabei in Bewegungsenergie umgewandelt. E_{kin} hat jeweils an der Stelle $s = 0$ ihren maximalen Wert.
Das experimentelle Vorgehen ist ähnlich zu Versuch **V1**:
a) Man variiert die Größe der Auslenkung für jeweils die gleiche Feder.
b) Bei konstanter Auslenkung werden Federn mit verschiedenen Federkonstanten untersucht.

Energieformen und Energieerhaltung

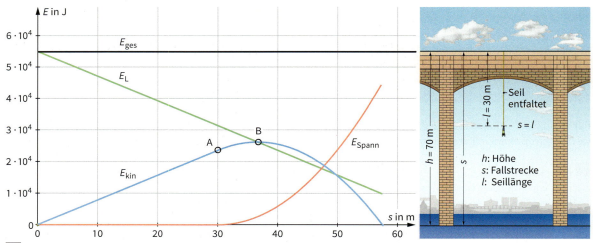

B1 E(s)-Diagramm für den Bungeesprung (Lageenergie E_L, Spannenergie E_{Spann}, Bewegungsenergie E_{kin}, Gesamtenergie E_{ges})

Problemlösen mit dem Energieerhaltungssatz. Betrachtet man den Bungeespringer und das Seil (vgl. Seite 50) idealisiert als abgeschlossenes System, lassen sich mit dem Energieerhaltungssatz relativ einfach verschiedene physikalische Fragen beantworten. Dazu werden die einzelnen Energieformen in Abhängigkeit von der Fallstrecke s des Springers ermittelt.

Im folgenden Beispiel hat der Springer inklusive Ausrüstung eine Masse von $m = 80$ kg. Er springt aus $h = 70$ m Höhe ab. Die Federkonstante des Bungeeseils mit der Länge $l = 30$ m beträgt $D = 120\,\frac{N}{m}$.

Bevor der Springer abspringt, hat er nur Lageenergie E_L. Die Gesamtenergie E_{ges} ist also gleich der Lageenergie am Absprungort:

$$\begin{aligned} E_{ges} &= E_L(h) \\ &= m \cdot g \cdot h \\ &= 80 \text{ kg} \cdot 9{,}81\,\tfrac{m}{s^2} \cdot 70 \text{ m} \\ &= 54{,}9 \text{ kJ}. \end{aligned}$$

Die Lageenergie nimmt vom Absprung bis zum tiefsten Punkt des Sprungs linear ab. Für sie gilt in Abhängigkeit von der Fallstrecke s die Gleichung:

$$\begin{aligned} E_L(s) &= m \cdot g \cdot (h - s) \\ &= 80 \text{ kg} \cdot 9{,}81\,\tfrac{m}{s^2} \cdot (70 \text{ m} - s). \end{aligned} \quad (1)$$

Die Spannenergie wird erst dann relevant, wenn das Seil vollständig entfaltet ist und sich zu dehnen beginnt. Das geschieht aufgrund der Seillänge von $l = 30$ m ab einer Fallstrecke von $s = 30$ m. Die Spannenergie E_{Spann} ist ab dieser Fallstrecke proportional zum Quadrat der Dehnung des Seils. Mit $D = 120\,\frac{N}{m}$ kann die Spannenergie als Funktion der Fallstrecke s daher mit folgender Gleichung beschrieben werden:

$$\begin{aligned} E_{Spann}(s) &= \tfrac{1}{2} D \cdot (s - l)^2 \\ &= \tfrac{1}{2} \cdot 120\,\tfrac{N}{m} \cdot (s - 30 \text{ m})^2 \text{ für } s > l. \end{aligned} \quad (2)$$

Die Bewegungsenergie E_{kin} kann man nun durch Aufstellen einer Energiebilanz ermitteln:

$$\begin{aligned} E_{ges} &= E_{kin} + E_L + E_{Spann} \\ E_{kin} &= E_{ges} - E_L - E_{Spann}. \end{aligned}$$

Dabei ist zu unterscheiden:
- Solange das Seil noch nicht gespannt ist, ist die Spannenergie null. Damit gilt

$$\begin{aligned} E_{kin}(s) &= E_{ges} - m \cdot g \cdot (h - s) \\ &= 54{,}9 \text{ kJ} - 80 \text{ kg} \cdot 9{,}81\,\tfrac{m}{s^2} \cdot (70 \text{ m} - s). \end{aligned} \quad (3a)$$

- Bei gespanntem Seil gilt:

$$\begin{aligned} E_{kin}(s) &= E_{ges} - m \cdot g \cdot (h - s) - \tfrac{1}{2} D \cdot (s - l)^2 \\ &= 54{,}9 \text{ kJ} - 80 \text{ kg} \cdot 9{,}81\,\tfrac{N}{m} \cdot (70 \text{ m} - s) \\ &\quad - \tfrac{1}{2} \cdot 120\,\tfrac{N}{m} \cdot (s - 30 \text{ m})^2. \end{aligned} \quad (3b)$$

Das E(s)-Diagramm (Bild **B1**) ergibt sich aus den Gleichungen (1), (2) sowie (3a) und (3b). Es zeigt die drei Energieformen in Abhängigkeit von der Fallstrecke.

Geschwindigkeit nach freiem Fall. Welche Geschwindigkeit hat der Springer, wenn das Seil vollständig entfaltet, aber noch nicht gedehnt ist? Diese Frage lässt sich wieder über eine Energiebilanz beantworten. Wir müssen dazu die Bewegungsenergie im Punkt A (Bild **B1**) ermitteln. Das Seil ist dort gerade noch nicht gedehnt, und der Springer ist 30 m frei gefallen. Die Bewegungsenergie im Punkt A kann in Bild **B1** abgelesen oder mit der Gleichung (3a) berechnet werden:

$$E_{kin}(30\text{ m}) = 54{,}9 \text{ kJ} - 80 \text{ kg} \cdot 9{,}81 \frac{\text{m}}{\text{s}^2} \cdot (70 \text{ m} - 30 \text{ m})$$

$$= 23{,}5 \text{ kJ}.$$

Aus der Gleichung für die Bewegungsenergie, aufgelöst nach v, ermitteln wir die Geschwindigkeit im Punkt A:

$$v_A = \sqrt{\frac{2 E_{kin}}{m}}$$

$$= \sqrt{\frac{2 \cdot 23{,}5 \text{ kJ}}{80 \text{ kg}}}$$

$$\approx 24{,}2 \frac{\text{m}}{\text{s}} = 87{,}1 \frac{\text{km}}{\text{h}}.$$

Bevor das Seil gespannt wird, erreicht der Springer eine Geschwindigkeit von etwa $87{,}1 \frac{\text{km}}{\text{h}}$.

Maximalgeschwindigkeit des Springers. Wo erreicht der Springer seine Maximalgeschwindigkeit und wie groß ist sie? Die maximale Geschwindigkeit wird an dem Punkt erreicht, an dem seine Bewegungsenergie maximal ist. Das $E(s)$-Diagramm in Bild **B1** zeigt, dass das im Punkt B der Fall ist. Hier treten neben der Bewegungsenergie auch Spann- und Lageenergie auf. Aus dem Diagramm liest man ab, dass die maximale Bewegungsenergie des Springers etwa 26 kJ beträgt. Er erreicht sie, nachdem er ungefähr 37 m gefallen ist. Aus der maximalen Bewegungsenergie lässt sich die maximale Geschwindigkeit des Springers berechnen:

$$v_{max} = \sqrt{\frac{2 E_{kin}}{m}}$$

$$= \sqrt{\frac{2 \cdot 26 \text{ kJ}}{80 \text{ kg}}}$$

$$\approx 25{,}5 \frac{\text{m}}{\text{s}} = 91{,}8 \frac{\text{km}}{\text{h}}.$$

Die Maximalgeschwindigkeit des Springers ist um etwa $4{,}7 \frac{\text{km}}{\text{h}}$ größer als die Geschwindigkeit nach dem freien Fall.

Arbeitsaufträge

1 ➡ Berechnen Sie die Lageenergie, die ein Bungeespringer in einer Höhe von 100 m über dem Erdboden hat. Der Bungeespringer hat mit seiner Ausrüstung eine Masse von 80 kg.

2 ➡ a) Beschreiben Sie mit Hilfe des $E(s)$-Diagramms in Bild **B1** die Änderung der Bewegungsenergie in Abhängigkeit von der Falltiefe des Bungeespringers.
b) Bestimmen Sie die Geschwindigkeit des Bungeespringers nach 15 m Fallstrecke mit Hilfe des $E(s)$-Diagramms in Bild **B1**.

3 ➚ Beschreiben Sie, wie sich das $E(s)$-Diagramm in Bild **B1** verändert, wenn unter sonst gleichen Bedingungen
a) ein kürzeres Bungeeseil eingesetzt oder
b) ein Bungeeseil mit einer größeren Federkonstanten eingesetzt wird.

4 ➚ Ein Auto (m = 1500 kg) prallt bei einem Crash-Test mit der Geschwindigkeit $v = 50 \frac{\text{km}}{\text{h}}$ gegen eine Wand. Schätzen Sie zunächst und berechnen Sie dann, aus welcher Höhe das Auto frei fallen müsste, um beim Auftreffen auf den Boden die gleiche Bewegungsenergie zu besitzen.

5 ➚ Eine Stabhochspringerin (m = 60 kg) überspringt eine Höhe von h = 4,4 m. Berechnen Sie die Anlaufgeschwindigkeit und beurteilen Sie das Ergebnis.

6 ➡ Erklären Sie, was man in der Physik unter einem abgeschlossenen System versteht, und geben Sie den Energieerhaltungssatz für ein abgeschlossenes System an.

7 ⬆ Ein Stein mit der Masse m = 250 g fällt von einer 100 m hohen Brücke.
a) Nennen Sie alle Energieformen, die während des Falls auftreten.
b) Skizzieren Sie drei aussagekräftige Energiekonten für diesen Vorgang.
c) Zeichnen Sie das zugehörige $E(s)$-Diagramm.
d) Bestimmen Sie die Fallhöhe, in der die Lageenergie gleich der Bewegungsenergie ist.
e) Erläutern Sie mit Hilfe der Energiegleichungen, dass die maximale Geschwindigkeit des Steins unabhängig von seiner Masse ist.

Energieformen und Energieerhaltung

2.2 Energieerhaltung im Experiment

V1 Federpendel

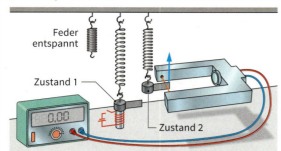
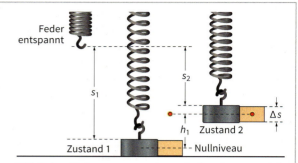

An eine Feder mit der Federkonstante D wird ein Massestück aus Eisen mit der Masse m angehängt. Dann wird das Massestück nach unten gezogen, sodass sich die Feder um den Weg s_1 verlängert (Zustand 1). Das Massestück wird in dieser Position mit einem Elektromagneten fixiert. Diese Position wird als Nulllage der Lageenergie definiert. In der Höhe h_1 über der Nulllage ist eine Lichtschranke angebracht, die mit einem Zeitmessgerät verbunden ist.

Wird der Elektromagnet abgeschaltet, bewegt sich das Massestück nach oben. Dabei passiert der seitlich am Massestück befestigte Flügel mit der Höhe Δs die Lichtschranke und unterbricht den Lichtstrahl für eine Zeitspanne Δt (Zustand 2), die gemessen wird. Die Messwerte zeigt die folgende Tabelle:

D	m	s_1	Δs	h_1	Δt
5,0 $\frac{N}{m}$	0,20 kg	0,50 m	0,020 m	0,15 m	0,041 s

Überprüfung des Energieerhaltungssatzes. ▶
Nach dem Energieerhaltungssatz bleibt die Gesamtenergie in abgeschlossenen Systemen erhalten. Die Energieerhaltung lässt sich mit Hilfe eines Federpendels (Versuch **V1**) für drei Energieformen experimentell überprüfen. In Zustand 1, der als Nulllage definiert wird, hat das System Feder-Massestück nur Spannenergie aufgrund der Dehnung der Feder um die Strecke $s_1 = 0{,}50$ m.

Nachdem das Massestück freigegeben wurde, wird es nach oben beschleunigt. Dabei unterbricht der angebrachte Flügel der Länge $\Delta s = 0{,}020$ m die Lichtschranke für $\Delta t = 0{,}041$ s. Die Durchschnittsgeschwindigkeit des Massestücks in Zustand 2 beträgt:

$$v = \frac{\Delta s}{\Delta t} = \frac{0{,}020 \text{ m}}{0{,}041 \text{ s}} \approx 0{,}488 \, \frac{\text{m}}{\text{s}}.$$

Die Feder ist in Zustand 2 um $s_2 = s_1 - h_1 = 0{,}35$ m gedehnt.

Energieform	Zustand 1	Zustand 2
$E_L = m \cdot g \cdot h$	0 J	0,294 J
$E_{kin} = \frac{1}{2} m \cdot v^2$	0 J	0,024 J
$E_{Spann} = \frac{1}{2} D \cdot s^2$	0,625 J	0,306 J
$E_L + E_{kin} + E_{Spann}$	0,625 J	0,624 J

T1 *Energiebilanz für Versuch* **V1**

Mit diesen Werten und den Daten für m, D und s_1 lassen sich die einzelnen Energiebeträge für Zustand 1 und Zustand 2 berechnen (siehe Tabelle **T1**). In der letzten Zeile sind die drei Energieformen jeweils zur Gesamtenergie addiert. Die Abweichung der Gesamtenergie zwischen Zustand 2 und Zustand 1 beträgt:

$$\frac{0{,}625 \text{ J} - 0{,}624 \text{ J}}{0{,}625 \text{ J}} \approx 0{,}2\,\%.$$

Diese Abweichung ist kleiner als die Messgenauigkeit. Daher kann man davon ausgehen, dass die Gesamtenergie in den Zuständen 1 und 2 gleich ist. Der Energieerhaltungssatz wurde also mit diesem Versuch bestätigt.

Papprolle. In Versuch **V2** zeichnet das Smartphone mit Hilfe der App *Phyphox* die Geschwindigkeit einer Papprolle auf, die eine schiefe Ebene hinabrollt. Zu Beginn des Versuchs (Zustand 1) befindet sich die ruhende Rolle gegenüber dem Boden in der Höhe h. Sie hat damit die Lageenergie

$$E_L = m \cdot g \cdot h.$$

Am unteren Ende der schiefen Ebene ist die Geschwindigkeit der Papprolle maximal. Diese Maximalgeschwindigkeit v_{max} kann am $v(t)$-Diagramm, das die App aufzeichnet, abgelesen werden.

V2 Papprolle

In einer zylinderförmigen Papprolle (z. B. einer Posterrolle) mit dem Radius r wird ein Smartphone platziert. Taschentücher dienen als Füllmaterial, damit das Smartphone nicht verrutscht. Das Smartphone wird so in der Papprolle justiert, dass das Display etwas hervorschaut. Vor dem Versuch wird die Papprolle inklusive Smartphone gewogen.

Zu Beginn des Versuchs (Zustand 1) liegt die Papprolle mit dem Smartphone am oberen Ende einer schiefen Ebene (Brett o. Ä.). Die Rolle hat gegenüber dem Boden die Höhe h. Zur Aufzeichnung wird das Experiment „Rolle" der App *Phyphox* vor dem Loslassen der Rolle gestartet. Nach Eingabe des Rollenradius und Anklicken des Startbuttons ▶ zeichnet die App ein $v(t)$-Diagramm auf. Der Zustand 2 wird erreicht, wenn die Rolle am Ende der schiefen Ebene angekommen ist. Das untere Bild zeigt das aufgezeichnete $v(t)$-Diagramm für eine Rolle mit $m = 0{,}219$ kg und $r = 3{,}7$ cm auf einer schiefen Ebene mit $h = 0{,}13$ m. Die maximale Geschwindigkeit v_{max} ist $1{,}1\,\frac{m}{s}$.

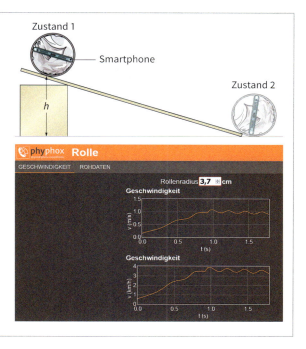

Die Bewegungsenergie am Ende der schiefen Ebene ist

$$E_{kin} = \tfrac{1}{2}\,m \cdot v_{max}^2.$$

Die Lageenergie ist dann null.

Mit den Daten aus Versuch **V2** lässt sich die Energiebilanz aufstellen (Tabelle **T2**). Man erkennt, dass die Summe $E_L + E_{kin}$ für Zustand 1 und 2 verschieden ist. Die Bewegungsenergie in Zustand 2 beträgt weniger als die Hälfte der Lageenergie zu Beginn des Versuchs. Ist der Energieerhaltungssatz verletzt?

Eine weitere Energieform. Bei der bisherigen Auswertung von Versuch **V2** wurde nicht berücksichtigt, dass die Papprolle rollt. Das bedeutet: Die Papprolle führt außer einer linearen Bewegung (**Translation**) auch eine Drehbewegung (**Rotation**) aus.

Energieform	Zustand 1	Zustand 2
$E_L = m \cdot g \cdot h$	0,279 J	0 J
$E_{kin} = \tfrac{1}{2} m \cdot v^2$	0 J	0,132 J
$E_{pot} + E_{kin}$	0,279 J	0,132 J

T2 *Energiebilanz für Versuch V2*

Die App in Versuch **V2** zeichnet aber nur die Bewegungsenergie der Translationsbewegung auf. Doch auch die Rotationsbewegung liefert einen Beitrag zur Gesamtenergie der Rolle. Diese Energieform bezeichnet man als **Rotationsenergie**. Sie hängt zum einen von der Rotationsgeschwindigkeit der Rolle ab, die wir im Kapitel über Kreisbewegungen als Winkelgeschwindigkeit ω kennengelernt haben. Zum anderen hängt die Rotationsenergie eines Körpers von dessen Trägheitsmoment ab. Das Trägheitsmoment eines Körpers beschreibt, wie seine Masse verteilt ist. Eine Hohlkugel und eine Vollkugel mit gleicher Masse und gleichem Radius beispielsweise haben verschiedene Trägheitsmomente, weil ihre Massenverteilung unterschiedlich ist. Die Energiedifferenz zwischen Zustand 1 und Zustand 2 in der letzten Zeile von Tabelle **T2** entspricht der Rotationsenergie der Papprolle in Zustand 2:

$$E_{rot} = 0{,}279\text{ J} - 0{,}132\text{ J} = 0{,}147\text{ J}.$$

Arbeitsaufträge

1 ⇒ **phyphox** Führen Sie mit Hilfe Ihres Smartphones und der App *Phyphox* den Versuch **V2** für verschiedene Höhen durch.

2.3 Mechanische Energie und Kraftansatz

B1 Auffahrt eines Achterbahnzuges

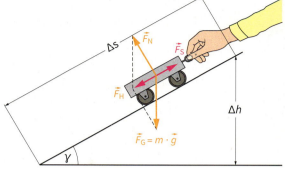

B2 Ein Experimentierwagen wird mit der Zugkraft $\vec{F}_s$ unter dem Winkel γ eine schiefe Ebene hinaufgezogen.

Mechanische Energie und Kraft. Beim Heraufziehen der Achterbahnwagen in Bild **B1** auf den ersten Hügel zu Beginn der Fahrt nimmt die Höhe des Zuges gegenüber der Erdoberfläche und damit auch die Lageenergie ständig zu. Um die Lageenergie der Wagen mit den Passagieren ändern zu können, ist eine Kraft $\vec{F}_s$ erforderlich. Diese Kraft wird in der Regel durch einen Kettenantrieb auf den Achterbahnzug übertragen und wirkt entlang des zurückgelegten Weges s.

Um die beteiligten Kräfte und die im System Wagen-Achterbahn vorhandenen Energien zusammenführen zu können, wird ein Experimentierwagen auf einer schiefen Ebene in Bild **B2** betrachtet. Dabei wird der Wagen einen Weg Δs entlang bewegt und überwindet damit die Höhendifferenz Δh. Auf den Wagen wirkt die Gewichtskraft $\vec{F}_G = m \cdot \vec{g}$, die sich in folgende zwei Kraftkomponenten zerlegen lässt: die parallel zur Ebene gerichtete Hangabtriebskraft $F_H = m \cdot g \cdot \sin(\gamma)$ sowie die senkrecht zur Ebene gerichtete Normalkraft $\vec{F}_N$. Die Zugkraft $\vec{F}_s$ ist entgegengesetzt zur Hangabtriebskraft $\vec{F}_H$ gerichtet und wird als konstant angenommen. Vom Betrag her muss sie – unter der idealisierten Bedingung der Reibungsfreiheit – gleich groß sein wie die Hangabtriebskraft. Dann wird der zuvor in Bewegung gebrachte Wagen mit konstanter Geschwindigkeit die Ebene hinaufgezogen, so wie der Achterbahnzug auch.

Für das Verhältnis der Kräfte F_s und F_G gilt allgemein:

$$\frac{F_s}{F_G} = \frac{m \cdot g \cdot \sin(\gamma)}{m \cdot g} = \sin(\gamma). \tag{1}$$

Aus der Geometrie der schiefen Ebene folgt:

$$\sin(\gamma) = \frac{\Delta h}{\Delta s}$$

und damit für Gleichung (1):

$$\frac{F_s}{F_G} = \frac{\Delta h}{\Delta s}. \quad \text{Daraus folgt}$$

$$F_s \cdot \Delta s = F_G \cdot \Delta h = m \cdot g \cdot \Delta h = \Delta E_L.$$

Energieänderung und Arbeit. Die wirkenden Kräfte und die Änderung der Lageenergie lassen sich damit in Beziehung setzen. Es gilt:

$$\Delta E_L = F_G \cdot \Delta h = F_s \cdot \Delta s.$$

Auch ein bremsendes Auto (Bild **B3**) überträgt Energie: Beim Bremsvorgang wirkt längs des Bremsweges Δs die Kraft F_s. Dabei wird Bewegungsenergie in innere Energie E_i der Bremsen umgewandelt und letztlich an die Umgebung abgegeben. Die Bremsscheiben glühen. Für F_s = konstant lässt sich die dabei übertragene Energie mit der Gleichung $\Delta E_i = F_s \cdot \Delta s$ berechnen.

Beide Vorgänge zeigen, dass das Einwirken einer Kraft F_s auf einen Körper entlang des Weges Δs eine Änderung von mechanischen Energieformen zur Folge hat:

> **! Merksatz**
>
> Wirkt eine konstante Kraft F_s entlang eines Weges Δs, dann wird dabei die Energie
>
> $$\Delta E = F_s \cdot \Delta s$$
>
> übertragen.

Die Änderung der mechanischen Energie ΔE eines Körpers als Produkt $\Delta E = F \cdot \Delta s$ wird als **Arbeit** W bezeichnet. Die Einheit der Arbeit ist $[W] = 1$ Nm.

B3 *Beim Bremsen glühen die vorderen Bremsscheiben des Rennautos durch Umwandlung kinetischer in innere Energie.*

Vergleich von Energie- und Kraftansatz. Bei Auffahrunfällen spielt der Bremsweg eine entscheidende Rolle für den Ausgang des Unfalls. Der Bremsweg lässt sich mit zwei verschiedenen Ansätzen ermitteln:
- mit dem Energieansatz,
- mit dem Kraftansatz.

Bremsweg mit Energieansatz. Solange das Auto mit der Geschwindigkeit v fährt, hat es die Bewegungsenergie

$$E_{\text{kin}} = \tfrac{1}{2} \cdot m \cdot v^2.$$

Während des Bremsvorgangs wird die Bewegungsenergie nach und nach in innere Energie der Bremsscheiben und der Umgebung umgewandelt (Bild **B3**). Wenn das Auto schließlich steht, muss nach dem Energieerhaltungssatz die gesamte Bewegungsenergie in innere Energie umgewandelt worden sein:

$$E_{\text{i}} = F_{\text{Brems}} \cdot s = \tfrac{1}{2} \cdot m \cdot v^2.$$

Die **maximale Bremskraft** F_{Brems} entspricht der Haftreibungskraft zwischen Reifen und Straße. Experimentell kann nachgewiesen werden, dass der Betrag F_{HR} der maximalen Haftreibungskraft proportional zur Gewichtskraft eines Körpers ist und mit der Gleichung

$$F_{\text{HR}} = \mu_{\text{HR}} \cdot m \cdot g$$

berechnet wird (s. Kapitel 1.10), wobei μ_{HR} der materialabhängige Haftreibungskoeffizient ist. Damit lautet der Energieansatz:

$$\mu_{\text{HR}} \cdot m \cdot g \cdot s = \tfrac{1}{2} \cdot m \cdot v^2,$$

der sich nach dem Bremsweg s auflösen lässt:

$$s = \frac{v^2}{2 \cdot \mu_{\text{HR}} \cdot g}.$$

Für ein Auto mit Gummireifen und einer Geschwindigkeit von $72\,\tfrac{\text{km}}{\text{h}}$ bzw. $20\,\tfrac{\text{m}}{\text{s}}$ auf Asphalt ergibt sich damit ein Bremsweg von

$$s = \frac{v^2}{2 \cdot \mu_{\text{HR}} \cdot g} = \frac{(20\,\tfrac{\text{m}}{\text{s}})^2}{2 \cdot 0{,}90 \cdot 9{,}81\,\tfrac{\text{m}}{\text{s}^2}} \approx 22{,}7\,\text{m}.$$

Bremsweg mit Kraftansatz. Führt die Betrachtung der Kräfte beim Bremsen zum gleichen Ergebnis? Die Bremskraft F_{Brems} beschleunigt das Auto entgegengesetzt zur Fahrtrichtung:

$$F_{\text{Brems}} = -\mu_{\text{HR}} \cdot m \cdot g = m \cdot a \quad \Leftrightarrow \quad -\mu_{\text{HR}} \cdot g = a. \qquad (2)$$

Da das Auto von der Geschwindigkeit v gleichmäßig auf die Geschwindigkeit null abgebremst wird, ist $\Delta v = 0 - v$ negativ und damit auch die Beschleunigung a:

$$a = \frac{\Delta v}{\Delta t} = \frac{0 - v}{\Delta t} = -\frac{v}{\Delta t}. \qquad (3)$$

Gleichung (3) stellt einen Zusammenhang zwischen der Beschleunigung a und der Anfangsgeschwindigkeit v dar. Aus den grundlegenden Bewegungsgleichungen (s. Kapitel 1.3) der gleichmäßig beschleunigten Bewegung,

$$s = \tfrac{1}{2}\, a \cdot t^2 \quad \text{und} \quad a = \frac{v}{t},$$

folgt für das betrachtete Zeitintervall Δt:

$$s = \tfrac{1}{2} \cdot v \cdot \Delta t. \qquad (4)$$

Löst man Gleichung (3) nach Δt auf und setzt das Ergebnis für Δt in Gleichung (4) ein, so erhält man

$$s = \tfrac{1}{2} \cdot v \cdot \left(-\frac{v}{a}\right) = -\frac{v^2}{2a}.$$

Nun kann die Beschleunigung a durch Gleichung (2) ausgedrückt werden. Man erhält damit

$$s = -\frac{v^2}{2a} = \frac{v^2}{2 \cdot \mu_{\text{HR}} \cdot g}.$$

Dies ist dieselbe Gleichung, die auch aus dem Energieansatz folgt.

Energie- und Kraftansatz liefern immer dieselben Ergebnisse, allerdings führen die Ansätze je nach physikalischer Aufgabenstellung unterschiedlich schnell zum Ziel. Für die Bremswegbestimmung stellt sich der Energieansatz als deutlich schneller und übersichtlicher heraus.

B1 Eine Frau zieht einen Schlitten.

Die allgemeine Definition der Änderung der mechanischen Energie berücksichtigt die Vektoreigenschaften des Weges $\Delta\vec{s}$ und der Kraft $\vec{F}$ mit dem Betrag F.

> **! Merksatz**
>
> Wird ein Körper durch eine konstante Kraft $\vec{F}$ entlang des Weges $\Delta\vec{s}$ bewegt, dann ist die bei diesem Vorgang übertragene Energie ΔE das Produkt aus dem Weg Δs und der parallel dazu wirkenden Kraftkomponente F_s:
>
> $$\Delta E = F_s \cdot \Delta s = F \cdot \Delta s \cdot \cos(\alpha).$$

Vektorielle Betrachtung. Kraft und Weg sind **vektorielle Größen**. Die Formel $\Delta E = F_s \cdot \Delta s$ für die übertragene Energie setzt voraus, dass Kraft und Weg die gleiche Richtung haben. Die Betrachtung der Beträge ist dann ausreichend. Beim Schlittenziehen in Bild **B1** haben Kraft und Weg aber nicht dieselbe Richtung. Zwischen der Zugkraft $\vec{F}$ und dem Weg $\Delta\vec{s}$, in dessen Richtung sich der Schlitten bewegt, spannt sich ein Winkel α auf. Eine vektorielle Betrachtung der Größen wird notwendig. Für die Bewegung des Schlittens ist die Komponente $\vec{F}_s$ der Zugkraft $\vec{F}$ maßgeblich, die entlang des Weges $\Delta\vec{s}$ wirkt (Bild **B2**).

Auf den Schlitten wirken die Gewichtskraft $\vec{F}_G$ und die Zugkraft $\vec{F}$. Die Reibungskraft $\vec{F}_R$ wirkt entgegen der Bewegungsrichtung. Die Zugkraft $\vec{F}$ kann mit Hilfe des Winkels α in Richtung des Weges $\Delta\vec{s}$ projiziert werden. Damit lässt sich ohne Vektorpfeile schreiben:

$$\cos(\alpha) = \frac{F_s}{F} \quad \Rightarrow \quad F_s = F \cdot \cos(\alpha).$$

Die Änderung der mechanischen Energie ergibt sich zu

$$\Delta E = F_s \cdot \Delta s = F \cdot \cos(\alpha) \cdot \Delta s = F \cdot \Delta s \cdot \cos(\alpha).$$

> **✱ Beispielaufgabe: Achterbahnmotor**
>
> Die Wagen einer Achterbahn werden unter einem Winkel von 35° über eine Strecke von 85 m einen Hügel hinaufgezogen. Der vollbesetzte Achterbahnzug hat eine Masse von 5000 kg. Berechnen Sie die Zugkraft des Motors sowie die übertragene Energie.
>
> **Lösung:**
> Für die Zugkraft F_s des Motors gilt
>
> $$F_s = F_G \cdot \frac{\Delta h}{\Delta s},$$
>
> mit der Gewichtskraft F_G des voll besetzten Zuges und der Höhendifferenz Δh zwischen Nullniveau und höchstem Punkt des Hügels.
> Aus der Geometrie der schiefen Ebene folgt $\Delta h = \sin(\alpha) \cdot \Delta s$ und damit für die Zugkraft $F_s = F_G \cdot \sin(\alpha)$. Nach Einsetzen der Werte erhält man
>
> $$F_s = 5000 \text{ kg} \cdot 9{,}81 \,\tfrac{\text{m}}{\text{s}^2} \cdot \sin(35°) \approx 28{,}1 \text{ kN}.$$
>
> Die dafür aufzuwendende Energie beträgt
>
> $$E = F_s \cdot \Delta s = 28{,}1 \text{ kN} \cdot 85 \text{ m} = 2{,}39 \text{ MJ}.$$

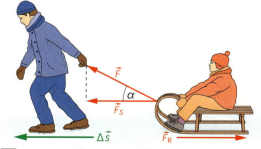

B2 Die Zugkraft $\vec{F}$ und die Kraft $\vec{F}_s$ spannen den Winkel α auf.

Arbeitsaufträge

1 ➡ Eine Kiste wird mit einer Kraft von 600 N unter dem Winkel $\alpha = 31°$ eine 25 m lange Strecke gezogen. Berechnen Sie die dafür nötige Energie.

2 ↗ Ein Pkw ($m = 1{,}2$ t) fährt eine Bergstraße hinunter und bremst von 80 $\tfrac{\text{km}}{\text{h}}$ auf 0 $\tfrac{\text{km}}{\text{h}}$ ab. Der Bremsweg beträgt 59 m, die Steigung der Straße ist 8 %. Berechnen Sie die Kraft, die die Bremsen maximal aufbringen müssen.

Methode: Herleitungen mit dem Kraftansatz

Lageenergie. Die Herleitung einer Gleichung für die Lageenergie gelingt – ohne Rückgriff auf andere Energieformen – mit Hilfe des Kraftansatzes. Auf diese Weise kann die Gleichung für die Lageenergie, die wir bereits auf Seite 53 kennengelernt haben, nachträglich begründet werden. Wir betrachten ein Massestück, das von Punkt A zu Punkt B angehoben wird (Bild **B3**, links). Dazu ist eine zur Gewichtskraft F_G entgegengesetzt gerichtete, gleich große Kraft $F = m \cdot g$ erforderlich. Diese Kraft wirkt in Richtung des Weges. Nach dem Kraftansatz beträgt die dafür aufzuwendende Energie

$$\Delta E = F \cdot \Delta s = F \cdot (h_B - h_A) = m \cdot g \cdot (h_B - h_A)$$
$$= m \cdot g \cdot \Delta h.$$

Setzt man das Nullniveau der Höhe auf die Ebene des Punktes A, so folgt für die Energie des Massestücks im Punkt B in der Höhe $h_B = h$

$$E = m \cdot g \cdot h.$$

Schließen Kraft $\vec{F}$ und Weg $\Delta \vec{s}$ den konstanten Winkel $\alpha \neq 0°$ ein (Bild **B3**), so gilt

$$h = \cos(\alpha) \cdot \Delta s.$$

Mit $\Delta E = F \cdot \Delta s \cdot \cos(\alpha)$ und $F = m \cdot g$ folgt

$$E = F \cdot h = m \cdot g \cdot h.$$

Verändert sich außerdem der Winkel mit dem Weg, so kann man den gekrümmten Weg als eine Aneinanderreihung beliebig kleiner, gerader Wegstücke s_i betrachten. Für diese gilt $h_i = \cos(\alpha) \cdot s_i$. Die Summe der Teilhöhen h_i ist die Gesamthöhe h. Damit folgt auch in diesem Fall die hergeleitete Formel für die Lageenergie $E = m \cdot g \cdot h$. Auf diesem Weg wurde also die Gleichung für die Lageenergie hergeleitet. Zusätzlich wurde gezeigt, dass die Lageenergie unabhängig ist von dem Weg, auf dem das Massestück angehoben wird.

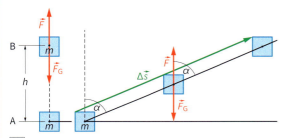

B3 *Ein Massestück wird von Punkt A nach Punkt B angehoben.*

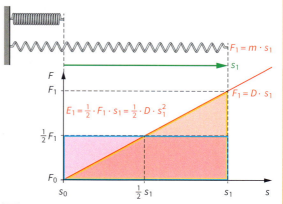

B4 *Zusammenhang zwischen Spannkraft und Spannenergie*

Spannenergie. Spannt man eine Feder, so wächst die dafür nötige Kraft F proportional zum Weg s. Sie ist also nicht konstant, sondern ist entgegengesetzt gleich der Federkraft $F_F = -D \cdot s$ mit der Federkonstanten D und der Verlängerung bzw. dem Weg s. Bei der Dehnung der Feder um die Strecke s_1 ist die Kraft auf den Wert F_1 angewachsen. Die Dehnung der Feder sowie der proportionale Zusammenhang sind im $F(s)$-Diagramm in Bild **B4** dargestellt.

Die für die Verformung nötige und letztlich in der Feder gespeicherte Energie $E_1 = F \cdot s_1$ entspricht dem Flächeninhalt des gelb umrahmten Dreiecks unter dem Graphen. Dieser kann zurückgeführt werden auf den Flächeninhalt des blau umrahmten Rechtecks mit $F = \frac{1}{2} F_1$. Die in der Feder gespeicherte Energie ist daher genauso groß wie bei einer Dehnung mit einer konstanten Kraft $\frac{1}{2} F_1$. Dementsprechend gilt für die Spannenergie:

$$E_{\text{Spann}} = \frac{1}{2} F_1 \cdot s_1.$$

Der Flächeninhalt des eingezeichneten Rechtecks ist gleich dem Flächeninhalt des Dreiecks zwischen dem Graphen und der Rechtsachse.

Daraus folgt, dass bei einer linear mit der Verformung von null bis s anwachsenden Kraft $F = D \cdot s$ folgende Gleichung für die Spannenergie gilt:

$$E_{\text{Spann}} = \frac{1}{2} F \cdot s = \frac{1}{2} D \cdot s \cdot s = \frac{1}{2} D \cdot s^2.$$

Es wurde also eine Gleichung für die Spannenergie hergeleitet, die mit Hilfe eines Experiments bereits auf Seite 55 behandelt wurde.

2.4 Mechanische Leistung und Wirkungsgrad

B1 *Treppenläufer im Empire State Building*

B2 *Containerschiff als Energiewandler*

Leistung. Jährlich stürmen hunderte Sportlerinnen und Sportler die 86 Stockwerke des Empire State Buildings in New York hinauf mit dem Ziel, in kürzester Zeit die 1576 Treppenstufen zu überwinden. Den Rekord der Frauen hält seit 2006 die Österreicherin ANDREA MAYR mit 11:23 Minuten. Der Rekord der Männer liegt bei 9:33 Minuten, aufgestellt vom Australier PAUL CRAKE im Jahr 2003.

Die Treppenläufer in Bild **B1** legen in kürzester Zeit die 320 Höhenmeter des Treppenlaufs zurück. Ihr Körper vollbringt dabei eine große Leistung. In der Physik spielt die Leistung P eine wichtige Rolle. Sie ist definiert als umgesetzte Energie ΔE pro Zeit Δt pro Zeit:

$P = \frac{\Delta E}{\Delta t}$.

> **! Merksatz**
>
> Die Leistung P ist umgesetzte Energie pro Zeit, also der Quotient aus der abgegebenen oder aufgenommenen Energie ΔE und der dafür benötigten Zeit Δt:
>
> $P = \frac{\Delta E}{\Delta t}$
>
> mit der Einheit Watt (W).
>
> Es gilt: $[P] = 1\,\frac{J}{s} = 1\,W$.

Dabei spielt es keine Rolle, welche Energieformen betrachtet werden. Die Einheit Watt ist zum Beispiel aus dem Umgang mit elektrischen Geräten vertraut. Damit wird die Umwandlung elektrischer Energie pro Zeit in andere Energieformen angegeben. Bei der Betrachtung der Leistung spielt es keine Rolle, ob ein abgeschlossenes System oder der Energiefluss über Systemgrenzen hinweg betrachtet wird.

Effizienz eines Energiewandlers. Ein Motor eines Containerschiffs wie in Bild **B2** wandelt chemische Energie des Schiffstreibstoffs in Bewegungsenergie um. Der Motor ist ein **Energiewandler,** da er eine Energieform in eine andere Energieform umwandelt. In Energiewandlern treten unter realen Bedingungen Energieentwertungen u. a. bei Reibungsprozessen auf. Aus Umwelt- und Wirtschaftlichkeitsaspekten soll die Energieentwertung möglichst gering sein. Die Ladung kann dann effizient befördert werden, wenn die eingesetzten Motoren und Schiffe einen großen Anteil der zugeführten Energie ΔE_{zu} in die gewünschte Form der Bewegungsenergie ΔE_{nutz} umwandeln. Ist dies nicht der Fall, erwärmt sich der Motor übermäßig, es treten hohe mechanische Verluste in Getrieben auf oder die Reibung zwischen Wasser und Rumpf ist hoch.

Die Effizienz von Maschinen als Energiewandler ist in allen Bereichen der Technik und im Alltag von großer Bedeutung. Sie wird durch den **Wirkungsgrad η** beschrieben. Je größer der Wirkungsgrad η ist, desto mehr Energie ΔE_{nutz} kann aus der zugeführten Energie ΔE_{zu} genutzt werden. ▶

Der Wirkungsgrad jeder realen Maschine ist stets kleiner als 1 bzw. 100 %. Wäre er größer als 1, so würde die Maschine mehr Energie in nutzbare Energie umwandeln als ihr zugeführt wird. Dies widerspricht dem Energieerhaltungssatz. Der Wirkungsgrad des Motors eines großen Containerschiffes kann bis zu 55 % betragen.

> **! Merksatz**
>
> Der Wirkungsgrad η ist der Quotient aus nutzbarer und zugeführter Energie:
>
> $\eta = \frac{\Delta E_{nutz}}{\Delta E_{zu}} < 1$.

Exkurs: Maximalgeschwindigkeit eines Pkw

Aus der Angabe der Leistung für einen Pkw kann seine Maximalgeschwindigkeit mit Hilfe physikalischer Betrachtungen näherungsweise bestimmt werden.

Damit das Auto mit einer konstanten Geschwindigkeit fährt, ist eine Antriebskraft F nötig. Der Betrag der Antriebskraft muss genauso groß wie die abbremsenden Kräfte sein. Dies sind in erster Linie die Luftwiderstandskraft F_L und die Rollwiderstandskraft F_R. Da die Rollwiderstandskraft rund fünfmal kleiner als die Luftwiderstandskraft ist, wird F_R vernachlässigt.

Für die Leistung gilt unter Berücksichtigung der dabei übertragenen mechanischen Energie $\Delta E = F \cdot \Delta s$ entlang des Weges s

$$P = \frac{\Delta E}{\Delta t} = \frac{F \cdot \Delta s}{\Delta t}.$$

Die Geschwindigkeit bei einer gleichförmigen Bewegung ist $v = \frac{\Delta s}{\Delta t}$. Damit folgt:

$$P = \frac{F \cdot \Delta s}{\Delta t} = F \cdot v.$$

Die Luftwiderstandskraft F_L ist abhängig von der Querschnittsfläche A des Fahrzeugs, der Luftdichte ρ und dem Luftwiderstandsbeiwert c_W – einem von der Form abhängigen Parameter mit der Einheit 1:

$$|F_L| = |F| = \tfrac{1}{2} \cdot c_W \cdot \rho \cdot A \cdot v^2.$$

Damit folgt für die Leistung

$$P = F \cdot v = \tfrac{1}{2} \cdot c_W \cdot \rho \cdot A \cdot v^3.$$

Mit der maximalen Motorleistung P_{max} kann man daraus die Maximalgeschwindigkeit v_{max} bestimmen:

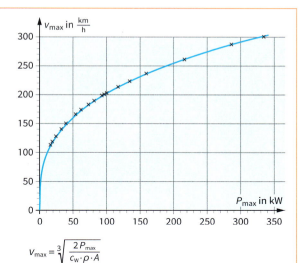

$$v_{max} = \sqrt[3]{\frac{2 P_{max}}{c_W \cdot \rho \cdot A}}$$

Typische Werte für übliche Pkw sind $c_W = 0{,}35$, $A = 2{,}0\ m^2$ und für die Dichte der Luft $\rho = 1{,}3\ \frac{kg}{m^3}$. Die Angabe der Leistung eines Pkw-Verbrennungsmotors erfolgt heute immer noch oft in der Einheit Pferdestärken (PS). Es gilt: 1 PS ≙ 0,735 kW = 735 W. Für ein Fahrzeug mit 110 PS ≙ 80,85 kW kann damit folgende Maximalgeschwindigkeit näherungsweise bestimmt werden:

$$v_{max} = \sqrt[3]{\frac{2 \cdot 80{,}9\ kW}{0{,}35 \cdot 1{,}3\ \frac{kg}{m^3} \cdot 2\ m^2}} \approx 56{,}2\ \frac{m}{s} = 202\ \frac{km}{h}.$$

Die für verschiedene Leistungen berechneten Höchstgeschwindigkeiten sind im $v_{max}(P_{max})$-Diagramm dargestellt. Die Werte stimmen gut mit den in Wirklichkeit realisierten Höchstgeschwindigkeiten (Kreuze) überein.

Arbeitsaufträge

1 → Berechnen Sie die durchschnittliche Leistung der Rekordhalterin des New Yorker Treppenlaufs. Nehmen Sie für die Sportlerin eine Masse von 55 kg an.

2 → Eine Lokomotive zieht mit der Kraft von 60 kN einen Güterzug auf ebener Strecke. Der Zug legt eine Strecke von 45 km zurück mit der konstanten Geschwindigkeit von 60 $\frac{km}{h}$.
a) Berechnen Sie die Energie, die die Lokomotive bei diesem Vorgang überträgt.
b) Berechnen Sie die Leistung der Lokomotive.

3 Ein Wanderer ($m = 75$ kg) geht mit einer Geschwindigkeit von 5 $\frac{km}{h}$ auf einer Straße mit einer Steigung von 8 % bergan. Berechnen Sie seine Leistung bei einer dreistündigen Wanderung.

4 Der Schiffsmotor eines Containerschiffes hat eine Leistung von 62,4 MW bei einer konstanten Geschwindigkeit von 27 $\frac{km}{h}$. Dabei werden 9 t Schweröl pro Stunde verbraucht (Brennwert: 40,4 $\frac{GJ}{t}$).
a) Berechnen Sie die Kraft, die der Bewegung entgegenwirkt.
b) Berechnen Sie den Wirkungsgrad der Maschine.

2.5 Impuls und Impulserhaltung

B1 *Beim Curling werden Spielscheiben möglichst nah an die Mitte eines Zielkreises positioniert.*

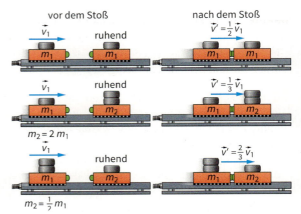

B3 *Ein Gleiter mit der Masse m_1 stößt mit einem ruhenden Gleiter der Masse m_2 unelastisch. Danach bewegen sich beide mit v'.*

Curling – Stoßprozesse. Bei der Wintersportart Curling positioniert das Team seine Spielsteine möglichst zentral in die Mitte des Zielkreises. Durch Wischen mit einem besonderen Besen entsteht vor dem Stein eine dünne Wasserschicht auf dem Eis. Die Reibung zwischen Stein und Eis wird dadurch verringert, der Stein kann sich weiterbewegen. Auch eine Beeinflussung der Bahn des gespielten Steins ist auf diese Weise möglich.

Stößt der abgespielte Stein mit einem bereits positionierten Stein, kann man beobachten, dass der getroffene Stein sich mit der Geschwindigkeit des ursprünglich gespielten Steins weiterbewegt. Der gespielte Stein bleibt dagegen liegen.

Der Energieerhaltungssatz allein kann nicht erklären, warum beide Steine sich so verhalten. Es wäre energetisch ebenso möglich, dass sich beide Steine mit einer gleichen Geschwindigkeit weiterbewegen. Daher werden kurze Wechselwirkungen zwischen zwei Gegenständen (Stöße), nun näher untersucht.

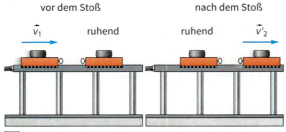

B2 *Ein Gleiter mit der Geschwindigkeit v_1 stößt elastisch auf einen ruhenden Gleiter mit derselben Masse m.*

Stoßexperimente. Der Stoß zweier Curlingsteine wird als Stoß zweier Gleiter mit gleicher Masse m auf einer Luftkissenfahrbahn modelliert. An den Stirnseiten der Gleiter sind Federbügel angebracht. Nach dem Stoß können sich beide Gleiter unabhängig voneinander bewegen. Man spricht von einem **elastischen Stoß**. Wie beim Curling hat der linke Gleiter vor dem Stoß die Geschwindigkeit $\vec{v}_1$, der rechte Gleiter ruht (Bild **B2**). Nach dem Stoß ruht der zuvor bewegte Gleiter und der rechte Gleiter bewegt sich nun mit der Geschwindigkeit $\vec{v}\,'_2 = \vec{v}_1$ weiter. Durch den Stoß der beiden Gleiter gleicher Masse wird die Geschwindigkeit des ersten Gleiters auf den zweiten Gleiter übertragen. ▶

In einem zweiten Modellexperiment sollen die beiden Gleiter nach dem Stoß zusammenbleiben. Dazu ersetzt man jeweils die Feder durch Knetmasse. Der Stoß heißt dann **unelastischer Stoß**. Es werden drei Versuche mit folgenden Massen und resultierenden Geschwindigkeiten $\vec{v}\,'$ beider Gleiter der Gesamtmasse $m_1 + m_2$ durchgeführt (Bild **B3**) und z. B. per Videoanalyse ausgewertet: ▶

a) $m_1 = m_2$: $\quad \vec{v}\,' = \frac{1}{2} \vec{v}_1$,

b) $2\,m_1 = m_2$: $\quad \vec{v}\,' = \frac{1}{3} \vec{v}_1$,

c) $\frac{1}{2} m_1 = m_2$: $\quad \vec{v}\,' = \frac{2}{3} \vec{v}_1$.

Vergleicht man die Situation des bewegten Gleiters vor dem Stoß mit der beider bewegter Gleiter nach dem Stoß, erkennt man: Bei jeder Variante ist das Produkt aus Masse und Geschwindigkeit vor dem Stoß gleich diesem Produkt nach dem Stoß.

Impuls. Das Produkt aus Masse m und Geschwindigkeit v eines Körpers wird als Impuls bezeichnet. Bei den eben betrachteten Stößen ist der Impuls der beteiligten Körper vor und nach den Stößen gleich groß.

> **! Merksatz**
>
> Bewegt sich ein Körper der Masse m mit der Geschwindigkeit $\vec{v}$, so hat er den Impuls $\vec{p}$. Der Impuls ist definiert als das Produkt aus Masse und Geschwindigkeit:
>
> $$\vec{p} = m \cdot \vec{v}.$$
>
> Wie die Geschwindigkeit ist auch der Impuls eine vektorielle Größe. Er hat die Einheit $[p] = 1 \text{ kg} \frac{m}{s}$.

Impulsübertragung. Im ersten Modellexperiment überträgt der bewegte Gleiter durch den elastischen Stoß seinen Impuls auf den ruhenden Gleiter der gleichen Masse. Damit gelingt die Erklärung der Bewegung des zunächst ruhenden Curlingsteins: Der Impuls des gespielten Steins wird auf den ruhenden Stein übertragen. Da beide Steine dieselbe Masse haben, bewegt sich der gestoßene Stein nun mit der Geschwindigkeit des gespielten Steins weiter.

Stoßarten und Energieerhaltung. Der elastische Stoß zeichnet sich dadurch aus, dass beide Stoßpartner so kurz miteinander wechselwirken, dass Reibungsprozesse vernachlässigt werden können. Beide Körper bewegen sich danach unabhängig voneinander.

Bei gleichen Massen $m_1 = m_2 = m$ mit den Geschwindigkeiten $\vec{v}_1$ und $\vec{v}_2$ vor dem Stoß und $\vec{v}\,'_1$ und $\vec{v}\,'_2$ nach dem Stoß folgt mit dem Energieerhaltungssatz:

$$E_{kin} = \tfrac{1}{2} m_1 \cdot v_1^2 + \tfrac{1}{2} m_2 \cdot v_2^2 = \tfrac{1}{2} m_1 \cdot v'^2_1 + \tfrac{1}{2} m_2 \cdot v'^2_2,$$

$$v_1^2 + v_2^2 = v'^2_1 + v'^2_2.$$

Mit $v_2 = 0$ folgt:

$$v_1^2 = v'^2_1 + v'^2_2.$$

Mit dem Energieerhaltungssatz allein kann allerdings keine Voraussage über die Geschwindigkeiten nach dem Stoß gemacht werden, da diese Gleichung die zwei Variablen $\vec{v}\,'_1$ und $\vec{v}\,'_2$ enthält.

Bei unelastischen Stößen treten Energieverluste durch Reibung oder Verformung der beteiligten Körper auf. Der Energieerhaltungssatz der Mechanik gilt hierbei nicht. Er darf deshalb zur Beschreibung der Bewegungen vor und nach unelastischen Stößen nicht angewendet werden.

Impuls und Kraft. Um den Impuls $\vec{p}$ eines Körpers zu ändern, gibt es drei verschiedene Möglichkeiten:
- Die Masse des Körpers ändert sich.
  Beispiel: Eine Rakete startet und verbrennt dabei Treibstoff.
- Der Betrag der Geschwindigkeit ändert sich.
  Beispiel: Ein Fahrzeug rollt einen Berg hinab.
- Die Richtung der Geschwindigkeit ändert sich.
  Beispiel: Eine Billardkugel wird an die Bande gespielt und prallt dort ab.

In den beiden letzten Fällen muss eine Kraft auf den Körper ausgeübt werden, sonst könnten sich Betrag bzw. Richtung der Geschwindigkeit nicht ändern. Die Wirkung der Kraft ist abhängig von ihrer Richtung, ihrem Betrag und der Dauer der Krafteinwirkung. Die zeitliche Einwirkung einer Kraft auf einen Körper, der idealisiert als Massepunkt betrachtet wird und sich reibungsfrei bewegt, wird als **Kraftstoß** bezeichnet. Ein Kraftstoß auf einen Körper bedeutet eine **Impulsänderung** des Körpers.

Betrachtet man die Kraft $\vec{F}$, die auf einen Körper der Masse m wirkt, so folgt mit dem zweiten newtonschen Gesetz $\vec{F} = m \cdot \vec{a}$ und der Beschleunigung des Körpers bzw. seiner Geschwindigkeitsänderung pro Zeit:

$$\vec{F} = m \cdot \vec{a} = m \cdot \frac{\Delta \vec{v}}{\Delta t} = \frac{m \cdot \Delta \vec{v}}{\Delta t} = \frac{\Delta \vec{p}}{\Delta t}.$$

Die Kraft $\vec{F}$ auf einen Körper ist gleich seiner Impulsänderung pro Zeit $\frac{\Delta \vec{p}}{\Delta t}$. Stellt man die Formel nach $\Delta \vec{p}$ um, folgt

$$\Delta \vec{p} = \vec{F} \cdot \Delta t.$$

Damit gelingt es, den Impuls als Kraftstoß über die wirkende Kraft $\vec{F}$ und die Einwirkzeit Δt zu definieren. Die Definition der Kraft über den Impuls ist allgemeiner als über die Beschleunigung, da sie eine mögliche Massenänderung der Körper während des Vorgangs berücksichtigt.

Da hiermit ein Vorgang beschrieben wird, ist der Kraftstoß eine Prozessgröße. Der Impuls hingegen kennzeichnet den Bewegungszustand eines Körpers, ist also eine Zustandsgröße.

B1 *Die Spielkugel stößt einige der 15 Billardkugeln.*

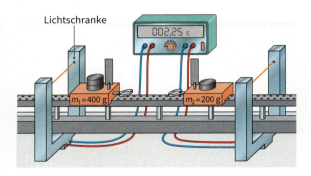

B2 *Modellversuch: Zwei Gleiter führen Stoßprozesse aus.*

Impulserhaltung. Beim Anstoß im Billard (Bild **B1**) trifft die Spielkugel auf die 15 anderen Kugeln. Dabei führt sie mit ein oder zwei der Kugeln elastische Stöße aus. In welcher Beziehung stehen die Geschwindigkeit und der Impuls der Spielkugel vor dem Stoß mit den Geschwindigkeiten und den Impulsen der 15 Kugeln nach dem Stoß? Die Beantwortung dieser Frage ist je nach Anspielsituation eine andere und daher nicht einfach. Allerdings sind mit Hilfe der Physik Vorhersagen und die Analyse der Stoßprozesse möglich.

Der dazugehörige Modellversuch **V1** untersucht in Teil a) elastische Stöße und in Teil b) unelastische Stöße.

Die Messergebnisse von Versuch **V1** sind in den Tabellen **T1** und **T2** zusammengestellt. Für den Impuls des ersten Gleiters vor dem Stoß gilt $p_1 = m_1 \cdot v_1$. Der Impuls nach dem Stoß ist $p_1' = m_1 \cdot v_1'$. Dementsprechend geben p_2 und p_2' die Impulse des zweiten Gleiters mit der Masse m_2 vor und nach dem Stoß an.

Berechnet und vergleicht man die Impulse vor und nach dem Stoß für Versuch **V1a**, so ergibt sich exemplarisch

$p_1 = 0{,}1 \text{ kg} \cdot 0{,}5\, \frac{\text{m}}{\text{s}} = 0{,}05\text{ kg}\,\frac{\text{m}}{\text{s}}$ und

$p_2 = -0{,}025 \text{ kg}\,\frac{\text{m}}{\text{s}}$.

Für die Impulse nach dem Stoß erhält man $p_1' = -0{,}025$ kg $\frac{\text{m}}{\text{s}}$ und $p_2' = 0{,}05$ kg $\frac{\text{m}}{\text{s}}$. Die Summe der Impulse vor dem Stoß ist gleich der Summe der Impulse nach dem Stoß:

$$m_1 \cdot v_1 + m_2 \cdot v_2 = m_1 \cdot v_1' + m_2 \cdot v_2',$$

$$p_1 + p_2 = p_1' + p_2'.$$

Dieses Ergebnis gilt für alle Messwerte aus Versuch **V1a**.

V1 Impulserhaltung

a) Auf einer Luftkissenfahrbahn bewegen sich zwei Gleiter mit unterschiedlichen Geschwindigkeiten v_1 und v_2 aufeinander zu. An beiden Gleitern ist ein Federbügel angebracht. Die Gleiter führen einen elastischen Stoß aus. Die Geschwindigkeiten vor und nach dem Stoß werden mit Hilfe zweier Lichtschranken bestimmt. Über die bekannten Massen m_1 und m_2 der Gleiter 1 bzw. 2 werden die Impulse beider Gleiter vor und nach dem Stoß berechnet. Die entgegengesetzten Richtungen werden durch das Vorzeichen der Geschwindigkeiten berücksichtigt.

m_1 in g	m_2 in g	v_1 in ms^{-1}	v_2 in ms^{-1}	v_1' in ms^{-1}	v_2' in ms^{-1}
100	100	0,5	−0,25	−0,25	0,5
300	200	0,5	−0,25	−0,1	0,65
100	300	0,6	−0,2	0	0
400	100	0,2	−0,6	−0,12	0,68

T1 *Daten der Gleiter vor und nach dem elastischen Stoß.*

b) Nun werden die Gleiter so verändert, dass sie unelastisch stoßen, sich also nach dem Stoß gemeinsam weiterbewegen.

m_1 in g	m_2 in g	v_1 in ms^{-1}	v_2 in ms^{-1}	v_1' in ms^{-1}	v_2' in ms^{-1}
100	100	0,5	−0,25	0,13	0,13
300	200	0,5	−0,25	0,2	0,2
100	300	0,6	−0,2	0	0
400	100	0,2	−0,6	0,04	0,04

T2 *Daten der Gleiter vor und nach dem unelastischen Stoß.*

Impulserhaltungssatz. Im zweiten Versuchsteil **V1b** führen die Gleiter unelastische Stöße aus. Beide Gleiter bewegen sich danach mit der gleichen Geschwindigkeit v' weiter. Der Impuls der Gleiter nach dem Stoß ist also auch der gleiche. Er beträgt $p' = (m_1 + m_2) \cdot v'$.

In beiden Versuchsteilen wird auf die sich bewegenden Gleiter von außen keine Kraft ausgeübt und keine Energie übertragen. Es liegt jeweils ein abgeschlossenes System vor. Sowohl beim elastischen als auch beim unelastischen Stoß gilt der Impulserhaltungssatz.

> **! Merksatz**
>
> Stoßen Körper in einem abgeschlossenen System, so gilt für ihre Impulse: Die Summe der Impulse vor dem Stoß ist gleich der Summe der Impulse nach dem Stoß.
>
> $p_1 + p_2 = p'_1 + p'_2.$
>
> Der Gesamtimpuls bleibt erhalten.

Der Impulserhaltungssatz ist neben dem Energieerhaltungssatz von fundamentaler Bedeutung in der Physik. Mit Hilfe beider Erhaltungssätze gelingt es, komplizierte Bewegungs- und Stoßprozesse zu beschreiben und vorherzusagen. Beide Erhaltungssätze werden in der Raumfahrt und auch in der Teilchenphysik angewendet, um z.B. Flugbahnen oder Energien von Teilchen und Objekten vorauszusagen bzw. zu berechnen.

Impulserhaltung in der Ebene. Nicht immer bewegen sich die Stoßpartner entlang einer Geraden. Sie können sich auch in einer Ebene oder im Raum bewegen. Die beiden Kugeln in der Stroboskopaufnahme in Bild **B3** stoßen elastisch, sie haben unterschiedlich große Massen. Mit Hilfe einer Software können die Geschwindigkeiten und damit die Impulse vor und nach dem Stoß bestimmt und als Vektoren eingezeichnet werden. Die vektorielle Summe der Impulse vor und nach dem Stoß ist gleich groß. Dies gilt auch für den Stoß mehrerer Körper sowie für eine Bewegung im Raum und nicht nur entlang einer Geraden.

> **! Merksatz**
>
> Die Summe der Impulse von n Körpern ist in einem abgeschlossenen System konstant:
> $\vec{p}_1 + \vec{p}_2 + \cdots + \vec{p}_n =$ konstant.

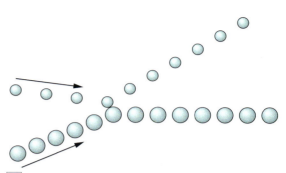

B3 Stroboskopdarstellung mit 30 Bildern pro Sekunde eines elastischen Stoßes zweier Kugeln unterschiedlicher Masse

✳ Beispielaufgabe: Newtonpendel

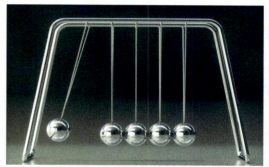

Eine Kugel eines Newtonpendels wird in die Höhe $2h$ ausgelenkt und losgelassen. In der Folge schwingt die rechte Kugel hoch und erreicht ebenfalls nahezu die Höhe $2h$. Man kann nicht beobachten, dass stattdessen zwei der Pendelkugeln zusammen in die Höhe $1h$ ausgelenkt werden. Erklären Sie, warum dieses Verhalten mit dem Energieerhaltungssatz allein nicht zu erklären ist.

Lösung:
Der Energieerhaltungssatz wäre erfüllt. Für die Geschwindigkeit v' der Kugeln nach dem Stoß würde mit dem Energieerhaltungssatz gelten

$$\tfrac{1}{2} m \cdot v'^2 = \tfrac{\tfrac{1}{2} m \cdot v^2}{2} \quad \Rightarrow \quad v' = \tfrac{v}{\sqrt{2}}.$$

Der Gesamtimpuls vor dem Stoß ist $p = m \cdot v$. Der Impuls der beiden Kugeln nach dem Stoß wäre

$$p' = 2 \cdot m \cdot v' = 2 \cdot m \cdot \tfrac{v}{\sqrt{2}} = \sqrt{2} \cdot m \cdot v.$$

Dies entspricht nicht dem Impuls vor dem Stoß – und damit widerspricht das Ergebnis dem Impulserhaltungssatz. Aus diesem Grund ist dieser Ausgang des Experiments nicht möglich.

B1 *Start einer Atlas-V-Rakete in Cape Canaveral*

Rückstoßprinzip aus Sicht der Impulserhaltung.

Bereits im Kapitel 1.9 wurde auf das Rückstoßprinzip in Bezug auf die wirkenden Kräfte eingegangen. Es ist sinnvoll, die Betrachtung auf Impulse zu erweitern. So ist es möglich, die Beschleunigung einer Rakete mit Hilfe des Impulserhaltungssatzes zu berechnen.

Die Rakete in Bild **B1** stößt Treibstoff aus, der verbrannt wird und mit hoher Geschwindigkeit die Triebwerke verlässt. Betrachtet man die Rakete und die ausgestoßenen Gasmassen als abgeschlossenes System, so bleibt der Gesamtimpuls erhalten. Dieser ist vor dem Start gleich null. Da der Impulserhaltungssatz gilt, ist er es auch zu jedem späteren Zeitpunkt. Die Geschwindigkeitsänderung Δv der Rakete mit der Masse m_R und die Geschwindigkeit v_{Gas} der im Zeitintervall Δt austretenden Gasmasse Δm haben entgegengesetzte Richtungen. Dies wird durch ein entgegengesetztes Vorzeichen berücksichtigt. Mit dem Impulserhaltungssatz folgt für $\Delta v > 0$ und $v_{Gas} < 0$:

$$0 = m_R \cdot \Delta v + \Delta m \cdot v_{Gas}.$$

Dividiert man diese Gleichung durch Δt, folgt:

$$0 = m_R \cdot \frac{\Delta v}{\Delta t} + \frac{\Delta m}{\Delta t} \cdot v_{Gas} = m_R \cdot a + \frac{\Delta m}{\Delta t} \cdot v_{Gas}.$$

Für die Schubkraft F_R der Rakete folgt:

$$F_R = m_R \cdot a = -\frac{\Delta m}{\Delta t} \cdot v_{Gas}.$$

Für die Beschleunigung a zur Zeit t gilt:

$$a(t) = -\frac{v_{Gas}}{m_R} \cdot \frac{\Delta m}{\Delta t}, \quad v_{Gas} < 0.$$

Die Rakete verliert durch den Treibstoffausstoß ständig Masse. Aus diesem Grund wird bei gleichem Masseausstoß pro Zeit bei konstanter Geschwindigkeit des Gases die Beschleunigung der Rakete immer größer.

Beim Start der Rakete muss die Gewichtskraft $F_G = m_{Start} \cdot g$ der Rakete berücksichtigt werden. Sie wirkt der Schubkraft F_R entgegen. Für a_{Start} folgt:

$$a_{Start} = -\frac{v_{Gas}}{m_{Start}} \cdot \frac{\Delta m}{\Delta t} - g, \quad v_{Gas} < 0.$$

✱ Beispielaufgabe: Start der Saturn-V-Rakete

Saturn V-Raketen brachten von 1968 bis 1972 Astronauten zum Mond. Jede der Raketen hatte drei Stufen und eine Masse von $2{,}9 \cdot 10^3$ t, davon waren $2{,}1 \cdot 10^3$ t Treibstoff in der ersten Stufe. Beim Start verbrauchte die erste Stufe 13 t Treibstoff pro Sekunde, die Geschwindigkeit der Verbrennungsgase betrug $2{,}6 \frac{km}{s}$.

Berechnen Sie die Schubkraft und die Startbeschleunigung der Rakete. Vergleichen Sie sie mit der Beschleunigung kurz vor dem Ausbrennen der ersten Stufe.

Lösung:
Die Schubkraft zu Beginn des Starts berechnet sich zu

$$F_R = -\frac{\Delta m}{\Delta t} \cdot v_{Gas} = -13 \cdot \frac{10^3 \text{ kg}}{s} \cdot (-2{,}6) \cdot 10^3 \frac{m}{s}$$

$$= 34 \cdot 10^6 \text{ N}.$$

Die Beschleunigung zu Beginn des Starts muss unter Berücksichtigung der Erdbeschleunigung berechnet werden. Mit der Schubkraft ergibt sich

$$a_{Start} = \frac{F_R}{m_{Start}} - g.$$

$$= \frac{34 \cdot 10^6 \text{ N}}{2{,}9 \cdot 10^6 \text{ kg}} - 9{,}81 \frac{m}{s^2} \approx 1{,}9 \frac{m}{s^2}.$$

Unmittelbar vor dem Ausbrennen der ersten Stufe hat sich die Masse der Rakete um $2{,}1 \cdot 10^3$ t reduziert, denn diese Menge Treibstoff wurde bereits verbrannt. Im Vergleich zu der Beschleunigung beim Raketenstart beträgt die Beschleunigung unmittelbar vor dem Ausbrennen der ersten Stufe damit

$$a(t) = \frac{F_R}{m(t)} - g = \frac{34 \cdot 10^6 \text{ N}}{0{,}8 \cdot 10^6 \text{ kg}} - 9{,}81 \frac{m}{s^2} \approx 33 \frac{m}{s^2}.$$

Aufgrund der Massenabnahme der Rakete nimmt ihr Impuls ständig zu – die Beschleunigung der Rakete wird mit der Zeit deutlich größer.

Erhaltungssätze

Beispielaufgabe: Ballistisches Pendel

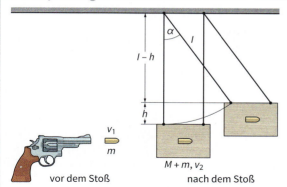

vor dem Stoß — nach dem Stoß

Bevor auf die elektronische Zeitmessung zurückgegriffen werden konnte, wurden Geschossgeschwindigkeiten mit Hilfe eines ballistischen Pendels ermittelt (Bild oben). Ein Geschoss ($m = 16{,}2$ g) trifft auf einen Pendelkörper ($M = 5{,}5$ kg), in dem es stecken bleibt. Pendelkörper und Geschoss schwingen beide $h = 6{,}6$ cm in die Höhe.

Berechnen Sie die Geschwindigkeit v_1 des Geschosses, indem Sie die Impuls- und Energiebilanz für den Vorgang betrachten.

Lösung:
Es liegt ein unelastischer Stoß vor, Geschoss und Pendelkörper bilden ein abgeschlossenes System. Mit dem Impulserhaltungssatz gilt:

$$m \cdot v_1 = (m + M) \cdot v_2 \quad \Rightarrow \quad v_1 = \frac{m+M}{m} \cdot v_2.$$

Um die Geschwindigkeit v_2 beider Körper nach dem Stoß zu bestimmen, muss zusätzlich die Energie beider Körper vor und nach dem Stoß betrachtet werden. Aufgrund der Energieerhaltung folgt:

$$\frac{m+M}{2} \cdot v_2^2 = (m+M) \cdot g \cdot h \quad \Rightarrow \quad v_2 = \sqrt{2 \cdot g \cdot h}.$$

Für die Geschwindigkeit v_1 der Kugel vor dem Einschlag folgt:

$$v_1 = \frac{m+M}{m} \cdot \sqrt{2 \cdot g \cdot h}$$

$$v_1 = \frac{0{,}0162 \text{ kg} + 5{,}5 \text{ kg}}{0{,}0162 \text{ kg}} \cdot \sqrt{2 \cdot 9{,}81 \frac{\text{m}}{\text{s}^2} \cdot 0{,}066 \text{ m}}$$

$$\approx 3{,}9 \cdot 10^2 \frac{\text{m}}{\text{s}}$$

Das Geschoss ist mit einer Geschwindigkeit von $3{,}9 \cdot 10^2 \frac{\text{m}}{\text{s}} \approx 1{,}4 \cdot 10^3 \frac{\text{km}}{\text{h}}$ eingeschlagen.

Arbeitsaufträge

1 ➔ Beim Ankoppeln eines Zugteils an eine Lok rammt die Lok ($m_1 = 30$ t) die Waggons ($m_2 = 100$ t) mit einer Geschwindigkeit von $7{,}0 \frac{\text{km}}{\text{h}}$. Berechnen Sie die daraus resultierende Geschwindigkeit des Zuges.

2 ➔ Zwei mit Federn versehene Gleiter auf einer Luftkissenfahrbahn sind mit einer Schnur verbunden, die Federn sind gespannt. Die Schnur wird durchtrennt. Gleiter A ($m_A = 300$ g) bewegt sich anschließend mit $v_A = -3{,}2 \frac{\text{m}}{\text{s}}$, Gleiter B mit $v_B = 5{,}2 \frac{\text{m}}{\text{s}}$.
a) Berechnen Sie die Masse von Gleiter B.
b) Berechnen Sie die Impulse.

3 ✏ Auf einer Kreuzung prallen bei Eisglätte zwei Fahrzeuge rechtwinklig zusammen. Der Kleinwagen ($m_1 = 900$ kg, $v_1 = 61 \frac{\text{km}}{\text{h}}$) und der Kleinbus ($m_2 = 2200$ kg, $v_2 = 45 \frac{\text{km}}{\text{h}}$) verkeilen sich dabei ineinander und rutschen gemeinsam weiter.
Berechnen Sie den Betrag der gemeinsamen Geschwindigkeit nach dem Unfall. Ermitteln Sie die Richtung der Geschwindigkeit.

4 ✏ Eine Person der Masse 60 kg steht auf einem Boot der Masse 200 kg, das im Wasser ruht. Die Person geht auf dem Boot mit der Geschwindigkeit $1{,}0 \frac{\text{m}}{\text{s}}$ nach rechts.
a) Erklären Sie, warum und in welche Richtung sich das Boot bewegt.
b) Ermitteln Sie die daraus resultierende Geschwindigkeit des Bootes.
c) Ermitteln Sie die Relativgeschwindigkeit der Person zum Boot.

5 ✏ Beurteilen Sie den Gesamtvorgang beim ballistischen Pendel vor dem Hintergrund der Erhaltung der mechanischen Energie.

6 ⇧ Betrachten Sie einen vollständig elastischen Stoß zweier Körper gleicher Masse. Leiten Sie mit Hilfe der Impuls- und Energieerhaltung her, dass beide Körper bei diesem Stoßprozess die Beträge ihrer Geschwindigkeiten tauschen.

Zusammenfassung

1. Energieformen und Energieumwandlung

Man unterscheidet folgende mechanische Energieformen, die sich ineinander umwandeln lassen:

- **Lageenergie** E_L hat ein Körper aufgrund seiner Lage. Mit der Masse m, dem Ortsfaktor $g = 9{,}81\,\frac{m}{s^2}$ auf der Erde und der Höhe h gegenüber einem festgelegten Nullniveau gilt

  $$E_L = m \cdot g \cdot h.$$

- Ein Körper, der sich mit der Geschwindigkeit v bewegt, hat **Bewegungsenergie** (kinetische Energie):

  $$E_{kin} = \tfrac{1}{2}\, m \cdot v^2.$$

- Wenn ein Körper verformt wird, hat er **Spannenergie** E_{Spann}. Wird eine Feder mit der Federkonstante D um die Strecke s gedehnt oder gestaucht, gilt:

  $$E_{Spann} = \tfrac{1}{2}\, D \cdot s^2.$$

Die Einheit der Energie ist 1 Joule, kurz 1 J:

$$1\,J = 1\,Nm = 1\,kg\,\tfrac{m}{s^2}.$$

2. Energieerhaltung und -entwertung

Energieerhaltungssatz: Die Gesamtenergie eines **abgeschlossenen Systems** bleibt immer erhalten. Ein System ist abgeschlossen, wenn es mit der Umgebung weder Energie noch Materie austauschen kann. Der Energieerhaltungssatz gilt auch bei der Umwandlung der verschiedenen Energieformen ineinander oder bei der Übertragung von Energie von einem auf einen anderen Körper. In mechanischen Systemen ohne Reibung gilt, dass die Gesamtenergie die Summe aus Lage-, Bewegungs- und Spannenergie ist:

$$E_{gesamt} = E_L + E_{kin} + E_{Spann}.$$

In der Realität läuft kein Vorgang ohne Reibung ab. Durch Reibung wird ein Teil der Energie des Systems in innere Energie umgewandelt und zum Teil in die Umgebung abgegeben. Man spricht von **Energieentwertung**.

3. Energieänderung, Arbeit und Leistung

Ändert sich die mechanische Energie eines Körpers, so muss auf ihn eine Kraft ausgeübt werden. Die **Änderung der mechanischen Energie** wird auch als **Arbeit** W bezeichnet.

Wird ein Körper durch eine konstante Kraft $\vec{F}$ entlang des Weges Δs bewegt, dann ist die bei diesem Vorgang übertragene Energie ΔE das Produkt aus dem Weg Δs und der parallel dazu wirkenden Kraftkomponente F_s:

$$\Delta E = F_s \cdot \Delta s = F \cdot \Delta s \cdot \cos(\alpha).$$

Die **Leistung** P gibt an, wie viel Energie pro Zeit übertragen wird, es gilt:

$$P = \tfrac{\Delta E}{\Delta t}.$$

4. Impuls

Bewegt sich ein Körper der Masse m mit der Geschwindigkeit $\vec{v}$, so hat er einen Impuls $\vec{p}$. Der **Impuls** ist definiert als das Produkt seiner Masse und Geschwindigkeit:

$$\vec{p} = m \cdot \vec{v}.$$

Wie die Geschwindigkeit ist auch der Impuls eine vektorielle Größe mit der Einheit $[p] = 1\,kg\,\tfrac{m}{s}$.

Wenn sich die Masse eines Körpers oder der Betrag bzw. die Richtung der Geschwindigkeit ändert, so ändert sich der Impuls des Körpers.

5. Stoßarten und Impulserhaltung

Stoßen zwei oder mehrere Körper miteinander, so wird zwischen **elastischen** und **unelastischen** Stößen unterschieden:

- Elastischer Stoß: Die Körper bewegen sich nach dem Stoß unabhängig voneinander. Die Bewegungsenergie bleibt erhalten.
- Unelastischer Stoß: Ein Teil der Bewegungsenergie wird durch Reibung oder Verformung der beteiligten Körper in innere Energie umgewandelt. Die Körper bewegen sich nach dem Stoß gemeinsam weiter.

	Elastischer Stoß		Unelastischer Stoß	
Vor dem Stoß	$\vec{v}_1$	$v_2 = 0$	$\vec{v}_1$	$v_2 = 0$
	m_1	m_2	m_1	m_2
Nach dem Stoß	$v'_1 = 0$	$\vec{v}'_2$	$\vec{v}'_{ges}$	
	m_1	m_2	m_{ges}	

Es gilt der **Impulserhaltungssatz:** Wenn zwei oder mehrere Körper in einem abgeschlossenen System Stöße ausführen, bleibt der Gesamtimpuls erhalten:

$$\vec{p}_{ges} = \vec{p}_1 + \vec{p}_2 + \ldots + \vec{p}_n = \text{konstant}.$$

Aufgaben mit Lösungen

1

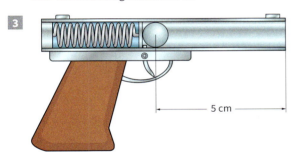

➡ Eine an einem Faden aufgehängte Kugel wird bis zur Höhe h ausgelenkt. Anschließend wird sie losgelassen. Beschreiben Sie die Energieumwandlungen, die dabei auftreten. Gehen Sie dabei auch auf Energieentwertung ein. ▶

2 🖉 Berechnen Sie die Geschwindigkeit, die eine aus 30 m Höhe fallende Kugel am Boden erreicht hat. Beurteilen Sie, ob es für die Geschwindigkeit einen Unterschied macht, wenn die Kugel aus 30 m frei fällt oder einen Abhang hinunterrollt.

3

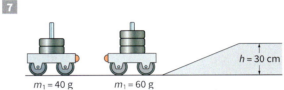

🖉 Die Feder einer Federpistole wird zum Abschuss um 5,0 cm eingedrückt. Die Federkonstante hat den Wert $D = 50\,\frac{N}{m}$.
Berechnen Sie die Abschussgeschwindigkeit einer Kugel mit der Masse $m = 0{,}25$ g.

4 🖉 Eine Motorradfahrerin beschleunigt in 3,1 s von 0 auf 100 $\frac{km}{h}$. Die Leistung der Maschine ist mit 94 PS angegeben. Die Beschleunigungsstrecke ist 47 m lang, Maschine und Fahrerin haben zusammen eine Masse von 250 kg.
a) Berechnen Sie die Leistung des Motorrads während des Beschleunigungsvorgangs.
b) Begründen Sie, warum die in a) berechnete Leistung kleiner ist als die angegebene Leistung.

5 ➡ Zwei Gleiter mit den Massen $m_1 = 100$ g und $m_2 = 300$ g stoßen unelastisch auf einer Luftkissenbahn. Vor dem Stoß haben sie die Geschwindigkeiten $v_1 = 80\,\frac{cm}{s}$ und $v_2 = -20\,\frac{cm}{s}$. Berechnen Sie die Geschwindigkeit nach dem Stoß.

6 🖉 Die beiden stoßenden Kugeln in Bild **B3** auf S. 69 haben die Massen $m_1 = 200$ g (große Kugel) und $m_2 = 85$ g, der Abbildungsmaßstab ist 1 : 20. Ermitteln Sie den Betrag und die Richtung der Impulse vor und nach dem Stoß. Beschreiben Sie, wie die Gesamtimpulse bestimmt werden können, und ermitteln Sie diese.

7

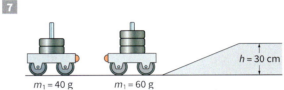
$m_1 = 40$ g $m_1 = 60$ g $h = 30$ cm

🖉 Ein Wagen der Masse $m_1 = 40$ g stößt unelastisch auf einen ruhenden Wagen der Masse $m_2 = 60$ g. Beide Wagen sollen nach dem Stoß die Rampe hinauffahren können.
Berechnen Sie die dafür mindestens erforderliche Geschwindigkeit des ersten Wagens.

8 ⬆ Eine Person ($m = 75{,}0$ kg) steht auf einem ruhenden Wagen. Auf dem Wagen befinden sich zwei Steine der Masse $m = 10{,}0$ kg. Die Person kann einen Stein mit der Kraft 75,0 N horizontal nach hinten aus dem Wagen stoßen. Der Stoßvorgang dauert 0,300 s.
a) Die Person wirft einen der Steine vom ruhenden Wagen. Berechnen Sie die Beschleunigung, die der Stein durch den Kraftstoß erfährt, sowie die Endgeschwindigkeit des Steins.
b) Die Person wirft beide Steine gleichzeitig ab oder zeitversetzt nacheinander. Beurteilen Sie, ob dies für die Endgeschwindigkeit des Wagens mit der Masse 100 kg eine Rolle spielt.

9 ⬆ Elastische Stöße lassen sich auch in der Atom- und Elementarteilchenphysik beobachten. Für den elastischen Stoß eines schnellen und eines ruhenden Protons gelten Impuls- und Energieerhaltung.
a) Leiten Sie den Impuls- und Energieerhaltungssatz für den Stoßprozess her.
b) Begründen Sie mit Ihren Ergebnissen aus a), dass die Winkel zwischen den Teilchenbahnen nach dem Stoß 90° betragen.

Kreisbewegungen

Bewegung im Kreis: Kreisbahnen finden wir oft im Alltag. Viele technische Geräte wie Waschmaschinen oder Motoren vollführen Drehbewegungen. Auch wir selbst bewegen uns bei der Kurvenfahrt im Auto oder im Kettenkarussell auf Kreisbahnen. Zusammen mit der Erde fliegen wir auf einer angenäherten Kreisbahn um die Sonne. Physikalische Größen wie die Bahngeschwindigkeit und die Umlaufdauer sind wichtig für die genaue Beschreibung von Kreisbewegungen. Ebenso, welche Kräfte für die Entstehung einer Kreisbahn verantwortlich sind.

3

Das können Sie in diesem Kapitel erreichen:

- Sie lernen die wesentlichen Größen für die Beschreibung von Kreisbewegungen kennen.
- Sie erfahren, welche Kraft für die Entstehung von Kreisbewegungen verantwortlich ist.
- Sie führen Messreihen durch, um zu untersuchen, von welchen Größen diese Kraft abhängig ist.
- Sie führen Berechnungen zur Bestimmung dieser Größen durch.
- Sie bestimmen den Betrag der Bahngeschwindigkeit, der für das sichere Durchfahren einer Kurve nicht überschritten werden darf.

3.1 Beschreibung von Kreisbewegungen

B1 *Ein Pferd wird an der Longe geführt.*

B2 *Ritt auf einem Karussellpferd*

Gleichförmige Kreisbewegung. Im Bild **B1** wird ein Pferd von einer Frau an einer Longe geführt. Die Longe ist ein langes Seil, das am Halfter des Pferdes befestigt ist. Sie zwingt das Pferd auf eine Kreisbahn, dessen Radius der Länge der Longe entspricht.

Das Pferd trabt mit einem konstanten Geschwindigkeitsbetrag längs dieser Bahn. Den Betrag dieser Geschwindigkeit nennt man **Bahngeschwindigkeit** v_B. Bewegt sich ein Körper, wie in diesem Fall das Pferd, mit einem konstanten Geschwindigkeitsbetrag längs einer Kreisbahn, spricht man von einer **gleichförmigen Kreisbewegung**. Da das Pferd bei jedem Umlauf mit der konstanten Bahngeschwindigkeit den Kreisumfang als Strecke zurücklegt, benötigt es dafür jeweils dieselbe Zeitspanne. Diese Zeitspanne wird als **Umlaufdauer** T bezeichnet. Der Kehrwert der Umlaufdauer $\frac{1}{T}$ heißt **Umlauffrequenz** f. Geschwindigkeiten mit konstantem Betrag kann man allgemein berechnen, indem man den zurückgelegten Weg durch die dafür benötigte Zeitspanne dividiert. Entsprechend kann die Bahngeschwindigkeit ermittelt werden, indem man den Kreisumfang durch die Umlaufdauer teilt:

$$v_B = \frac{\Delta s}{\Delta t} = \frac{2\pi \cdot r}{T}.$$

> ❗ **Merksatz**
>
> Bei einer gleichförmigen Kreisbewegung bewegt sich ein Körper mit der konstanten Bahngeschwindigkeit v_B auf einem Kreis mit Radius r.
> Die Umlaufdauer T bzw. die Umlauffrequenz $f = \frac{1}{T}$ sind für diese Bewegung daher ebenfalls konstant. Für die Bahngeschwindigkeit gilt:
>
> $$v_B = \frac{\Delta s}{\Delta t} = \frac{2\pi \cdot r}{T}.$$

> ✱ **Beispielaufgabe: Pferd an der Longe**
>
> Ein Pferd wird an einer 4,3 m langen Longe geführt. Für zehn Umläufe benötigt es im leichten Trab 1 Minute und 24 Sekunden. Berechnen Sie die Bahngeschwindigkeit des Pferdes sowie die Umlauffrequenz dieser Kreisbewegung.
>
> **Lösung:**
> Für einen Umlauf benötigt das Pferd:
>
> $$\Delta t = T = \frac{60\,\text{s} + 24\,\text{s}}{10} = 8{,}4\,\text{s}.$$
>
> Dabei legt es den Kreisumfang als Weg zurück.
>
> $$\Delta s = U = 2\pi \cdot r \approx 27{,}0\,\text{m}.$$
>
> Daher folgt für die Bahngeschwindigkeit:
>
> $$v_B = \frac{\Delta s}{\Delta t} = \frac{27{,}0\,\text{m}}{8{,}4\,\text{s}} \approx 3{,}2\,\frac{\text{m}}{\text{s}}.$$
>
> Die Umlauffrequenz ergibt sich zu:
>
> $$f = \frac{1}{T} = \frac{1}{8{,}4\,\text{s}} \approx 0{,}1\,\text{s}^{-1}.$$

Winkelgeschwindigkeit. Auf Pferdekarussellen werden die Pferde nicht durch eine Longe auf eine Kreisbahn gezwungen, sondern durch eine Drehscheibe, auf der sie festgeschraubt sind. Wenn auf einem Pferdekarussell zwei oder mehr Pferde nebeneinander platziert sind (Bild **B2**), muss sich das weiter außen „laufende" Pferd mit einer größerer Bahngeschwindigkeit bewegen als das innere, da sein Bahnkreis einen größeren Umfang hat. Beide Pferde haben natürlich dieselbe Umlaufdauer – nach einer kompletten Umdrehung des Karussells sind sie wieder am Ausgangspunkt.

Für alle Körper, die an einer gemeinsamen Kreisbewegung teilnehmen, soll ein Bewegungsmaß definiert werden, das unabhängig vom Bahnradius des Körpers ist. Bild **B3** verdeutlicht die Situation noch einmal genauer.

Man sieht, dass die nach einer Zeitspanne Δt zurückgelegten Strecken Δs_1 bzw. Δs_2 für zwei Körper mit unterschiedlichen Radien r_1 bzw. r_2 unterschiedlich groß sind, der **Drehwinkel** $\Delta\varphi$ dagegen aber gleich groß ist. Dies legt die Definition einer **Winkelgeschwindigkeit** ω nahe, die den in der Zeitspanne Δt vom Radius des Körpers überstrichenen Winkel angibt:

$$\omega = \frac{\Delta\varphi}{\Delta t}.$$

Das Ihnen vertraute Winkelmaß beschreibt einen Vollwinkel mit 360°. Ein anderes Winkelmaß ist das **Bogenmaß**. Hier entspricht der Vollwinkel der Maßzahl 2π. Der Vollwinkel wird nach der Umlaufdauer T überstrichen. Daher gilt für die Winkelgeschwindigkeit auch:

$$\omega = \frac{2\pi}{T} = 2\pi \cdot f.$$

Da für die Bahngeschwindigkeit $v_B = \frac{2\pi \cdot r}{T}$ gilt, ergibt sich folgender Zusammenhang zur Winkelgeschwindigkeit:

$$\omega = \frac{2\pi}{T} = \frac{v_B}{r}.$$

Die Winkelgeschwindigkeit ist betragsmäßig also proportional zur Bahngeschwindigkeit und antiproportional zum Bahnradius.

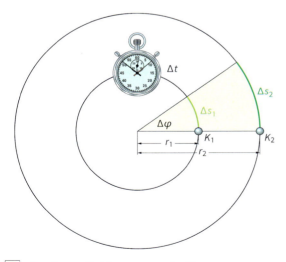

B3 *Gemeinsame Kreisbewegung zweier Körper*

✶ Beispielaufgabe: Karussellpferde

Die Karussellpferde in Bild **B2** benötigen für einen Umlauf 7,3 s. Das innere Pferd befindet sich 3,2 m von der Drehachse entfernt, das äußere 4,1 m. Berechnen Sie die Bahngeschwindigkeiten der Pferde sowie ihre Umlauffrequenz und Winkelgeschwindigkeit.

Lösung:
Für die Bahngeschwindigkeit der Pferde gilt:

$$v_{B,i} = \frac{U_i}{T} \approx 2\pi \cdot 3{,}2 \text{ m}/7{,}3 \text{ s} \approx 2{,}8 \frac{\text{m}}{\text{s}}$$

$$v_{B,a} = \frac{U_a}{T} \approx \frac{2\pi \cdot 4{,}1 \text{ m}}{7{,}3 \text{ s}} \approx 3{,}5 \frac{\text{m}}{\text{s}}.$$

Die Umlauffrequenz ergibt sich zu:

$$f = \frac{1}{T} = \frac{1}{7{,}3 \text{ s}} \approx 0{,}1 \text{ s}.$$

Für die Winkelgeschwindigkeit erhält man:

$$\omega = \frac{2\pi}{T} \approx 0{,}9 \text{ s}.$$

Arbeitsaufträge

1 ➡ Ein Körper bewegt sich auf einer Kreisbahn mit dem Radius 0,8 m mit einer Bahngeschwindigkeit von 11,5 $\frac{\text{m}}{\text{s}}$. Berechnen Sie die Winkelgeschwindigkeit, Umlaufdauer und Umlauffrequenz des Körpers.

2 ➡ Eine Laborzentrifuge mit einem Radius von 7 cm erreicht eine Umlauffrequenz von 230 s^{-1}. Ermitteln Sie die Umlaufdauer, Winkel- und Bahngeschwindigkeit einer Probe in dieser Zentrifuge.

3 ➤ Berechnen Sie die Bahn- und Winkelgeschwindigkeit der Erde bei ihrer Bewegung um die Sonne. Die Erdbahn wird dabei als Kreis mit dem Radius 149,6 · 10^9 m angenommen, die Umlaufzeit beträgt 365,25 Tage.

4 ➤ Ein Elektron wird in einem Zyklotron längs einer Kreisbahn (r = 20 m) beschleunigt. Wenn die Bahngeschwindigkeit des Elektrons etwa 10 % der Lichtgeschwindigkeit erreicht, müssen bei Berechnungen die Gesetze der Relativitätstheorie berücksichtigt werden.
Berechnen Sie, ab welcher Umlauffrequenz dies der Fall ist.

3.2 Die Zentripetalkraft

Kreisbewegungen erfordern eine Kraft. Das erste newtonsche Gesetz besagt, dass Körper, auf die keine Kräfte wirken, sich mit konstantem Geschwindigkeitsbetrag geradlinig fortbewegen. Wird auf einen Körper dagegen eine Kraft ausgeübt, so besteht eine mögliche Wirkung dieser Kraft in einer Änderung des Bewegungszustandes des Körpers.

Weil sich bei einem Körper auf einer Kreisbahn ständig die Geschwindigkeitsrichtung ändert, folgt daraus, dass ständig eine Kraft auf ihn wirkt. Man nennt sie **Zentripetalkraft**. Da die Richtungsänderung des Geschwindigkeitsvektors stets in demselben Maße und immer in Richtung des Kreismittelpunkts erfolgt, muss diese Kraft entsprechend stets den gleichen Betrag haben und in Richtung des Kreismittelpunkts zeigen.

> **! Merksatz**
> Auf einen Körper, der sich gleichförmig auf einer Kreisbahn bewegt, wirkt eine Kraft von konstantem Betrag. Diese Kraft ist stets zum Mittelpunkt des Kreises hin gerichtet. Sie wird Zentripetalkraft genannt.

V1 Zentripetalkraft

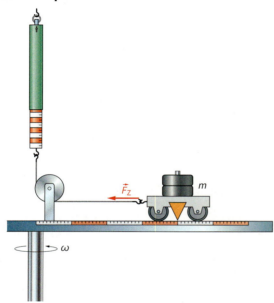

Ein Wagen befindet sich freibeweglich auf einer Schiene, die horizontal um eine Drehachse rotieren kann. Die Drehzahl der Schiene kann mit Hilfe eines Motors eingestellt werden. Der Wagen ist durch ein Seil über eine Umlenkrolle mit einem Federkraftmesser verbunden. Durch Ziehen an dem Federkraftmesser kann die Kraft, die auf den Wagen wirkt, verändert werden. Mit Hilfe dieses Versuchsaufbaus können einzelne Größen gezielt variiert und die anderen konstant gehalten werden.

Um den Einfluss der einzelnen Größen nacheinander untersuchen zu können, führen wir drei Messreihen durch:

1. Variation der Masse: Der Wagen allein hat eine Masse von 70 g. Durch Auflegen verschiedener Massestücke von je 40 g verändern wir die Gesamtmasse m des Wagens. Konstant gehalten werden: $r = 30$ cm und $\omega = 3\ \text{s}^{-1}$.

Messergebnisse:

m in kg	0,07	0,11	0,15	0,19	0,23
F in N	0,18	0,29	0,43	0,49	0,62

2. Variation des Radius: Im zweiten Versuchsteil verändern wir den Bahnradius durch Ziehen am Kraftmesser. Konstant gehalten werden: $m = 0{,}15$ kg und $\omega = 3\ \text{s}^{-1}$.

Messergebnisse:

r in m	0,20	0,25	0,30	0,35	0,40
F in N	0,25	0,35	0,39	0,47	0,56

3. Variation der Winkelgeschwindigkeit: Im dritten Versuchsteil verändern wir durch Regelung des Motors die Winkelgeschwindigkeit ω. Konstant gehalten werden: $r = 0{,}3$ m und $m = 0{,}15$ kg.

Messergebnisse:

ω in s^{-1}	1,5	2,0	2,5	3,0	3,5
F in N	0,11	0,17	0,27	0,39	0,57

Die Auswertung des Versuches **V1** ergibt Folgendes:

Variation der Masse. Die grafische Darstellung der Messwerte in einem $F(m)$-Diagramm (Bild **B1**) legt einen linearen Zusammenhang zwischen der Masse des rotierenden Körpers und der erforderlichen Zentripetalkraft nahe. Daher wird eine lineare Regression zwischen diesen beiden Größen durchgeführt. Die Regressionsgleichung lautet:

$y = 2{,}70 \cdot x - 0{,}003.$

Geht die Masse des Körpers gegen null, wird dies auch für die erforderliche Kraft gelten. Daher gehen wir davon aus, dass es sich um einen proportionalen Zusammenhang handelt und schreiben als physikalische Größengleichung:

$F(m) = 2{,}70 \, \frac{\text{N}}{\text{kg}} \cdot m.$

Variation des Radius. Die grafische Darstellung der Messwerte in einem $F(r)$-Diagramm (Bild **B2**) legt auch in diesem Fall einen linearen Zusammenhang nahe. Daher gehen wir analog vor: Als Regressionsgleichung ergibt sich:

$y = 1{,}48 \cdot x - 0{,}04.$

Daraus folgt für die physikalische Größengleichung:

$F(r) = 1{,}48 \, \frac{\text{N}}{\text{m}} \cdot r.$

Variation der Winkelgeschwindigkeit. Die grafische Darstellung der Messwerte in einem $F(\omega)$-Diagramm (Bild **B3**) legt einen überproportionalen Zusammenhang zwischen der Winkelgeschwindigkeit und der erforderlichen Zentripetalkraft nahe. Wenn die Winkelgeschwindigkeit gegen null geht, wird dies auch für Zentripetalkraft gelten. Daher muss die Ausgleichskurve durch den Ursprung verlaufen.

Deshalb bestimmen wir die Regressionsgleichung mit dem Modell einer Potenzfunktion statt mit einer exponentiellen Funktion:

$y = 0{,}05 \cdot x^{1{,}94}.$

Der Exponent 1,94 legt einen quadratischen Zusammenhang nahe. Daher erhalten wir als physikalische Größengleichung:

$F(\omega) = 0{,}05 \, \frac{\text{N}}{\text{s}^2} \cdot \omega^2.$

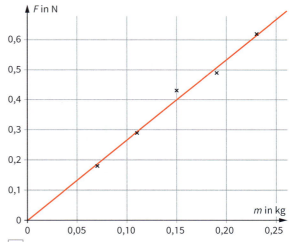

B1 *Grafische Darstellung des Zusammenhanges von F und m*

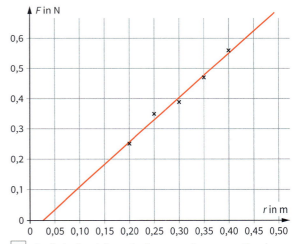

B2 *Grafische Darstellung des Zusammenhanges von F und r*

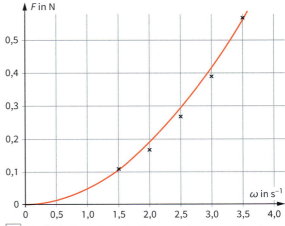

B3 *Grafische Darstellung des Zusammenhanges von F und ω*

Eine Gleichung für die Zentripetalkraft. Die Messtabellen zeigen, dass der Betrag der Zentripetalkraft linear von der Masse des rotierenden Körpers und dem Radius der Kreisbahn abhängt sowie quadratisch von der Winkelgeschwindigkeit, mit der der Körper den Kreis umläuft.

Betrachten wir darüber hinaus die Proportionalitätskonstanten in den drei physikalischen Größengleichungen, so stellen wir fest, dass sie jeweils recht genau den Produkten $r \cdot \omega^2$, $m \cdot \omega^2$ und $m \cdot r$ entsprechen. Daher nehmen wir für die Zentripetalkraft insgesamt folgenden Zusammenhang an:

$$F_Z = m \cdot r \cdot \omega^2 = m \cdot r \cdot \frac{v_B^2}{r^2} = m \cdot \frac{v_B^2}{r}.$$

> **! Merksatz**
>
> Der Betrag der Zentripetalkraft ist proportional (a) zur Masse des rotierenden Körpers, (b) zum Radius der Kreisbahn und (c) zum Quadrat der Winkelgeschwindigkeit, mit der sich der Körper längs der Kreisbahn bewegt.
>
> (a) $F_Z \sim m$, (b) $F_Z \sim r$, (c) $F_Z \sim \omega^2$
>
> Es gilt die folgende Gleichung:
> $$F_Z = m \cdot r \cdot \omega^2 = m \cdot r \cdot \frac{v_B^2}{r^2} = m \cdot \frac{v_B^2}{r}.$$

Zentripetalbeschleunigung. Das zweite newtonsche Gesetz besagt, dass ein Körper, auf den eine Kraft wirkt, beschleunigt wird. Im Falle der Kreisbewegung eines Körpers scheint sich hierbei ein Widerspruch zu ergeben, weil auf den Körper zwar eine Kraft wirkt, sich der Betrag seiner Bahngeschwindigkeit aber nicht ändert.

Verdeutlichen wir uns die Situation anhand von Bild **B1**: Ein Körper bewegt sich mit der Bahngeschwindigkeit v_B auf einer Kreisbahn mit Radius r. Würde auf ihn keine Kraft wirken, so würde er sich in der Zeitspanne Δt nach dem ersten newtonschen Gesetz geradlinig gleichförmig um die Strecke $\Delta s = v_B \cdot \Delta t$ von Position ① zu Position ② bewegen. Tatsächlich bewegt sich der Körper aber längs des Kreises zu Position ③. Bei Betrachtung einer kurzen Zeitspanne Δt erfolgt die Beschleunigung also nicht längs der momentanen Bewegungsrichtung, sondern senkrecht dazu in Richtung des Kreismittelpunktes. Dies steht in Übereinstimmung mit dem zweiten newtonschen Gesetz, da die Beschleunigung in Richtung der wirkenden Kraft erfolgt. Es ändert sich bei einer Kreisbewegung also nicht der Betrag der Bahngeschwindigkeit, sondern deren Richtung (Tabelle **T1**).

Mithilfe des Satzes von Pythagoras können wir Bild **B1** folgende Gleichung entnehmen:

$$r^2 + v_B^2 \cdot \Delta t^2 = \left(r + \tfrac{1}{2} \cdot a_Z \cdot \Delta t^2\right)^2$$
$$= r^2 + r \cdot a_Z \cdot \Delta t^2 + \tfrac{1}{4} \cdot a_Z^2 \cdot (\Delta t^2)^2$$

oder

$$v_B^2 = r \cdot a_Z + \tfrac{1}{4} \cdot a_Z^2 \cdot \Delta t^2$$

Für sehr kleine Δt können wir den Term Δt^2 vernachlässigen. Das heißt, es gilt: $v_B^2 \approx r \cdot a_Z$.

Für die Zentripetalbeschleunigung ergibt sich in Übereinstimmung mit dem zweiten newtonschen Gesetz:

$$a_Z = \frac{v_B^2}{r} = \frac{F_Z}{m}.$$

Längs-bewegung	$\vec{F} \quad \vec{v}$ → →	$\vec{F} \parallel \vec{v}$	Der Betrag von $\vec{v}$ ändert sich.
Kreis-bewegung		$\vec{F} \perp \vec{v}$	Die Richtung von $\vec{v}$ ändert sich

T1 *Vergleich von Längsbewegung und Kreisbewegung*

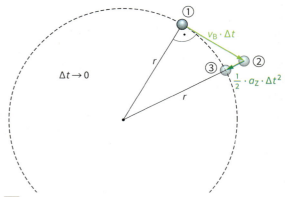

B1 *Beschleunigung bei der Kreisbewegung*

❗ Merksatz

Bei einer gleichförmigen Kreisbewegung wird der Körper ständig zum Kreismittelpunkt hin beschleunigt. Diese Beschleunigung wird Zentripetalbeschleunigung genannt. Es gilt in Übereinstimmung mit dem zweiten newtonschen Gesetz:

$$a_Z = \frac{v_B^2}{r} = \frac{F_Z}{m}.$$

✳ Beispielaufgabe: Kreisbewegung

Ein Körper ($m = 0{,}3$ kg) bewegt sich auf einer Kreisbahn ($r = 1{,}7$ m). Für 10 Umläufe benötigt er 6 s. Ermitteln Sie die erforderliche Zentripetalkraft und die Zentripetalbeschleunigung.

Lösung:
Für die Umlaufdauer ergibt sich:

$$T = \frac{6}{10}\text{ s}.$$

Damit folgt für die Winkelgeschwindigkeit.

$$\omega = \frac{2\pi}{T} = 10{,}47\ \frac{1}{\text{s}}.$$

Damit ergeben sich:

$$F_Z = m \cdot r \cdot \omega^2 \approx 56\text{ N} \quad \text{sowie} \quad a_Z = \frac{F_Z}{m} \approx 187\ \frac{\text{m}}{\text{s}^2}.$$

Arbeitsaufträge

1 ➡ Eine Wäscheschleuder von 56 cm Durchmesser dreht sich 30-mal pro Sekunde. Berechnen Sie den Betrag der Zentripetalbeschleunigung an der Trommelwand sowie den Betrag der Kraft, mit der dort ein Wasserteilchen ($m = 1$ g) vom Stoffgewebe festgehalten werden müsste, um nicht fortzufliegen.

2 ➡ Unsere Sonne rotiert in einer Entfernung von etwa 26 000 Lichtjahren mit einer Bahngeschwindigkeit von etwa 217,7 $\frac{\text{km}}{\text{s}}$ um das Zentrum unserer Galaxie. Ermitteln Sie die dafür erforderliche Zentripetalkraft sowie die Umlaufdauer der Sonne.

3 ✏ Formulieren Sie die Wirkung einer Zentripetalkraft mit dem Begriff der Zusatzgeschwindigkeit.

4 ✏ Begründen Sie, ob die gleichförmige Kreisbewegung eine Bewegung mit konstanter Geschwindigkeit oder eine mit konstanter Beschleunigung ist.

📰 Exkurs: Die Zentripetalkraft in unterschiedlichem Gewand

Die Zentripetalkraft ist eine allgemeine Darstellung für die Ursache von Kreisbewegungen. Die Natur der Kraft, die für die jeweilige Kreisbewegung verantwortlich ist, kann dabei völlig unterschiedlich sein:

Gravitationskraft als Zentripetalkraft

Haftreibungskraft als Zentripetalkraft

Seilkraft als Zentripetalkraft

Lorentzkraft als Zentripetalkraft

3.3 Kreisbewegungen und Straßenverkehr

B1 Kräfte bei der Kurvenfahrt eines Autos

B2 Kräfte bei der Kurvenfahrt eines Motorrads

Haftreibungskraft. Weil Kurvenfahrten im Straßenverkehr zum Alltag gehören, spielt die Physik der Kreisbewegung hier eine besonders wichtige Rolle. Immer wieder kommt es gerade in Kurven zu besonders schwerwiegenden Unfällen, weil Menschen im Straßenverkehr die Geschwindigkeit ihrer Fahrzeuge falsch bemessen. Daher soll im Folgenden erläutert werden, worauf es bei einer sicheren Fahrt durch eine Kurve ankommt.

Viele glauben, dass sie jeden Kurvenradius beliebig durch einen entsprechenden Einschlag am Lenkrad herbeiführen können. Richtig ist, dass die durch den Einschlag am Lenkrad schräg gestellten Räder das Fahrzeug auf eine Kreisbahn zwingen. Die für die Kreisbewegung erforderliche Zentripetalkraft $\vec{F}_Z$ wird in diesem Fall durch die Haftreibungskraft $\vec{F}_{HR}$ zwischen den Reifen auf dem Straßenbelag gewährleistet (Bild **B1**). Sie wirkt als Zentripetalkraft für den gewünschten Radius und die gefahrene Geschwindigkeit. Dies funktioniert jedoch nur bis zu einer bestimmten Grenze. Jenseits dieser Grenze gerät das Auto ins Rutschen. Der maximale Betrag der Haftreibungskraft $F_{HR,max}$ ist proportional zur Normalkraft F_N:

$$F_{HR,max} = \mu_{HR} \cdot F_N.$$

Die Proportionalitätskonstante μ_{HR} wird **Haftreibungskoeffizient** genannt. μ_{HR} ist eine dimensionslose Größe. Tabelle **T1** zeigt typische Werte für μ_{HR}.

Materialien	μ_{HR}
Stein auf Holz	0,9
Reifen auf Asphalt (nach Bedingung)	0,3–0,7
Reifen auf Eis	0,05

T1 Typische Haftreibungskoeffizienten

Die Normalkraft entspricht hier der Gravitationskraft $F_G = m \cdot g$. Daher folgt als Bedingung für eine sichere Kurvenfahrt, bei der die erforderliche Zentripetalkraft nicht größer ist als die Haftreibungskraft:

$$m \cdot \frac{v_B^2}{r} \leq \mu_{HR} \cdot m \cdot g \quad \text{oder} \quad v_B \leq \sqrt{\mu_{HR} \cdot g \cdot r}.$$

> **! Merksatz**
>
> Beim Durchfahren einer Kurve mit einem Auto muss die erforderliche Zentripetalkraft durch die Haftreibungskraft zwischen Reifen und Straßenbelag aufgebracht werden. Für ein sicheres Durchfahren der Kurve muss die Bahngeschwindigkeit deshalb folgende Bedingung erfüllen:
>
> $$v_B \leq \sqrt{\mu_{HR} \cdot g \cdot r}.$$
>
> μ_{HR} nennt man den Haftreibungskoeffizienten.

Beim Motorradfahren ist die Sache etwas komplizierter: Das Auto hat ein inneres und ein äußeres Reifenpaar und kann den Druck während der Kurvenfahrt auf das äußere Paar verlagern. Dies geht beim Motorrad nicht. Damit das Motorrad nicht umfällt, muss die Kraft $\vec{F}_S$, die von der Straße auf das Motorrad ausgeübt wird, durch dessen Schwerpunkt S verlaufen (Bild **B2**). Neigt sich das Motorrad zur Innenseite der Kurve hin, ist diese Voraussetzung erfüllt. Durch die Neigung lässt sich die Kraft $\vec{F}_S$ vektoriell in eine zur Straße vertikale Komponente $\vec{F}_\perp$ und eine horizontale Komponente $\vec{F}_\parallel$ aufteilen. Die horizontale Komponente entspricht der Haftreibungskraft $\vec{F}_{HR}$ zwischen den Motorradreifen und dem Straßenbelag. Sie liefert die erforderliche Zentripetalkraft für die Kurvenfahrt.

Kurven schneiden. Manche Leute versuchen leichtsinnigerweise, die Bahngeschwindigkeit beim Durchfahren einer Kurve durch „Schneiden" der Gegenspur zu erhöhen. Diese Praxis funktioniert in physikalischem Sinne zwar, ist aber gemäß der Straßenverkehrsordnung aus gutem Grund streng verboten. Der folgende Unfallhergang verdeutlicht, warum diese Praxis lebensgefährlich ist (Bild **B3**): Autofahrer A möchte eine Kurve mit Radius r_S durchfahren. Die höchstmögliche Bahngeschwindigkeit beträgt dabei:

$$v_{B,S} \leq \sqrt{\mu_{HR} \cdot g \cdot r_S}.$$

Durch „Schneiden" der Gegenspur kann der Autofahrer den Bahnradius von r_S auf r_1 erhöhen. (von Bahnpunkt ① bis ②). Dadurch vergrößert sich der obige Wurzelterm und damit auch die höchstmögliche Geschwindigkeit Der Autofahrer muss aber illegalerweise die durchgezogene Mittelspur überqueren. Bei ② bemerkt er das entgegenkommende Fahrzeug B. Reaktionsartig reißt er das Steuerrad in die entgegengesetzte Richtung. Dabei bringt er sein Auto aber unbewusst auf eine Kreisbahn mit dem sehr viel kleineren Radius r_2. Diese Kreisbahn ist höchstens mit der kleinen Geschwindigkeit

$$v_{B,2} \leq \sqrt{\mu_{HR} \cdot g \cdot r_2}.$$

sicher zu befahren. Da seine Geschwindigkeit diese Grenzgeschwindigkeit aber deutlich überschreitet, schleudert das Auto bei ③ von der Fahrbahn. Dies zeigt, warum insbesondere in engen Kurven eine durchgezogene Mittellinie den Spurwechsel verbietet.

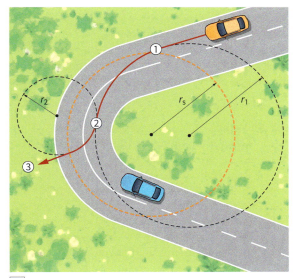

B3 *Unfallhergang*

* Beispielaufgabe: Nasse Fahrbahn

Bestimmen Sie die maximale Bahngeschwindigkeit, die ein Auto bei nasser Fahrbahn ($\mu_{HR} = 0{,}3$) eine Kurve (Durchmesser 20 m) durchfahren darf.

Lösung:

$$\Delta t \leq \sqrt{\mu_{HR} \cdot g \cdot r} = \sqrt{0{,}3 \cdot 9{,}81\,\tfrac{m}{s^2} \cdot 10\,m} \approx 5{,}4\,\tfrac{m}{s}.$$

Arbeitsaufträge

1 → Wenn es nach längerer Trockenheit zum ersten Mal wieder regnet, sind die Straßen sehr rutschig ($\mu_{HR} \approx 0{,}3$). Berechnen Sie die maximale Bahngeschwindigkeit, mit der man unter diesen Bedingungen eine Kurve von 15 m Radius durchfahren kann.

2 Eine Autofahrerin fährt mit einer Geschwindigkeit von 6,5 $\tfrac{m}{s}$ in eine Kurve von 17 m Durchmesser ($\mu_{HR} = 0{,}56$). Begründen Sie, ob dies eine angemessene Geschwindigkeit ist. Ermitteln Sie den minimalen Radius einer Kreisbahn, der mit dieser Geschwindigkeit unter den gegebenen Bedingungen noch sicher durchfahren werden kann.

3

Auf einer asphaltierten Serpentinenstraße folgt auf eine Rechtskurve von 12,5 m Durchmesser eine Linkskurve von 7 m Durchmesser. Berechnen Sie mithilfe von Tabelle **T1**, mit welcher Geschwindigkeit die beiden Kurven unter besten Bedingungen (nicht vereiste oder verschmierte, trockene Fahrbahn) noch sicher zu durchfahren sind.

4 Eine lang gestreckte Kurve von 142 m Radius verläuft im ersten Teil noch innerhalb eines Tunnels. Bei Regenwetter oder Vereisung der freiliegenden Fahrbahn ändern sich bei der Ausfahrt aus dem Tunnel schlagartig die Fahrbahnbedingungen. Begründen Sie mit Hilfe von Tabelle **T1**, welche Höchstgeschwindigkeiten bei den beiden Fahrbahnbedingungen gelten sollten.

3.4 Kreisbewegungen und Bezugssysteme

B1 „Zentrifugalkraft" in einem Karussell

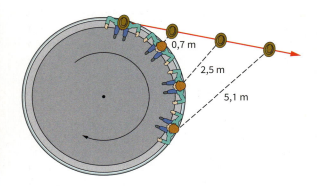

B2 Der fliegende Hut aus verschiedenen Perspektiven

Rätselhafte „Zentrifugalkräfte". In den vorangegangenen Ausführungen haben wir festgestellt, dass auf einen Körper, der eine gleichmäßige Kreisbewegung vollführt, nur eine einzige Kraft wirkt, die auf das Zentrum des Kreises hin gerichtet ist. Dies mag im Widerspruch zu den Erfahrungen stehen, die Sie beispielsweise beim Durchfahren einer engen Kurve im Auto oder in einem Karussell gemacht haben: Wurden Sie doch deutlich spürbar gegen die äußere Wand des Fahrzeugs gedrückt (Bild **B1**). Diese gefühlte Kraft nennt man umgangssprachlich „Fliehkraft" oder „Zentrifugalkraft". Machen Sie sich aber klar, dass Sie in dieser Situation Beobachter innerhalb eines beschleunigten Systems waren. Die newtonschen Gesetze sind aber nur für Beobachter in unbeschleunigten Systemen formuliert. Ein unbeschleunigter Betrachter, der ihre Kurvenfahrt von außen verfolgt, würde beobachten, dass das Auto Sie zwingt, von Ihrer eigentlichen, geradlinigen Bewegung abzuweichen. Aus diesem Bezugssystem betrachtet wirkt das Auto also mit einer Kraft zur Kurvenkreismitte auf Sie ein und beschleunigt Sie im Sinne des zweiten newtonschen Gesetzes in diese Richtung.

Verschiedene Bezugssysteme. Ein anderes Beispiel zeigt die unterschiedlichen Sichtweisen von Beobachtern in beschleunigten und unbeschleunigten Systemen deutlicher: Einem Fahrgast in einem rotierenden Karussell fliegt der Hut vom Kopf (Bild **B2**). Für den Fahrgast, der sich in dem beschleunigten System des Karussells befindet, erscheint die Bewegung seines Hutes beschleunigt, legt dieser doch in der ersten Zeiteinheit 0,7 m zurück, in der zweiten (2,5 − 0,7) m = 1,8 m und in der dritten (5,1 − 2,5) m = 2,6 m. Da der Hut in horizontaler Richtung keiner Kraftwirkung unterliegt, stünde diese Bewegung in Widerspruch zum ersten newtonschen Gesetz. Für einen außen stehenden, unbeschleunigten Beobachter dagegen ist alles stimmig: Zunächst beobachtet er, wie der Hut, der noch fest mit dem Kopf des Fahrgastes und dem Karussell verbunden ist, ständig von in Richtung der Karussellachse beschleunigt wird. In dem Moment aber, in dem er sich von dieser Kraftwirkung befreien kann, bewegt sich der Hut in Übereinstimmung mit dem ersten newtonschen Gesetz geradlinig gleichförmig vom Karussell fort.

Das subjektive Gefühl, bei einer Kurvenfahrt nach außen gedrückt zu werden, kann auch mit dem dritten newtonschen Gesetz gut erklärt werden. Es ist das Auto, das mit seiner Außenwand eine Kraft auf Sie in Richtung des Fahrkreismittelpunktes ausübt und Sie so auf die Kreisbahn zwingt. Gemäß dem ersten newtonschen Gesetz würde Ihr Körper aber seiner natürlichen, geradlinigen Bewegung folgen. Daher wirkt Ihr Körper als Reaktion mit einer Kraft auf die Außenwand des Autos (drittes newtonsches Gesetz). Das Wechselspiel dieser Kräfte spüren Sie. Für die Kreisbewegung Ihres Körpers ist aber nur die Kraft verantwortlich, die auf Ihren Körper einwirkt. ▶

> **! Merksatz**
>
> Beobachter in kreisförmig beschleunigten Systemen spüren die Wechselwirkung der Zentripetalkraft und der Reaktion ihres Körpers darauf. Es erscheint ihnen wie eine „Zentrifugalkraft" nach außen.
>
> Die einzige Kraft, die aber für eine gleichförmige Kreisbewegung eines Körpers verantwortlich ist, ist die zum Mittelpunkt der Kreisbahn hin gerichtete Zentripetalkraft.

Exkurs: Waagerechter Wurf und Kreisbewegung

Der berühmte Physiker Sir Isaac Newton (Bild **B3**) stellt 1687 in seinem Buch *Philosophiae Naturalis Principia Mathematica* (kurz: „Principia") einen Zusammenhang zwischen dem waagerechten Wurf und der Kreisbewegung eines Körpers her.

Wir haben bereits erkannt, dass es sich beim waagerechten Wurf um die Überlagerung zweier Bewegungen handelt: In horizontaler Richtung bewegt sich der geworfene Körper geradlinig gleichförmig weiter, während er in vertikaler Richtung durch die wirkende Schwerkraft gleichmäßig beschleunigt wird. Die Krümmung der Erde haben wir dabei vernachlässigt. Dieser Fall entspricht etwa der Flugbahn V-D in Bild **B4**, das den „Principia" entstammt. Wirft man den Körper mit immer größerer horizontaler Geschwindigkeit ab, so wird er immer weiter fortfliegen. Dabei würden sich die Flugbahnen V-E bis V-G ergeben.

Steigert man die Abwurfgeschwindigkeit noch weiter, wird der Körper bei Vernachlässigung der Luftreibung schließlich den gesamten Umfang der Erde umfliegen und wieder zur Abwurfstelle zurückkehren. Dies entspricht einer gleichmäßigen Kreisbewegung um die Erde. Newtons großartige Erkenntnis war es also, dass die Bewegung des Mondes um die Erde und der waagerechte Wurf eines Körpers im Prinzip denselben Gesetzen unterliegen.

Wirft man den Körper mit noch größerer Geschwindigkeit horizontal ab, kommt es zu einer elliptischen Bahn um die Erde (Bild **B5**). Elliptische Bahnen haben statt eines Mittelpunktes zwei Brennpunkte (F_1, F_2). In einem dieser Brennpunkte befindet sich dabei das Zentrum der Erde.

Bei weiterer Vergrößerung der Abwurfgeschwindigkeit entfernen sich die Brennpunkte immer weiter voneinander. Die Ellipse wird also immer langgestreckter. Im Grenzfall, wenn der Brennpunkt F_2 in unendlich weite Ferne gerückt ist, wird aus der Ellipse eine Parabel.

Geht man auch noch über diese Abwurfgeschwindigkeit hinaus, folgt als Bahnkurve schließlich die Hyperbel. Ein Körper auf dieser Bahnkurve würde niemals zur Erde zurückkehren.

B3 *Sir Isaac Newton (1643 – 1727)*

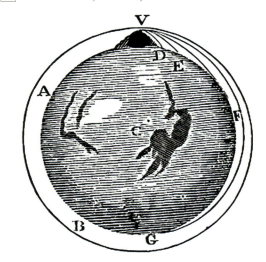

B4 *Darstellung von Würfen in Newtons „Principia"*

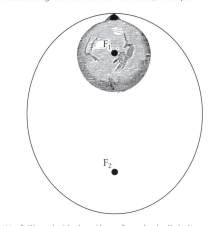

B5 *Wurfellipse bei hoher Abwurfgeschwindigkeit*

3.5 Zusammenwirken von Kräften ▶

B1 Kräftevielfalt im Kettenkarussell

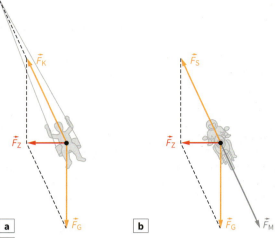

a **b** Kräftezerlegung: a) im Kettenkarussell, b) beim Motorrad

Zusammenspiel der Kräfte. In vielen Fällen wirken auf den kreisförmig bewegten Körper mehrere Kräfte. Es ist sinnvoll, sich zunächst im Rahmen einer grafischen Darstellung einen Überblick über diese Kräfte zu verschaffen und dann zu analysieren, auf welche Weise sich in deren Zusammenspiel die Zentripetalkraft ergibt. Sie ist die einzige Kraft, die für die Kreisbewegung verantwortlich ist. Die einzelnen Kräfte müssen hier natürlich als gerichtete Größen verstanden werden.

Kettenkarussell. Anhand der Kreisbewegung in einem Kettenkarussell (Bild **B1**) soll das Vorgehen hier verdeutlicht werden. Zunächst wirkt auf den Karussellfahrer die Schwerkraft $\vec{F}_G$. Wäre sie aber die einzige wirkende Kraft, würde der Karussellfahrer gemäß dem zweiten newtonschen Gesetz in Richtung Erde beschleunigt werden, also nach „unten" fallen.

Aufgrund seiner Schwerkraft übt der Karussellfahrer über seinen Sitz eine Kraft auf die Halteketten aus. Als Reaktion ergibt sich durch die Ketten gemäß dem dritten newtonschen Gesetz eine entgegengesetzte Kraftwirkung auf den Karussellfahrer in Richtung der Kettenaufhängung (Kettenkraft $\vec{F}_K$). Im laufenden Karussellbetrieb sind Schwerkraft und Kettenkraft aber nicht entgegengesetzt zueinander, sondern bilden einen von der Winkelgeschwindigkeit des Karussells abhängigen Winkel (Bild **B2a**). Trägt man Schwerkraft und Kettenkraft grafisch im Rahmen eines Kräfteparallelogramms auf, ergibt sich als resultierende Kraft die Zentripetalkraft $\vec{F}_Z$. Sie zeigt stets zum Mittelpunkt des Bahnkreises, auf dem sich der Karussellfahrer bewegt.

Als weiteres Beispiel für eine solche Kräftezerlegung haben wir an früherer Stelle in diesem Kapitel bereits die Kurvenfahrt eines Motorrades kennengelernt (Bild **B2b**): Auch auf die Motorradfahrerin wirkt zunächst einmal die Schwerkraft $\vec{F}_G$. Da die Motorradfahrerin aber insgesamt mit der Kraft $\vec{F}_M$ auf die Straße einwirkt, reagiert die Straße, dem dritten newtonschen Gesetz folgend, mit einer betragsmäßig gleichen, jedoch entgegengesetzten Kraft $\vec{F}_S$ auf die Motorradfahrerin.

Diese beiden Kräfte werden nun im Rahmen eines Kräfteparallelogramms aufgetragen. Wie schon im vorherigen Beispiel des Kettenkarussells bilden die beiden Kraftvektoren $\vec{F}_G$ und $\vec{F}_S$ auch hier einen Winkel und spannen auf diese Weise das Parallelogramm auf. Die resultierende Kraft entspricht der Zentripetalkraft $\vec{F}_Z$. Sie ist horizontal zum Mittelpunkt des Kreises gerichtet, auf dem das Motorrad gerade fährt.

> **! Merksatz**
>
> In vielen Fällen kreisförmiger Bewegungen wirken auf den bewegten Körper mehrere Kräfte. Für die gleichmäßige Kreisbewegung verantwortlich ist aber nur die Zentripetalkraft. Manchmal ist es schwierig, sie im Zusammenhang mit den anderen Kräften zu identifizieren. Folgendes Vorgehen ist hier hilfreich:
> 1. Tragen Sie alle auf den Körper wirkenden Kräfte im Rahmen eines Kräfteparallelogramms auf.
> 2. Identifizieren Sie die Zentripetalkraft als resultierende Kraft im Kräfteparallelogramm.

Beispielaufgabe: Kettenkarussell

Ein Kettenkarussell dreht sich mit einer Winkelgeschwindigkeit von 1,4 s⁻¹. Die Kettenlänge beträgt $l = 6$ m. Bestimmen Sie den Winkel, um den ein Fahrgast aus der Senkrechten ausgelenkt wird. Begründen Sie, warum dieser Wert unabhängig von der Masse des Fahrgastes ist.

Lösung:
Zunächst wird ein Parallelogramm der wirkenden Kräfte erstellt. Dieses Parallelogramm wird eingebettet in eine Skizze des Kettenkarussells. Auf den Fahrgast wirkt neben der Schwerkraft $\vec{F}_G$ noch die Kettenkraft $\vec{F}_K$. Die Zentripetalkraft $\vec{F}_Z$ ergibt sich als Resultierende in diesem Kräfteparallelogramm. Für den Auslenkwinkel gilt:

$$\tan(\alpha) = \frac{|\vec{F}_Z|}{|\vec{F}_G|} = \frac{m \cdot r \cdot \omega^2}{m \cdot g} = \frac{r \cdot \omega^2}{g}.$$

Hier ist noch der Bahnradius unbekannt. Die Unabhängigkeit des Winkels von der Masse des Fahrgastes ist dagegen bereits ersichtlich.
Zwischen dem Bahnradius r und der Kettenlänge l besteht folgender Zusammenhang:

$$\sin(\alpha) = \frac{r}{l}.$$

Eingesetzt in die obige Gleichung ergibt sich:

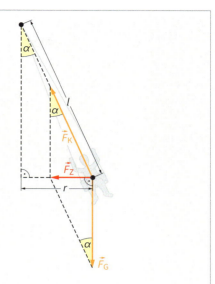

$$\tan(\alpha) = \frac{\sin(\alpha) \cdot l \cdot \omega^2}{g}.$$

Dividiert durch $\sin(\alpha)$ ergibt sich mit $\tan(\alpha) = \frac{\sin(\alpha)}{\cos(\alpha)}$:

$$\cos(\alpha) = \frac{g}{l \cdot \omega^2} = \frac{9{,}81 \text{ m s}^{-2}}{6 \text{ m} \cdot (1{,}4 \text{ s}^{-1})^2} \approx 0{,}83$$

und damit für den Auslenkwinkel: $\alpha \approx 33{,}5°$.

Arbeitsaufträge

1 Ein Fadenpendel der Länge 70 cm wird so angestoßen, dass sich der Pendelkörper auf einer Kreisbahn bewegt. Für zehn Umläufe benötigt er 16 s. Ermitteln Sie den Winkel, um den der Pendelkörper aus der Senkrechten ausgelenkt wird.

2 Ein Motorradfahrer möchte eine Kurve von 16 m Radius mit einer Geschwindigkeit von 10 $\frac{m}{s}$ durchfahren. Berechnen Sie den Winkel, um den sich der Motorradfahrer dabei neigen muss.

3 Mit Hilfe eines Fliehkraftreglers kann man die Drehzahl von Dampfmaschinen kontrollieren. Mit zunehmender Drehzahl vergrößert sich der Winkel φ.
a) Erklären Sie diesen Sachverhalt.
b) Die beiden Kugelstangen sind mit einer Schiebemanschette verbunden, die bei steigendem Winkel ein Dampfventil schließt, sodass die Drehzahl der Maschine gedrosselt wird. Berechnen Sie für eine Stangenlänge von $l = 23$ cm und für einen Winkel von $\varphi = 25°$ die Drehzahl des Reglers und die Bahngeschwindigkeit der Kugeln.

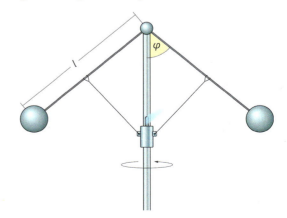

Zusammenfassung

1. Beschreibung von Kreisbewegungen

Bei einer gleichförmigen Kreisbewegung bewegt sich ein Körper mit der konstanten **Bahngeschwindigkeit** v_B auf einem Kreis mit Radius r.

Die **Umlaufdauer** T bzw. **Umlauffrequenz** $f = \frac{1}{T}$ sind für diese Bewegung ebenfalls konstant. Für die Bahngeschwindigkeit gilt:

$$v_B = \frac{\Delta s}{\Delta t} = \frac{2 \cdot \pi \cdot r}{T}$$

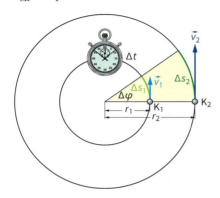

Zwei Körper, die an einer gemeinsamen Kreisbewegung teilnehmen (T konstant), sich aber unterschiedlich weit vom Mittelpunkt befinden, bewegen sich mit unterschiedlich großen Bahngeschwindigkeiten. Ihre **Winkelgeschwindigkeit** ω ist aber gleich groß:

$$\omega = \frac{2 \cdot \pi}{T} = 2 \cdot \pi \cdot f \quad \text{bzw.} \quad \omega = \frac{v_B}{r}$$

2. Kreisbewegungen erfordern eine Kraft

Bei der gleichförmigen Kreisbewegung eines Körpers wirkt eine Kraft von konstantem Betrag, die immer zum Mittelpunkt des Kreises hin gerichtet ist. Sie wird **Zentripetalkraft** genannt.

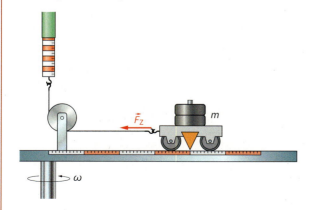

Der Betrag der Zentripetalkraft ist proportional zur Masse des rotierenden Körpers, zum Radius der Kreisbahn und zum Quadrat der Winkelgeschwindigkeit, mit der sich der Körper längs des Kreises bewegt. Es gilt:

$$F_Z = m \cdot r \cdot \omega^2 = m \cdot r \cdot \frac{v_B^2}{r^2} = m \cdot \frac{v_B^2}{r}$$

Nach dem zweiten newtonschen Gesetz erzeugt die Zentripetalkraft eine ebenfalls zum Kreismittelpunkt gerichtete **Zentripetalbeschleunigung** a_Z.

3. Kreisbewegung und Straßenverkehr

Beim Durchfahren einer Kurve mit einem Auto muss die erforderliche Zentripetalkraft durch die Haftreibungskraft zwischen Reifen und Straßenbelag aufgebracht werden. Für ein sicheres Durchfahren der Kurve muss für die Bahngeschwindigkeit gelten:

$$v_B \leq \sqrt{\mu_{HR} \cdot g \cdot r}$$

μ_{HR} nennt man den **Haftreibungskoeffizienten**. Der Haftreibungskoeffizient ist ein dimensionsloser Zahlenwert. Seine Größe hängt unter anderem davon ab, welche Stoffe aufeinander reiben.

4. Rätselhafte „Zentrifugalkräfte"

Beobachter in zentripetal beschleunigten Systemen spüren die Wechselwirkung der Zentripetalkraft und der Reaktion ihres Körpers darauf. Sie erscheint ihnen wie eine „Zentrifugalkraft" nach außen. Die einzige Kraft, die aber für eine gleichförmige Kreisbewegung eines Körpers verantwortlich ist, ist die zum Mittelpunkt der Kreisbahn hin gerichtete Zentripetalkraft.

5. Zusammenwirkung von Kräften

In vielen Beispielen von kreisförmigen Bewegungen wirken auf den bewegten Körper mehrere Kräfte. Um die Zentripetalkraft im Zusammenspiel dieser Kräfte identifizieren zu können, geht man wie folgt vor:
1. Tragen Sie alle auf den Körper wirkenden Kräfte in ein Kräfteparallelogramm ein.
2. Die resultierende Kraft ist die Zentripetalkraft.

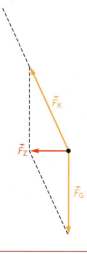

Aufgaben mit Lösungen

1 ➡ Ein Kind sitzt in einem kleinen Drehkarussell von 1,74 m Durchmesser. Für 10 Umläufe benötigt es 18,6 s. Ermitteln Sie die Umlauffrequenz des Karussells sowie die Bahn- und Winkelgeschwindigkeit, mit der sich das Kind bewegt.

2

➡ Die große Zentrifuge des Ames Research Centre der NASA hat einen Radius von 8,84 m. Sie kann mit einer Umlauffrequenz von maximal 50 min^{-1} betrieben werden. Ermitteln Sie die Bahn- und die Winkelgeschwindigkeit sowie die Umlaufdauer, mit der sich die Astronauten bei diesen Bedingungen bewegen. ▶

3 ➡ Ermitteln Sie bzgl. Aufgabe 2 die auf eine Astronautin (m = 65 kg) wirkende Kraft und die Beschleunigung. Vergleichen Sie die Beschleunigung mit der natürlichen Schwerebeschleunigung an der Erdoberfläche (g = 9,81 $\frac{m}{s^2}$).

4 ↗ Ein Probekörper der Masse 0,16 kg wird mit einem Stahlseil (Länge: 47 cm) immer schneller in einem horizontalen Kreis herumgeschleudert. Das Seil hält eine Belastung von 700 N aus. Ermitteln Sie, bei welcher Umlauffrequenz f das Seil reißt.

5 ⬆ Ein Mensch steht am Äquator der Erde.
a) Ermitteln Sie, mit welcher Umlauffrequenz sich die Erde drehen müsste, damit die auf den Menschen wirkende Gewichtskraft genau der für diese Bewegung erforderlichen Zentripetalkraft entspricht.
b) Ermitteln Sie die sich aus dieser Umlauffrequenz ergebende Tageslänge.
c) Beschreiben Sie, welche Auswirkungen diese Umlauffrequenz für den Menschen hätte.

6 ↗ Ein Stuntman (m = 80 kg) liegt auf der Motorhaube eines fahrenden Autos, das mit einer Geschwindigkeit von 30 $\frac{km}{h}$ eine Kurve (r = 12 m) durchfährt. Ermitteln Sie, mit welcher Kraft der Stuntman sich festhalten muss, um nicht tangential davonzufliegen.

7 ⬆ Ein Auto fährt auf der äußeren Spur eines Kreisverkehrs (r = 12 m) mit einer Geschwindigkeit von 30 $\frac{km}{h}$.
a) Ermitteln Sie den Betrag der Kraft, die erforderlich ist, um das Auto (m = 1,2 t) auf diese Bahn zu bringen.
b) Begründen Sie, dass es sich bei trockener Fahrbahn (μ_{HR} = 0,7) um eine angemessene Geschwindigkeit handelt.
c) Der Fahrer wechselt auf die innere Bahn des Kreisverkehrs (r = 9 m). Muss er seine Geschwindigkeit anpassen? Begründen Sie.

8 ↗ Eine Rallyefahrerin möchte eine Kurve von 16 m Radius mit einer Geschwindigkeit von 35 $\frac{km}{h}$ sicher durchfahren. Ermitteln Sie den dafür erforderlichen Haftreibungskoeffizienten zwischen Gummireifen und Asphaltstraße.

9 ↗ Die Masse eines Fahrzeugs spielt bei der Berechnung der maximalen Geschwindigkeit für das sichere Durchfahren einer Kurve keine Rolle. Begründen Sie.

10 ↗ Beschreiben Sie den Unterschied zwischen dem physikalischen Begriff der Zentripetalkraft und dem im Volksmund häufig verwendeten Begriff der „Zentrifugalkraft".

11 ↗ Sie möchten eine gleichförmige Kreisbewegung vollführen. Beschreiben Sie, wie Sie sich aber tatsächlich bewegen würden, falls neben der Zentripetalkraft auch noch eine betragsgleiche, aber der Zentripetalkraft entgegengesetzte „Zentrifugalkraft" auf Sie wirken würde.

12 ⬆ a) Ermitteln Sie, wie hoch eine kleine Kugel (m = 30 g) in einer vertikal rotierenden, halbkugelförmigen Schale (r = 15 cm) bei einer Umlauffrequenz von f = 150 min^{-1} steigt.
b) Ermitteln Sie, mit welchem Kraftbetrag die Kugel gegen die Wand der Schale einwirkt.

Gravitation und Weltbilder

Schon seit der Antike denken die Menschen über den Aufbau des Kosmos und seine Entstehung nach. Das Weltbild von KOPERNIKUS, nach dem die Sonne im Mittelpunkt steht und die Planeten sie umkreisen, markiert einen der Anfänge des neuzeitlichen Denkens. Die Fotografie zeigt Jupiter und zwei seiner Monde: Io und Europa. Sie wurde von der Raumsonde Voyager 1 im Jahr 1979 aufgenommen. EINSTEINS spezielle und allgemeine Relativitätstheorie haben zu Beginn des 20. Jahrhunderts die Vorstellungen von Raum und Zeit revolutioniert. Sie bilden Grundpfeiler des modernen physikalischen Weltbildes.

4

**Das können Sie
in diesem Kapitel erreichen:**

- Sie lernen die historische Entwicklung der Weltbilder kennen.
- Sie können die Gründe für den Übergang vom geozentrischen zum heliozentrischen Weltbild angeben.
- Sie können mit dem Gravitationsgesetz umgehen und die Anziehungskräfte zwischen Himmelskörpern berechnen.
- Mit den keplerschen Gesetzen können Sie die Umlaufzeiten von Planeten berechnen.
- Sie erläutern die Postulate von EINSTEINS Spezieller Relativitätstheorie.
- Sie können begründen, weshalb der Begriff der Gleichzeitigkeit vom Bewegungszustand des Beobachters abhängt.
- Sie können erklären, wie man mit Lichtuhren prinzipiell Zeitmessungen durchführen kann.
- Sie können Paradoxien der Relativitätstheorie wie das Zwillingsparadoxon erläutern.
- Sie lernen Begriffe aus der Allgemeinen Relativitätstheorie wie Raum-Zeit-Krümmung, Urknall, schwarze Löcher und Gravitationswellen kennen.

4.1 Astronomie und Weltbilder

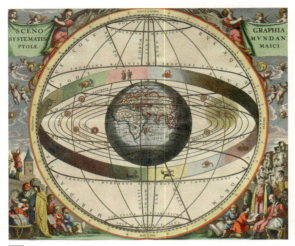

B1 *Geozentrisches Weltbild des Ptolemäus*

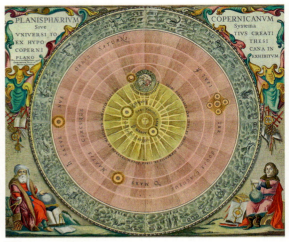

B3 *Heliozentrisches Weltbild von Kopernikus*

Vom Mythos zur Wissenschaft. Seit Urzeiten ranken sich um das Geschehen am Himmel mythische Vorstellungen. Fast alle Völker glaubten, das Schicksal der Menschen sei durch die Gestirne bestimmt. Man könne es vorhersagen, wenn man ihren Lauf im Voraus kennt. So lässt sich verstehen, dass seit etwa 5000 Jahren Ägypter, Babylonier, Chinesen und Inder die Vorgänge am Himmel systematisch beobachtet haben. Die Griechen bemühten sich ab 600 v. Chr., diese Erscheinungen zu verstehen.

Bereits Aristarch von Samos (um 320–250 v. Chr.) erkannte, dass die Sonne viel größer als die Erde ist, und vermutete als Erster, Sonne und Fixsterne würden ruhen, ihre Bewegung werde durch die Rotation der Erde um ihre eigene Achse vorgetäuscht. Doch setzte sich seine Theorie gegen die unmittelbare Beobachtung, nach der die Erde zu ruhen und sich die Gestirne zu bewegen scheinen, nicht durch. Noch bis weit ins 16. Jahrhundert nahm man an, dass bei einer angenommenen Rotation der Erde von West nach Ost eine Kanonenkugel nach Westen viel weiter fliegen müsse als nach Osten; beim Flug nach Westen würde ihr das Ziel von Westen her entgegenkommen (das Trägheitsgesetz war ja noch nicht bekannt).

Das geozentrische Weltbild. So hielt man also über eineinhalb Jahrtausende bis zum Ende des Mittelalters am geozentrischen Weltbild fest, das im Wesentlichen von Ptolemäus (um 150 n. Chr.) mit seinem Werk *Almagest* begründet wurde. Die Grundvorstellung war dabei folgende: Die Erde ruht im Zentrum der Welt. Alle Himmelskörper sind an durchsichtige Sphären geheftet und umkreisen die Erde einmal täglich (Bild **B1**). Diese Sphären in Kugelform galten als ideale Gestalten mit vollendeter Symmetrie.

Die Sphäre des Mondes ist uns am nächsten; sie wird von der Sphäre, an die der Planet Merkur geheftet ist, völlig umschlossen. Nach außen folgen die Sphären von Venus, Sonne, Mars, Jupiter und Saturn. Schließlich erreicht man die oberste, vollkommenste und am weitesten entfernte Fixsternsphäre. Dabei darf keine Sphäre eine andere schneiden.

B2 *Schleifenbewegung eines Planeten vor dem Fixsternhimmel*

Die Epizykel-Theorie. Abweichungen von der idealen Kreisbahn wurden aber auch schon damals beobachtet. etwa an den scheinbaren „Schleifenbahnen" der Planeten. Vor dem Fixsternhimmel führen die Planeten bisweilen zusätzlich eine rückläufige Bewegung aus oder bleiben zeitweilig sogar stehen (Bild **B2**).

Um angesichts dieser Beobachtungen die Annahme der Kreisbahnen zu retten, heftete PTOLEMÄUS die Planeten an gedachte Kreise, die er **Epizykel** nannte (Bild **B4**, rot) und deren Mittelpunkt auf dem **Trägerkreis** (blau) weiterschreitet. So konnte er durch die Überlagerung von Kreisbahnen gute Übereinstimmung mit den Beobachtungen erzielen und Planetenpositionen vorausberechnen. Das ptolemäische Weltbild galt bis ins 15. Jahrhundert unangefochten, benötigte aber durch die immer genauer werdenden Beobachtungen äußerst komplizierte Zusatzannahmen.

Die kopernikanische Wende. Das mathematische Modell des PTOLEMÄUS basiert auf Grundprinzipien, die im Detail sehr kompliziert sind. Dies veranlasste ALFONS X. VON KASTILIEN zu der Kritik: „Wenn Gott der Allmächtige zu Beginn der Schöpfung meinen Rat eingeholt hätte, so hätte ich ihm etwas Einfacheres empfohlen." Diese Kompliziertheit ist für NIKOLAUS KOPERNIKUS der entscheidende Anlass, nach einem einfacheren System zu suchen. Dieses Ziel scheint ihm erreichbar durch einen Wechsel des Koordinatensystems.

In seinem berühmten Werk *De Revolutionibus Orbium Coelestium* (Über die Umdrehung der Himmelssphären) von 1543 gab KOPERNIKUS den geozentrischen Standpunkt auf. Er postulierte ein heliozentrisches System, in dem nicht mehr die Erde, sondern die Sonne (griechisch: *helios*) im Mittelpunkt steht. Gemäß seiner Theorie dreht sich die Erde täglich einmal um ihre Achse und bewegt sich in einem Jahr streng gleichförmig auf einer Kreisbahn um die Sonne – ebenso die anderen Planeten (Bild **B3**).

Durch diesen rein geometrisch motivierten Wechsel des Koordinatensystems unter dem Aspekt der Einfachheit verschwinden die komplizierten Schleifenbewegungen der Planeten, die in seinem System nur dadurch vorgetäuscht werden, weil wir die Planeten nicht von einer im Zentrum ruhenden, sondern bewegten Erde betrachten (Bild **B5a**).

Dieses **heliozentrische Weltbild** war für die meisten Gelehrten und Theologen unannehmbar. Die Einwendungen gegen KOPERNIKUS waren auch scheinbar berechtigt. Ein Gegenargument des genauen Beobachters TYCHO BRAHE war: Wenn die Erde sich tatsächlich auf einer Kreisbahn um die Sonne bewegte, dann sollten die von der Erde aus beobachteten Fixsterne zu ver-

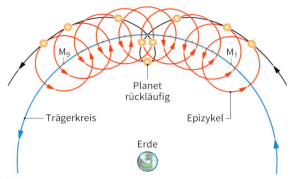

B4 *Erklärung der Planetenschleifen in der Epizykel-Theorie*

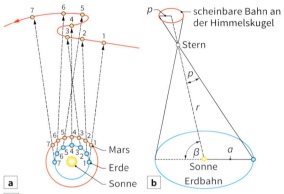

B5 *a) Erklärung der Schleifenbewegung der Planeten nach KOPERNIKUS, b) Parallaxe*

schiedenen Jahreszeiten in leicht unterschiedlichen Richtungen sichtbar sein (Bild **B5b**). Diese **Parallaxe** konnte jedoch wegen der großen Entfernung selbst der nächsten Fixsterne damals nicht beobachtet werden. Erst im 19. Jahrhundert gelang ihr Nachweis.

Es gab weitere Einwände gegen das kopernikanische Weltbild, in dem die Erde nicht ruht, sondern sich bewegt: Wie kommt es, dass eine senkrecht nach oben abgeschossene Kanonenkugel an die Abschussstelle zurückfällt, obwohl die Erde sich während der Steig- und Fallzeit auf ihrer Bahn um die Sonne um 30 Kilometer pro Sekunde weiterbewegt hat? Gegner des KOPERNIKUS waren der Ansicht, dass bei so gewaltigen Geschwindigkeiten die Erde ihre Wolken und die in der Luft befindlichen Vögel längst verloren hätte. Die Achsendrehung der Erde würde Fliehkräfte erzeugen, die alle nicht fest mit ihr verbundenen Gegenstände davontreiben bzw. die Erde auseinandersprengen würden. Die meisten Einwände hätte KOPERNIKUS entkräften können, wenn er das Trägheitsprinzip schon gekannt hätte.

Astronomie und Weltbilder

GALILEIS Kampf für das neue Weltbild. GALILEO GALILEI führte einen tragischen Kampf um das neue heliozentrische Weltbild. Mit dem gerade neu entwickelten Fernrohr entdeckte er 1609, dass der Planet Jupiter von Monden umkreist wird, die Erde also nicht das einzige Zentrum von Bewegungen ist, wie es ARISTOTELES lehrte. Warum sollte dann nicht auch die Sonne ein solches Zentrum sein? Im Fernrohr sah GALILEI auch die Gebirge des Mondes. Dieser hat nicht die vollkommene Kugelgestalt, wie die Lehre des ARISTOTELES verlangt.

Mit diesen Argumenten trat er in der Sprache des Volkes öffentlich gegen das von der Kirche anerkannte ptolemäisch-aristotelische Weltbild auf. GALILEI wurde der Ketzerei angeklagt und in Haft genommen. Er musste sich zum Widerruf der kopernikanischen Lehre verpflichten. Wie KOPERNIKUS hielt aber GALILEI noch an der Kreisbahn für die Planetenbewegung fest.

KEPLERS mathematische Beschreibung. JOHANNES KEPLER wandte sich nach einem Theologiestudium der Astronomie zu. Dabei lernte er insgeheim die kopernikanischen Lehren kennen und wurde begeisterter Anhänger der Theorie. Er wertete in jahrzehntelanger Arbeit das von TYCHO BRAHE gewonnene Beobachtungsmaterial der Marsbahn aus und erkannte dabei als Erster, dass sie kein Kreis, sondern eine Ellipse ist. Ohne eine physikalische Theorie vorauszusetzen, erschloss KEPLER aus den Messungen von BRAHE drei quantitativ formulierte Gesetze (S. 104). Damit ließ sich die Planetenbewegung von nun an präzise beschreiben.

Die drei Gesetze gehörten zu den ersten mathematisch formulierten Naturgesetzen und stellen bis heute das wissenschaftliche Fundament der Himmelsmechanik dar. Geringfügige Korrekturen lieferte erst die Relativitätstheorie. Mit Hilfe seiner Gesetze konnte KEPLER aus wenigen Messungen an einem Planeten dessen Bahn bestimmen und damit die Position für spätere Zeiten mit großer Genauigkeit vorausberechnen.

Exkurs: Modell oder Wirklichkeit?

Der Philosoph IMMANUEL KANT hat den methodischen Wechsel des Bezugsystems als „kopernikanische Wende" bezeichnet, durch die der Mensch aus der Mitte des Universums vertrieben wurde. Es stellt sich die Frage: Hat KOPERNIKUS selbst sein Weltmodell lediglich als ein mathematisches Konzept zur einfacheren Beschreibung der Himmelserscheinungen oder als physikalische Wirklichkeit aufgefasst? Die ersten Leser seines Werkes brauchten sich darüber keine Gedanken zu machen. In der Vorrede wird festgestellt: „Es ist nicht erforderlich, dass diese Hypothesen wahr, ja nicht einmal, dass sie wahrscheinlich sind, sondern es reicht schon allein hin, wenn sie eine mit der Beobachtung übereinstimmende Rechnung ergeben".

Es geht demnach gar nicht um die Frage, wie die Himmelsbewegungen in Wirklichkeit ablaufen, sondern das Ziel ist nur eine mit der Beobachtung übereinstimmende, einfache, richtige Beschreibung: „Da aber für dieselbe Bewegung sich zuweilen verschiedene Hypothesen anbieten, wie bei der Bewegung der Sonne die Exzentrizität und der Epizyklus, so wird der Astronom diejenige am liebsten annehmen, welche dem Verständnis am leichtesten ist."

Diese Vorrede stammt jedoch nicht von KOPERNIKUS selbst, sondern von dem lutherischen Theologen OSIANDER, der den Druck des Werkes überwachte und offenbar den zu erwartenden Konflikten mit der Lehrmeinung der Kirche damit von vornherein den Wind aus den Segeln nehmen wollte. Ob KOPERNIKUS das genauso sah, ist nicht bekannt.

Arbeitsaufträge

1 ↑ Diskutieren Sie die Vorrede von OSIANDER vor dem Hintergrund der Unterscheidung zwischen Modell und Wirklichkeit.

Arbeitsaufträge

2 → Erläutern Sie, was für KOPERNIKUS der Anlass zum Übergang vom geozentrischen zum heliozentrischen System war.

3 ✎ Inszenieren Sie ein fiktives Streitgespräch zwischen Anhängern und Gegnern des kopernikanischen Weltbilds zur Zeit von GALILEI. Reflektieren Sie die Rolle theologischer und physikalischer Argumente.

4 → Erklären Sie, was man unter Parallaxe versteht. Recherchieren Sie die Rolle von Parallaxenmessungen in der heutigen Astronomie.

Exkurs: Stern- und Planetenbewegungen am Himmel

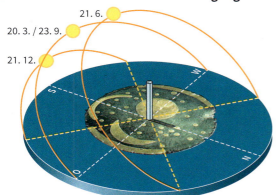

B1 Täglicher Sonnenbogen im Laufe eines Jahres

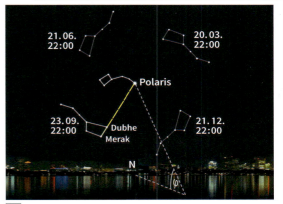

B2 Orientierung mit Hilfe des Sterns Polaris (Polarstern)

Scheinbarer Sonnenlauf. Die Erde umläuft die Sonne einmal innerhalb eines Jahres. Dabei dreht sie sich etwas mehr als 365-mal um die eigene Achse. Eine vollständige Eigendrehung der Erde nennen wir einen Tag. Von der Erde aus gesehen erscheint es so, als ob sich die Sonne längs einer bogenförmigen Bahn über den Himmel bewegt. Dieser Tagbogen der Sonne verändert sich im Laufe des Jahres erheblich (Bild **B1**).

Scheinbare Bewegung der Sterne. Für die Orientierung am nördlichen Sternenhimmel hat der Stern **Polaris** eine außerordentliche Bedeutung. Durch einen geometrischen Zufall zeigt die Erdachse in nördlicher Richtung fast genau auf diesen Stern. Er wird deshalb auch Polarstern genannt und befindet sich in der volkstümlichen Sternenkonstellation „Kleiner Wagen". Als Folge dieser geometrischen Bedingungen scheinen sich von der Erde aus betrachtet alle Sterne im Laufe eines Tages etwa einmal um diesen Stern zu drehen.

Da sich die Erde während eines Tages auf ihrer Bahn um die Sonne aber auch ein wenig weiterbewegt, verändert sich die Lage der Sterne bei Betrachtung zu einer festen Uhrzeit von Tag zu Tag um einen kleinen Winkel. Bild **B2** zeigt beispielsweise die Lage der bekannten Sternenkonstellation „Großer Wagen" relativ zu Polaris für vier Zeitpunkte im Jahr.

Die beiden Sterne Dubhe und Merak des Großen Wagens (Bild **B2**) eignen sich ideal, um Polaris aufzufinden: Verlängert man ihren Abstand fünfmal über Dubhe hinaus, so gelangt man am Sternenhimmel zu Polaris. Für die Nautik hat die relative Lage von Polaris zur Erde zwei entscheidende Bedeutungen:

- Peilt man von Polaris direkt hinunter zum Horizont, findet man die Nordrichtung.
- Misst man den Winkel zwischen dem Horizont und Polaris, entspricht dieser Winkel genau der geographischen Breite φ, auf der man sich befindet.

Scheinbare Bewegung der Planeten. Da die Eigenbewegung der Sterne aufgrund ihrer enormen Entfernungen nur über lange Zeiträume beobachtet werden kann, wirkt es so, als würde sich ein unveränderlicher Sternenhimmel um uns als Beobachter herum drehen. Bei den Planeten ist dies anders. Da sie die Sonne in vergleichsweise kurzen Zeitspannen umlaufen, verändert sich auch ihre relative Position zu den Sternen recht schnell. Ein besonderes Phänomen sind die Schleifen, die man bei den äußeren Planeten von der Erde aus beobachten kann. Bild **B5a** auf der Seite 93 erläutert, wie es dazu kommt: Die Erde überholt gemäß der **keplerschen Gesetze** auf der Innenbahn den weiter außen laufenden Mars. Infolge der Elliptizität und unterschiedlichen Neigungen der beiden Planetenbahnen erscheint es von der Erde aus so, als ob der Mars am Himmel eine Schleife vollführen würde.

Arbeitsaufträge

5 Recherchieren Sie zur „Himmelsscheibe von Nebra" und bereiten Sie eine Präsentation vor.

4.2 Das Gravitationsgesetz

B1 Ansicht des Vollmondes aufgenommen vom Lick Observatory

B3 NEWTONs Apfel?

Gleiche Gesetze für Erde und Himmelskörper. Isaac Newton wurde etwa 100 Jahre nach Galilei geboren. Er stellte nicht nur die Grundgesetze der Mechanik auf, sondern er fand auch das Gravitationsgesetz (Gesetz der Massenanziehung, nach dem sich beliebige Massen gegenseitig anziehen) und wandte die Grundgesetze auf die Bewegung der Himmelskörper an. Er konnte so die keplerschen Gesetze aus den Grundsätzen seiner Mechanik herleiten. Sein berühmtestes Buch, das er mit 43 Jahren im Jahr 1687 unter dem Titel *Philosophia Naturalis Principia Mathematica* (Bild **B2**) in lateinischer Sprache herausbrachte, gehört zu den brillantesten Leistungen der Geistesgeschichte.

Bewegungen der Himmelskörper konnten nun mit sehr großer Genauigkeit vorausberechnet werden. So konnte man zum Beispiel aus Abweichungen des Planeten Uranus von der berechneten Bahn auf die Einwirkung eines unbekannten Planeten schließen. An der durch den französischen Astronomen Leverrier daraus berechneten Position fand dann am Abend des 23. September 1846 der Berliner Astronom Johann Gottfried Galle tatsächlich den errechneten Planeten Neptun.

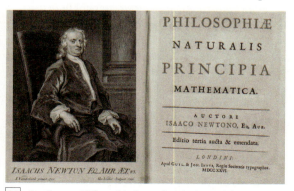

B2 Aus Newtons Philosophia Naturalis Principia Mathematica

Das Entscheidende an Newtons Mechanik war, dass man mit ihr die Bewegungsabläufe auf der Erde ebenso wie die Planetenbahnen im Weltall erklären konnte. Die Himmelskörper unterliegen also den gleichen Gesetzen wie die Gegenstände unserer Umgebung. Newton widerlegte damit als Erster die Vorstellung von Aristoteles, dass die Himmelskörper völlig anderen Gesetzen gehorchen als die irdischen Körper. Die Erde nimmt also keine Sonderstellung im Kosmos ein.

Gravitationskraft. Einer berühmten Legende zufolge beobachtete Newton um 1666 während seines pestbedingten Exilaufenthaltes in Woolsthorpe das Fallen eines reifen Apfels vom Baum und brachte dieses Phänomen in Zusammenhang mit der Bewegung des Mondes um die Erde. Auch der Mond, so schloss er, fällt beständig in Richtung Erde. In der Nähe der Erdoberfläche werden Körper mit etwa $a_{\text{Apfel}} = 9{,}81\,\frac{\text{m}}{\text{s}^2}$ beschleunigt. Nimmt man für den Mond eine Kreisbahn um die Erde an, so unterliegt dieser einer Zentripetalbeschleunigung:

$$a_{\text{Mond}} = \omega^2 \cdot r_{\text{EM}} = \left(\frac{2\cdot\pi}{T}\right)^2 \cdot r_{\text{EM}}.$$

Mit einer Mond-Umlaufzeit von $T = 27{,}3$ Tagen und einem Mondbahnradius von $r_{\text{EM}} = 384\,400$ km ergibt sich für den Mond eine Beschleunigung von $a_{\text{Mond}} = 2{,}72 \cdot 10^{-3}\,\frac{\text{m}}{\text{s}^2}$. Die Beschleunigung, die der Apfel in der Nähe der Erdoberfläche erfährt, ist etwa 3600-mal so groß. Der Mond ist aber 60-mal so weit vom Erdmittelpunkt entfernt wie der Apfel. Newton vermutete, dass es eine allgemeine Anziehungskraft zwischen allen Massen gibt, die mit dem Quadrat der Entfernung abnimmt ($3600 = 60^2$):

$$F_{\text{G}} \sim \frac{1}{r^2}.$$

Diese Kraft nennt man **Gravitationskraft**. Sie ist verantwortlich für die Beschleunigung sowohl des Apfels als auch des Mondes.

Neben dem Abstand zwischen den sich anziehenden Körpern ist die Gravitationskraft auch abhängig von deren Massen:

$F_G \sim m_1$ und $F_G \sim m_2$.

Die Idee einer allgemeinen Anziehungskraft zwischen allen massehaften Körpern war in vielerlei Hinsicht revolutionär und führte zu Anfeindungen Newtons durch andere Wissenschaftler. Zum einen ging Newton von einer Fernwirkung der Gravitationskräfte aus: Zur Kraftübertragung ist keine Berührung der beteiligten Körper erforderlich. Selbst im Vakuum des Weltalls wirken zwischen den Himmelskörpern die Gravitationskräfte auch über enorme Entfernungen hinweg. Zum anderen konstatierte Newton, dass sich alle massebehafteten Körper gegenseitig anziehen, also auch alltägliche Gegenstände. Dieser Befund schien den menschlichen Erfahrungen zu widersprechen. Newton betonte allerdings, dass die Gravitationskräfte für alltägliche Gegenstände unermesslich gering seien, da sie proportional zu den beteiligten Massen sind.

Fasst man alle Proportionalitäten zusammen, so ergibt sich folgende Formel:

$$F_G = G \cdot \frac{m_1 \cdot m_2}{r^2}.$$

Sie wird als **allgemeines Gravitationsgesetz** bezeichnet. G nennt man die **Gravitationskonstante.** Sie hat einen Wert von $G = 6{,}674 \cdot 10^{-11}$ m$^3 \cdot$ kg$^{-1} \cdot$ s^{-2}.

> **! Merksatz**
>
> Zwischen allen massehaften Körpern herrschen Gravitationskräfte.
> Der Betrag der Gravitationskraft zwischen zwei Körpern der Masse m_1 bzw. m_2, die sich im Abstand r voneinander befinden, beträgt:
>
> $$F_G = G \cdot \frac{m_1 \cdot m_2}{r^2}.$$
>
> Dabei ist G die Gravitationskonstante. Sie hat einen Wert von
>
> $$G = 6{,}674 \cdot 10^{-11} \frac{\text{m}^3}{\text{kg} \cdot \text{s}^2}.$$

✲ Beispielaufgabe: Gravitationskraft

Bestimmen Sie die Kraft, mit der sich zwei Menschen anziehen ($m_1 = 85$ kg, $m_2 = 30$ kg), die in einem Abstand von 10 m stehen.

Lösung:

$$F_G = G \cdot \frac{m_1 \cdot m_2}{r^2}$$
$$= 6{,}673 \cdot 10^{-11} \frac{\text{m}^3}{\text{kg} \cdot \text{s}^2} \cdot \frac{85 \text{ kg} \cdot 30 \text{ kg}}{(10 \text{ m})^2}$$
$$= 1{,}70 \cdot 10^{-9} \text{ N}.$$

Arbeitsaufträge

1 ➡ Berechnen Sie den Betrag der Kraft, mit der Sie an der Erdoberfläche bzw. auf dem höchsten Gebäude der Erde, dem Burj Khalifa (828 m Höhe), von der Erde angezogen werden.

2 ✎ Der Raumanzug A7L, den die Apollo-Astronauten bei ihren Ausflügen auf dem Mond benutzten, hat eine Masse von 34,5 kg. Das Lebenserhaltungssystem PLSS hat eine Masse von 48,5 kg.
a) Berechnen Sie die Gravitationskraft, mit der ein vollausgerüsteter Astronaut von 85 kg Eigenmasse auf der Erdoberfläche angezogen wird.
b) Berechnen Sie die entsprechende Gravitationskraft für die Mondoberfläche.

3 ✎ Bei einem Experiment mit der Gravitationswaage nach Cavendish (siehe Exkurs, S. 98) wurde folgende Messreihe aufgenommen:

t in s	20	40	60	80	100
x in m	0,6	2,4	5,5	9,7	15,2

Für die Abmessungen bei diesem Experiment gilt:
$r = 3{,}4$ cm; $e = 13{,}2$ m; $l = 5$ cm; $M = 1$ kg.
Bestimmen Sie mit Hilfe dieser Messdaten die Gravitationskonstante.

4 ⬆ Erläutern Sie im Rahmen eines fiktiven Streitgespräches zwischen Newton und Ptolemäus Widersprüche, die sich im ptolemäischen Weltbild ergeben würden. Entnehmen Sie Argumente für beide Seiten aus den Texten dieses Kapitels.

Exkurs: Cavendish-Waage

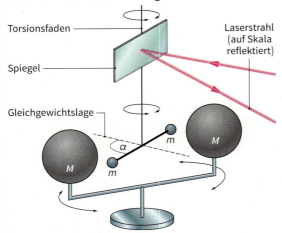

B1 Prinzipieller Aufbau der Cavendish-Waage

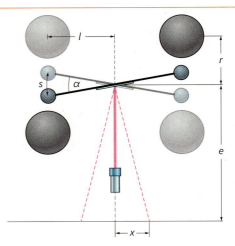

B2 Messgrößen bei der Cavendish-Waage

Im Jahre 1798, also über hundert Jahre nach Newtons Entdeckung des Gravitationsgesetzes, verwendete Henry Cavendish (1731–1810) eine sogenannte Torsionswaage, um die Dichte der Erde zu bestimmen. Auf dem Weg dahin war es erforderlich, den Wert der Gravitationskonstante herauszufinden.

Die von Cavendish verwendete Waage besteht aus einem dünnen Drahtstück mit zwei kleinen Bleikugeln jeweils mit Masse m an den Enden (Bild **B1**). Das Drahtstück ist an einem dünnen Faden aufgehängt, an dem ein kleiner Spiegel befestigt ist. Auf den Spiegel wird ein enges Lichtbündel (heutzutage verwendet man einen Laser) gerichtet und die Reflexion dieses Lichtbündels auf einem weit entfernten Schirm beobachtet.

Bringt man nun zwei große Bleikugeln, jeweils mit der Masse M, auf unterschiedlichen Seiten des Drahtstückes in die Nähe der kleinen Kugeln, so werden diese von den großen Kugeln beschleunigt. Dies führt zu einer Drehbewegung des Drahtstückes und damit auch des Spiegels. Nach dem Prinzip der geometrischen Vergrößerung wird dieser minimale Effekt auf dem weit entfernten Schirm dennoch sicht- und messbar.

Zunächst werden die beiden großen Bleikugeln in die in Bild **B2** hellgrau eingezeichnete Position gebracht. Die kleinen Bleikugeln werden von den großen Kugeln angezogen. Die kleinen Kugeln bewegen sich auf die großen zu und verdrillen dabei den Faden, bis sich die entsprechende Rückstellkraft und die Gravitationskraft aufheben. Nun werden die beiden großen Bleikugeln vorsichtig in die dunkelgrau eingezeichnete Position gebracht. Die Rückstellkraft des verdrillten Fadens und die zunächst betragsgleiche Gravitationskraft wirken jetzt in dieselbe Richtung und beschleunigen jede der Kugeln mit der Kraft

$$F_{\text{Kugel}} = F_G + F_{\text{Drill}} = 2 \cdot F_G = 2 \cdot G \cdot \frac{m \cdot M}{r^2}.$$

Für die Beschleunigung ergibt sich entsprechend:

$$a_{\text{Kugel}} = \frac{F_{\text{Kugel}}}{m} = 2 \cdot G \cdot \frac{M}{r^2}.$$

Die Bewegung der kleinen Kugeln ist mit bloßem Auge nicht beobachtbar. Daher kann der Abstand r der kleinen Kugeln von den großen in guter Näherung als konstant angesehen werden. Da die Bewegung der Kugeln anfänglich als gleichförmig beschleunigt angesehen werden kann, gilt $s = \frac{1}{2} a_{\text{Kugel}} \cdot t^2$ bzw.:

$$a_{\text{Kugel}} = \frac{2 \cdot s}{t^2}.$$

Der von jeder der Kugeln beschleunigt zurückgelegte Weg s kann nicht direkt gemessen werden. Aber er kann durch Ähnlichkeitsbetrachtungen in Bild **B2** ersetzt werden durch $s = \frac{l \cdot x}{e}$. Zusammengenommen ergibt sich für die Gravitationskonstante eine Formel, in der nur noch messbare Größen vorkommen:

$$G = \frac{r^2 \cdot l \cdot x}{e \cdot M \cdot t^2}.$$

Exkurs: Fallbeschleunigung

Um die Gewichtskraft von Massestücken in der Nähe der Erdoberfläche zu bestimmen, kann man die Massestücke an eine Feder mit bekannter Federkonstante hängen und deren Auslenkung messen. Aus der Auslenkung kann mit Hilfe des hookeschen Gesetzes auf den Betrag der Spannkraft geschlossen werden, mit der die Feder auf das Massestück einwirkt. Ruht das Massestück, sind Gewichtskraft und Spannkraft betragsgleich, aber entgegengerichtet. Eine Messung, bei der verschiedene Massestücke nacheinander an eine Feder gehängt wurden, ergab die in Tabelle **T1** dargestellten Werte:

Der Quotient aus der auf die Massestücke wirkenden Gewichtskraft und deren Masse ist offenbar – von Messungenauigkeiten abgesehen – konstant. Gemäß dem zweiten newtonschen Gesetz entspricht dieser Quotient der Beschleunigung, mit der das entsprechende Massestück in Richtung Erde beschleunigt würde, wenn man es fallenließe. Dieser Quotient wird deshalb **Fallbeschleunigung**, gelegentlich auch **Ortsfaktor** genannt und mit dem Buchstaben g bezeichnet. Ihr Wert beträgt nahe der Erdoberfläche

$$g = 9{,}81 \, \tfrac{m}{s^2}.$$

Im freien Fall werden demzufolge alle Körper im Schwerefeld der Erde unabhängig von ihrer Masse in gleichem Maße beschleunigt. Dieser Befund wird das **galileische Fallgesetz** genannt. Dieses Gesetz widerspricht offensichtlich der menschlichen Alltagserfahrung; so fällt ein Stein doch wesentlich schneller zur Erde als eine Daunenfeder. Bei diesen Beobachtungen muss aber die Reibungskraft der Luft berücksichtigt werden, die auf die massearme, strömungsungünstige Feder erheblich stärker wirkt als auf den Stein. Gleicht man die unterschiedlichen Reibungskräfte aus, indem man beispielsweise Feder und Stein in zwei identische Plexiglaskugeln legt, lässt sich die Gültigkeit des galileischen Fallgesetzes deutlich erahnen.

B3 *Freier Fall von Stein und Feder mit Plexiglasumhüllung*

GALILEIS Schüler VINCENZIO VIVIANI berichtet über Fallexperimente mit Kanonenkugeln unterschiedlicher Größe, die GALILEI um das Jahr 1590 am Schiefen Turm von Pisa unternommen haben soll. Das Reibungsproblem löste dieser angeblich, indem er Kanonenkugeln unterschiedlicher Massen, aber vergleichbarer aerodynamischer Eigenschaften fallen ließ. In GALILEIS zeitgenössischen Aufzeichnungen findet sich dagegen jedoch nur die Beschreibung eines Experiments, bei dem von einem „hohen Turm" aus eine Blei- und eine Holzkugel fallengelassen werden. Dabei sei die bleierne Kugel zuerst aufgeschlagen.

Dies ist auch zu erwarten, da die Luftreibungskraft auf die formgleichen Körper zwar im selben Maße wirkt, dabei aber der wesentlich höheren Gewichtskraft des Bleikörpers anteilsmäßig weniger entgegenwirkt als jener des Holzkörpers. GALILEIS Fallgesetz gilt uneingeschränkt eben nur im Vakuum.

Eindrucksvoll zeigte dies der Apollo-15-Kommandant DAVID SCOTT, als er 1971 auf dem Mond einen geologischen Hammer und eine Falkenfeder fallen ließ und beide gleichzeitig auf dem Mondboden aufschlugen.

m in kg	0,15	0,20	0,35	0,50	0,75
F in N	1,4	1,9	3,5	4,9	7,3
$\tfrac{F}{m}$ in $\tfrac{N}{kg}$	9,33	9,5	10,0	9,8	9,73

T1 *Gewichtskräfte auf Massestücke nahe der Erdobefläche*

4.3 Das Gravitationsfeld

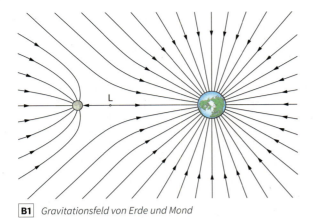

B1 Gravitationsfeld von Erde und Mond

Gravitationsfeldstärke. Das Gravitationsgesetz beschreibt die Kraftwirkung zwischen zwei Körpern. Nach dem dritten newtonschen Gesetz sind beide Körper dabei gleichwertig, auch wenn sie verschiedene Massen haben. Im Bereich der Astronomie liegt allerdings häufig der Fall vor, dass die Massen der beiden Körper sehr unterschiedlich sind. Im Gravitationsgesetz bezeichnet man daher die größere Masse oft mit M, die kleinere mit m. Die Masse der Sonne ist beispielsweise etwa 333 000-mal so groß wie die Masse der Erde. Deshalb wünscht man sich eine physikalische Größe, die sich nur auf das Gravitationsfeld des massereichen Körpers bezieht. Eine solche Größe lässt sich definieren, indem man die Gravitationskraft durch die Masse des leichteren Körpers dividiert:

$$a_{Gr}(r) = \frac{F_G}{m} = G \cdot \frac{M}{r^2}.$$

Die Größe a_{Gr} wird als **Gravitationsfeldstärke** bezeichnet. Die Grundidee ist die gleiche wie bei der Einführung des elektrischen oder magnetischen Felds: Jeder Körper erzeugt ein Gravitationsfeld, das den ganzen Raum erfüllt. Die anderen Körper erfahren Kräfte in diesem Feld. So beschreibt man, dass Körper Kräfte aufeinander ausüben, ohne sich zu berühren. Feldlinienbilder wie in Bild **B1** liefern eine übersichtliche Darstellung von Gravitationsfeldern. Wie auch bei elektrischen Feldlinienbildern zeigt die Richtung der Feldlinie an einem bestimmten Ort die Richtung der dort wirkenden Kraft auf einen Probekörper an. Der Betrag der Kraft wird durch die örtliche Feldliniendichte repräsentiert.

Ihrer Einheit nach ist die Gravitationsfeldstärke eine Beschleunigung. Auf der Erde entspricht sie annähernd der Fallbeschleunigung. Für einen Körper, der sich an der Erdoberfläche befindet und daher mit der Erde rotiert, muss ein Teil der Gravitationskraft als Zentripetalkraft wirken, um diese Kreisbewegung zu ermöglichen. Daher ist die Gewichtskraft eines Körpers breitengradabhängig etwas geringer als die Gravitationskraft.

> **! Merksatz**
>
> Der Quotient aus der Gravitationskraft, die an einem bestimmten Ort auf einen Körper wirkt, und dessen Masse wird Gravitationsfeldstärke a_{Gr} genannt:
>
> $$a_{Gr}(r) = \frac{F_G}{m} = G \cdot \frac{M}{r^2}.$$

✱ Beispielaufgabe: Gravitationsfeldstärke

Bestimmen Sie die Gravitationsfeldstärke a_{Gr} und die Fallbeschleunigung g in Berlin (52,5°N).

Lösung:
Für die Gravitationsfeldstärke a_{Gr} gilt:

$$a_{Gr} = \frac{F_G}{m} = G \cdot \frac{m_{Erde}}{r^2}.$$

Mit der Erdmasse $m_{Erde} = 5{,}97 \cdot 10^{24}$ kg und dem mittleren Erdradius $r = 6371$ km folgt: $a_{Gr} = 9{,}818$ m s^{-2}.
Bei der Bestimmung der Fallbeschleunigung muss berücksichtigt werden, dass ein Teil der Gravitationskraft F_G als Zentripetalkraft F_Z genutzt wird. Für die Zentripetalkraft auf einem Kreis mit breitengradabhängigem Radius $x = \frac{r}{\cos(\varphi)}$ gilt:

$$F_Z = m \cdot x \cdot \omega^2 = m \cdot r \cdot \cos(\varphi) \cdot \frac{4 \cdot \pi^2}{T^2}.$$

Um sie aufzubringen, ist die Kraftkomponente F'_G in Richtung der Gravitationskraft erforderlich. Es gilt

$$F = F_G - F'_G = F_G - F_Z \cdot \cos(\varphi), \text{ also:}$$

$$m \cdot g = G \cdot \frac{m \cdot m_{Erde}}{r^2} - m \cdot r \cdot \frac{4 \cdot \pi^2}{T^2} \cdot \cos^2(\varphi).$$

Damit ergibt sich für Berlin: $g = 9{,}806$ m s^{-2}.

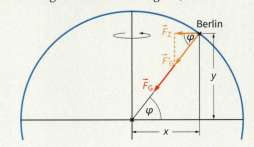

Beispielaufgabe: Massenbestimmung im Sonnensystem

Die Erde umläuft die Sonne auf einer als kreisförmig angenommenen Bahn ($r_E = 149{,}6 \cdot 10^6$ km) im Laufe eines Jahres. Der Mond umläuft die Erde in 27 Tagen. Auch seine Umlaufbahn soll als kreisförmig angenommen werden ($r_M = 384{,}4 \cdot 10^3$ km).

a) Berechnen Sie mithilfe des Gravitationsgesetzes die Masse der Sonne.
b) Berechnen Sie die Masse der Erde, indem Sie die Fallbeschleunigung als näherungsweise gleich der Gravitationsfeldstärke an der Erdoberfläche annehmen.
c) Berechnen Sie mithilfe des Gravitationsgesetzes die Masse des Mondes.

Lösung:

a) Bei der Kreisbewegung der Erde wirkt die Gravitationskraft als Zentripetalkraft. Deshalb können beide Formeln gleichgesetzt werden:

$$m_E \cdot r_E \cdot \omega^2 = G \cdot \frac{m_E \cdot M_S}{r_E^2}.$$

Hierbei ist M_S die Masse der Sonne und m_E die sehr viel kleinere Masse der Erde. Für die Winkelgeschwindigkeit gilt $\omega = \frac{2\pi}{T}$. Die Umlaufzeit T beträgt 365,25 Tage. Setzt man diesen Ausdruck in die obige Gleichung ein und stellt nach M_S um, so ergibt sich:

$$M_S = \frac{4\pi^2}{G} \cdot \frac{r_E^3}{T^2}.$$

Damit folgt für die Sonnenmasse: $M_S = 1{,}99 \cdot 10^{30}$ kg.

b) Der freie Fall eines Probekörpers in der Nähe der Erdoberfläche ist eine gleichmäßig beschleunigte Bewegung. Die Beschleunigung wird von einem Großteil der Gravitationskraft zwischen Erde und Probekörper verursacht. Ein vernachlässigbar kleiner Teil dieser Gravitationskraft wird als Zentripetalkraft gebraucht, um den Probekörper an der Rotation der Erde teilhaben zu lassen. In guter Näherung kann deshalb die Fallbeschleunigung mit der Gravitationsfeldstärke an der Erdoberfläche gleichgesetzt werden:

$$g = G \cdot \frac{m_E}{r^2}.$$

Mit Kenntnis des (mittleren) Erdradius ($r = 6371$ km) ergibt sich die Masse der Erde:

$$m_E = \frac{g}{G} \cdot r^2 = 5{,}97 \cdot 10^{24} \text{ kg}.$$

c) Mit der Kenntnis der Erdmasse kann nun auch auf jene des Mondes geschlossen werden. Da das Massenverhältnis zwischen Erde und Mond nur etwa 1:80 beträgt, lässt sich die Bewegung der beiden Himmelskörper eher als eine Drehung von Erde und Mond um einen gemeinsamen Schwerpunkt beschreiben denn als Rotation des Mondes um eine quasi ortsfeste Erde.

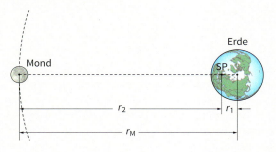

Die Abstände der Mittelpunkte von Erde bzw. Mond von deren gemeinsamem Schwerpunkt werden mit r_1 bzw. r_2 bezeichnet. Es gilt $r_1 + r_2 = r_M$, wobei r_M der Abstand zwischen Erde und Mond ist. Mit dem Schwerpunktsatz $m_E \cdot r_1 = m_M \cdot r_2$ folgt

$$m_E \cdot r_1 = m_E \cdot (r_M - r_2).$$

Aufgelöst nach r_2 ergibt sich:

$$r_2 = \frac{m_E}{m_E + m_M} \cdot r_M.$$

Setzt man für die Kreisbewegung des Mondes (Umlaufzeit $T = 27$ Tage, Radius r_2) die Formel für die Zentripetalkraft mit der Gravitationskraft gleich, folgt:

$$G \cdot \frac{m_M \cdot m_E}{r_M^2} = \frac{m_M \cdot 4\pi^2}{T^2} \cdot r_2.$$

Darin die Formel für r_2 eingesetzt ergibt:

$$G \cdot \frac{m_M \cdot m_E}{r_M^2} = \frac{m_M \cdot 4\pi^2}{T^2} \cdot \frac{m_E}{m_E + m_M} \cdot r_M.$$

Nach Division durch $m_M \cdot m_E$ folgt für die Summe der Massen von Erde und Mond:

$$m_M + m_E = \frac{4\pi^2}{G} \cdot \frac{r_M^3}{T^2} = 6{,}03 \cdot 10^{24} \text{ kg}.$$

Damit ergibt sich ein guter Wert für die Mondmasse:

$$m_M = 6{,}39 \cdot 10^{22} \text{ kg}.$$

Energie im homogenen Gravitationsfeld. In einem kleinen Raumbereich nahe der Erdoberfläche kann das irdische Gravitationsfeld als homogen angenommen werden. Auf einen Körper der Masse m wird die Gewichtskraft $F_G = m \cdot g$ in Richtung Erdoberfläche ausgeübt. Fällt der Körper von einem höher gelegenen Punkt P_A auf einen tiefer gelegenen Punkt P_B, wird Lageenergie in Bewegungsenergie umgewandelt. Wenn umgekehrt der Körper von P_B nach P_A angehoben wird, erhöht sich die Lageenergie (potenzielle Energie) des Körpers um

$$E_L = F \cdot h = m \cdot g \cdot h = m \cdot g \cdot (r_A - r_B),$$

wobei r_A bzw. r_B die Abstände der Punkte P_A bzw. P_B von einem Bezugspunkt wie beispielsweise dem Erdmittelpunkt bedeuten. Diese Formel, die für den Fall des homogenen Gravitationsfeldes gilt, ist bereits aus der Sekundarstufe I bekannt.

> **! Merksatz**
>
> In einem kleinen Raumbereich kann das Gravitationsfeld eines felderzeugenden Körpers wie der Erde als homogen angenommen werden. Hebt man eine Masse m innerhalb dieses Raumbereiches von Punkt P_B (Abstand r_B zum Erdmittelpunkt) auf den um h höher gelegenen Punkt P_A (Abstand r_A zum Erdmittelpunkt), so erhöht sich dessen Lageenergie um:
>
> $$E_L = F \cdot h = m \cdot g \cdot h = m \cdot g \cdot (r_A - r_B).$$

Energie im radialen Gravitationsfeld. Möchte man die Energie bestimmen, die erforderlich ist, um eine Masse im Gravitationsfeld eines Himmelskörpers wie der Erde in einem größeren Raumbereich von einem Ort zum anderen zu bewegen, kann man die Gravitationskraft nicht mehr als konstant betrachten. Das Gravitationsgesetz besagt schließlich, dass die Gravitationskraft mit dem Quadrat des Abstandes vom Mittelpunkt der felderzeugenden Masse abnimmt. Man könnte aber die Strecke r, um die die Masse gehoben werden soll, in viele kleine Teilabschnitte unterteilen, innerhalb derer man die Gravitationsfeldstärke als konstant annimmt (Bild **B1**).

Um einen Wert für die mittlere Gravitationskraft innerhalb der Abschnitte zu bestimmen, muss man sinnvollerweise irgendeinen Abstand vom Gravitationszentrum

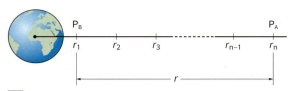

B1 *Streckenabschnitte im radialen Gravitationsfeld*

wählen, der innerhalb des Abschnittes liegt. Es erweist sich rechnerisch als günstig, das geometrische Mittel (r_G) aus unterem und oberem Rand des betreffenden Abschnittes zu wählen. Für den ersten Abschnitt ergibt sich:

$$r_{G1} = \sqrt{r_1 \cdot r_2}.$$

Setzt man r_{G1} in das Gravitationsgesetz ein, zeigt sich der Vorteil des geometrischen Mittels:

$$F_{G1} = G \cdot \frac{m \cdot M}{r_{G1}^2}$$
$$= G \cdot \frac{m \cdot M}{(\sqrt{r_1 \cdot r_2})^2} = G \cdot \frac{m \cdot M}{r_1 \cdot r_2}.$$

Die Energie, die benötigt wird, um die Masse vom Abstand r_1 nach r_2 zu heben, ergibt sich wie folgt:

$$E_{L,G1} = F_{G1} \cdot (r_2 - r_1)$$
$$= G \cdot \frac{m \cdot M}{r_1 \cdot r_2} \cdot (r_2 - r_1)$$
$$= G \cdot m \cdot M \cdot \left(\frac{1}{r_1} - \frac{1}{r_2}\right).$$

Für den Energiebetrag, der erforderlich ist, um die Masse von r_1 nach r_n zu heben, müssen alle Teilenergiebeträge addiert werden:

$$E_L = E_{L,G1} + E_{L,G2} + \ldots + E_{L,Gn}$$
$$= G \cdot m \cdot M \cdot \left[\left(\frac{1}{r_1} - \frac{1}{r_2}\right) + \left(\frac{1}{r_2} - \frac{1}{r_3}\right) + \ldots\right.$$
$$\left.\ldots + \left(\frac{1}{r_{n-1}} - \frac{1}{r_n}\right)\right].$$

In den Klammern treten fast alle Quotienten paarweise, aber mit unterschiedlichem Vorzeichen auf. Sie heben sich gegenseitig auf und die Formel vereinfacht sich zu:

$$E_L = G \cdot m \cdot M \cdot \left(\frac{1}{r_1} - \frac{1}{r_n}\right).$$

Bezeichnet man Start- und Endpunkt wie zuvor mit P_B und P_A und die entsprechenden Abstände mit r_B bzw. r_A, so folgt:

$$E_L = G \cdot m \cdot M \cdot \left(\frac{1}{r_B} - \frac{1}{r_A}\right).$$

✱ Beispielaufgabe: Feld und Energie

Bestimmen Sie die Energie, die erforderlich ist, um eine Masse von $m = 100$ kg von der Erdoberfläche auf den Mount Everest zu heben. Nehmen Sie einerseits ein homogenes Gravitationsfeld an und andererseits ein radiales.

Lösung:

Bei Annahme eines homogenen Feldes ergibt sich:

$$E_L = m \cdot g \cdot (6380 \cdot 10^3 \text{ m} - 6371 \cdot 10^3 \text{ m})$$

$$= 8829 \cdot 10^3 \text{ J}.$$

Unter Annahme eines radialen Feldes ergibt sich:

$$E_L = G \cdot m \cdot M_E \cdot \left(\frac{1}{6371 \cdot 10^3 \text{ m}} - \frac{1}{6380 \cdot 10^3 \text{ m}} \right)$$

$$= 8824 \cdot 10^3 \text{ J}.$$

❗ Merksatz

Hebt man eine Masse m in einem radialen Gravitationsfeld eines Himmelskörpers von Punkt P_B (Abstand r_B zum Mittelpunkt des Himmelskörpers) auf den um r höher gelegenen Punkt P_A (Abstand r_A), so erhöht sich deren Lageenergie um

$$E_L = G \cdot m \cdot M \cdot \left(\frac{1}{r_B} - \frac{1}{r_A} \right).$$

Gravitationspotenzial. Die Formel zur Berechnung der Lageenergie in einem Radialfeld beschreibt, wie viel Energie erforderlich ist, um einen Körper von einem Punkt P_B zu einem Punkt P_A im Gravitationsfeld einer großen Zentralmasse M zu bewegen. Als Bezugspunkt wurde bislang das Zentrum dieser Zentralmasse verwendet. Nun wünscht man sich auch eine energiebasierte Größe, die sich nur auf einen Ort im Gravitationsfeld bezieht und unabhängig von der zu bewegenden Masse m ist. Naheliegend ist es, zu diesem Zweck den Punkt P_B festzulegen und die Formel durch die Masse m zu teilen. Legt man aber das Zentrum der Zentralmasse als Punkt P_B fest, so ergibt sich mit $r_B = 0$ das Problem einer Division durch null in der Formel. Daher verlegt man den Bezugspunkt P_B stattdessen in das Unendliche ($r_B \to \infty$). Dies wirkt zunächst etwas künstlich, vereinfacht die Formel aber erheblich:

$$E_L = -G \cdot m \cdot M \cdot \frac{1}{r}.$$

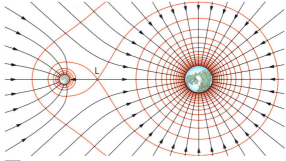

B2 Gravitationsfeldlinien und Äquipotenziallinien von Erde und Mond

Diese Formel beschreibt die Energie, die freigesetzt wird, wenn man einen Körper der Masse m aus dem Unendlichen bis auf den Abstand r vom Zentrum der Zentralmasse bewegt. Auf den Index „A" kann jetzt verzichtet werden, da der Startpunkt normiert ist. Dividiert man schließlich noch durch m, erhält man eine neue Größe, die als **Gravitationspotenzial** φ bezeichnet wird:

$$\varphi(r) = \frac{E_L(r)}{m} = -G \cdot M \cdot \frac{1}{r}.$$

Trägt man Orte gleichen Gravitationspotenzials in das Feldlinienbild ein, ergeben sich Kurven, die stets senkrecht zu den Feldlinien verlaufen. Diese Kurven werden **Äquipotenziallinien** genannt. Bild **B2** zeigt einige Äquipotenziallinien im Gravitationsfeld von Erde und Mond.

Arbeitsaufträge

1 ➡ Erläutern Sie den Unterschied zwischen der Gravitationskraft und der Gewichtskraft auf einen Körper.

2 ➡ a) Berechnen Sie, wie viel Energie erforderlich ist, um die Internationale Raumstation ISS ($m = 420$ t) bei einer Flughöhe von 410 km um 1 km zu heben.
b) Berechnen Sie die Umlaufzeit der ISS um die Erde auf der neuen Bahn.

3 ➚ Bestimmen Sie das Gravitationspotenzial der Sonne am Ort von Erde und Neptun.

4 ⬆ In Bild **B2** wird der Lagrangepunkt L ausgewiesen. Recherchieren Sie, was es mit diesem Punkt auf sich hat.

4.4 Die keplerschen Gesetze

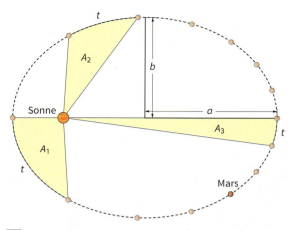

B1 Illustration von Keplers zweitem Gesetz, dem „Flächensatz"

❗ Merksatz

Erstes keplersches Gesetz:
Die Planeten bewegen sich auf elliptischen Bahnen, in deren einem Brennpunkt die Sonne steht.

Zweites keplersches Gesetz:
Der Verbindungsstrahl von der Sonne zum Planeten überstreicht in gleichen Zeiten gleiche Flächen.

Erstes und zweites keplersches Gesetz. Als Johannes Kepler im Jahre 1600 als Assistent des Astronomen Tycho De Brahe nach Prag kam, stellte man ihm unter anderem die Aufgabe, die Marsbahn mathematisch zu beschreiben. De Brahe hatte die Positionen des Planeten über Jahre hinweg sehr präzise beobachtet und tabellarisch festgehalten. Daher konnte Kepler all seine Überlegungen mit diesen Beobachtungen kritisch abgleichen. Seine erste Erkenntnis war, dass sich die Sonne nicht im geometrischen Zentrum der Planetenbahn befinden konnte und dass der Mars die Sonne mit variabler Bahngeschwindigkeit umrundet. Konkret fand er heraus, dass die Verbindungsstrecke von Sonne zu Mars in gleichen Zeiten gleiche Flächen überstreicht. Dies wird in Bild **B1** verdeutlicht. Die exemplarisch ausgewählten Flächen A_1, A_2 und A_3 sind gleich groß. In der Nähe der Sonne muss der Mars also pro Zeiteinheit einen größeren Bahnabschnitt zurücklegen als in einem sonnenfernen Punkt. Dies wird heute als das zweite keplersche Gesetz bezeichnet, obwohl es zeitlich vor dem ersten Gesetz formuliert wurde.

Die genaue Gestalt der Planetenbahn fand Kepler erst nach vielen aufwendigen Überlegungen und Berechnungen heraus. Zunächst behielt er die historisch fest verankerte Vorstellung von einer Kreisbahn bei, ließ aber einen variablen Ort der Sonne zu. Aber erst die Abkehr von dieser Vorstellung und die Idee, die Marsbahn als Ellipse zu beschreiben, in deren einem Brennpunkt sich die Sonne befindet, lieferte Ergebnisse, die sich sehr gut mit den Beobachtungsdaten in Übereinstimmung bringen ließen. Man nennt dies das erste keplersche Gesetz.

Drittes keplersches Gesetz. Kepler schrieb die ersten beiden Gesetze 1609 in seinem Buch „Astronomia Nova" nieder. Zehn Jahre später fügte er ein drittes Gesetz über die Planetenbahnen hinzu. In diesem Gesetz stellte er einen Zusammenhang zwischen den Umlaufzeiten der Planeten und ihren Abständen vom Zentralgestirn her. Da es sich bei den Bahnen um Ellipsen handelt, werden die großen Halbachsen a_i als Abstandsmaße verwendet:

$$\left(\frac{T_1}{T_2}\right)^2 = \left(\frac{a_1}{a_2}\right)^3.$$

Die Quadrate der Umlaufzeiten zweier Planeten verhalten sich also so zueinander wie die dritten Potenzen der großen Halbachsen dieser Planeten.

❗ Merksatz

Drittes keplersches Gesetz:
Die Quadrate der Umlaufzeiten zweier Planeten verhalten sich so zueinander wie die dritten Potenzen der großen Halbachsen dieser Planeten:

$$\left(\frac{T_1}{T_2}\right)^2 = \left(\frac{a_1}{a_2}\right)^3.$$

✱ Beispielaufgabe: Abstand Jupiter-Sonne

Der Jupiter umläuft die Sonne in etwa zwölf Jahren. Bestimmen Sie mit Hilfe der Bahnparameter des Planeten Erde ($a_{\text{Erde}} = 149{,}6 \cdot 10^6$ km, $T_{\text{Erde}} = 1$ Jahr) den Jupiterabstand von der Sonne.

Lösung:
Mit dem dritten keplerschen Gesetz folgt:

$$a_{\text{Jupiter}} = \sqrt[3]{\left(\frac{T_{\text{Jupiter}}}{T_{\text{Erde}}}\right)^2} \cdot a_{\text{Erde}} = 784{,}1 \cdot 10^6 \text{ km}.$$

Beispielaufgabe: Herleitung des dritten keplerschen Gesetzes

Mit Hilfe der keplerschen Gesetze lassen sich die Bewegungen der Himmelskörper in unserem Sonnensystem in guter Näherung beschreiben. Vorausgesetzt wird dabei, dass kleinere Himmelskörper ein massereiches Zentralgestirn umlaufen. Dies ist bei der Sonne und ihren Planeten der Fall. Mit NEWTONS Gravitationsgesetz wurde die Ursache für die gegenseitige Anziehung massebehafteter Körper erkannt. Insbesondere gelang es NEWTON, die keplerschen Gesetze mit Hilfe seines allgemeinen Gravitationsgesetzes herzuleiten.

Vollziehen Sie die Herleitung für das dritte keplersche Gesetz unter der vereinfachenden Annahme von kreisförmigen Planetenbahnen nach.

Lösung:
Da in diesem Fall die Gravitationskraft als Zentripetalkraft wirkt, können die entsprechenden Formeln gleichgesetzt werden:

$$m \cdot r \cdot \omega^2 = G \cdot \frac{m \cdot M}{r^2}.$$

Nach Kürzen von m und mit $\omega = \frac{2\pi}{T}$ ergibt sich:

$$r \cdot \frac{4 \cdot \pi^2}{T^2} = G \cdot \frac{M}{r^2}.$$

Umgestellt folgt:

$$\frac{r^3}{T^2} = G \cdot \frac{M}{4\pi^2}.$$

Da die Masse M des Zentralgestirns für alle umlaufenden Himmelskörper identisch ist, stehen auf der rechten Gleichungsseite nur Konstanten. Für zwei umlaufende Himmelskörper ist der Quotient aus dem Kubus von deren Zentralgestirn-Abstand und dem Quadrat von deren Umlaufzeit also gleich:

$$\frac{r_1^3}{T_1^2} = \frac{r_2^3}{T_2^2}.$$

Sortiert man in der letzten Gleichung nach Abständen und Umlaufzeiten der Himmelskörper, erhält man schließlich das dritte keplersche Gesetz:

$$\left(\frac{T_1}{T_2}\right)^2 = \left(\frac{r_1}{r_2}\right)^3.$$

Da bei dieser Herleitung die Annahme von Kreisbahnen gemacht wurde, stehen hier statt der großen Halbachsen a_i die entsprechenden Radien r_i.

B2 Jupiter und sein Mond Io, aufgenommen von der NASA/ESA-Sonde Cassini-Huygens auf ihrem Weg zu Saturn

Arbeitsaufträge

1 ⇒ Begründen Sie, warum es gerechtfertigt ist, die keplerschen Gesetze bei der Berechnung von Bahnparametern der Jupitermonde zu verwenden.

2 ⇒ Der Mond Io umläuft den Jupiter in 42,46 Stunden. Bestimmen Sie mithilfe der Jupitermasse ($M_J = 1,899 \cdot 10^{27}$ kg) den Radius der als kreisförmig angenommenen Bahn des Mondes.

3 ⇒ In der nachfolgenden Tabelle sind Messwerte für die drei anderen großen Jupitermonde dargestellt. Bestimmen Sie deren Bahnradien mit Hilfe Ihres Ergebnisses aus Aufgabe 2.

Mond	Europa	Ganymed	Kallisto
T in h	85,22	171,72	400,52

4 ⇒ Der halleysche Komet erscheint etwa alle 76 Jahre wieder. Bestimmen Sie aus dieser Beobachtung die große Halbachse der elliptischen Bahn des Kometen.

5 ⇒ Das dritte keplersche Gesetz besagt, dass der Quotient r^3/T^2 konstant ist. Bestimmen Sie den Wert des Quotienten für unser Sonnensystem.

4.5 Bahnen von Raumflugkörpern

B1 *Geostationärer Satellit Astra*

Geostationäre Satelliten. Vor allem bei Kommunikations-, Fernseh- und Wettersatelliten ist es erforderlich, dass sie sich stets oberhalb eines festgelegten Ortes auf der Erde befinden. Dazu muss ihre Umlaufzeit genau der Rotationsdauer T der Erde entsprechen. ▶

Der Bahnradius für einen geostationären Satelliten kann auch hier bestimmt werden, indem man berücksichtigt, dass die Gravitationskraft als Zentripetalkraft wirkt:

$$m \cdot r \cdot \omega^2 = G \cdot \frac{m \cdot M}{r^2}.$$

Nach Kürzen von m und Umstellen nach r ergibt sich:

$$r = \sqrt[3]{\frac{G \cdot M}{\omega^2}}.$$

Setzt man $\omega = \frac{2\pi}{T}$ in die Gleichung ein, so erhält man:

$$r = \sqrt[3]{\frac{G \cdot M \cdot T^2}{4\pi^2}} = 42\,164 \text{ km}.$$

Zieht man hiervon den Erdradius ($r_{\text{Erde}} = 6371$ km) ab, dann ergibt sich, dass geostationäre Satelliten in einer Höhe von 35 793 km oberhalb der Erdoberfläche positioniert werden müssen.

> **! Merksatz**
>
> Geostationäre Satelliten befinden sich oberhalb eines festgelegten Ortes der Erdoberfläche. Ihre Umlaufzeit muss dafür genau der Rotationsdauer der Erde entsprechen. Dies ist nur auf einer Umlaufbahn mit dem Radius $r = 42\,164$ km möglich. Damit befinden sich geostationäre Satelliten in einer Höhe von 35 793 km über der Erdoberfläche.

Kosmische Geschwindigkeiten. In der Raumfahrttechnik interessiert man sich dafür, mit welchen Geschwindigkeiten Raumflugkörper von der Erdoberfläche abgeschossen werden müssen, um bestimmte Flugbahnen zu erreichen. Wenn man einen Gegenstand horizontal abwirft, fällt er auf einer parabelförmigen Bahn zu Boden. Erhöht man die Abwurfgeschwindigkeit immer mehr, öffnet sich die Flugparabel immer weiter. Aufgrund der Erdkrümmung kommt es schließlich zu einer oberflächennahen Kreisbahn um die ganze Erde. Der Betrag der dazu erforderlichen Geschwindigkeit wird **erste kosmische Geschwindigkeit** genannt. Sie lässt sich mit $\omega = v_1 \cdot r_{\text{Erde}}^{-1}$ leicht berechnen:

$$m \cdot r_{\text{Erde}} \cdot \omega^2 = m \cdot \frac{v_1^2}{r_{\text{Erde}}} = G \cdot \frac{m \cdot M}{r_{\text{Erde}}^2}.$$

Durch Umstellen nach v_1 ergibt sich:

$$v_1 = \sqrt{\frac{G \cdot M}{r_{\text{Erde}}}} = 7{,}91 \, \frac{\text{km}}{\text{s}}.$$

Wenn dagegen ein Raumflugkörper ohne eigenen Antrieb das Gravitationsfeld der Erde verlassen soll, so muss seine Bewegungsenergie beim Start an der Erdoberfläche der Lageenergie entsprechen, die der Raumflugköper in unendlicher Entfernung zur Erde hätte:

$$\frac{1}{2} m \cdot v_2^2 = G \cdot m \cdot M \cdot \frac{1}{r_{\text{Erde}}}.$$

Nach Kürzen von m und Umstellen nach v_2 ergibt sich:

$$v_2 = \sqrt{\frac{2 \cdot G \cdot M}{r_{\text{Erde}}}} = 11{,}19 \, \frac{\text{km}}{\text{s}}.$$

Dies nennt man **Fluchtgeschwindigkeit** oder **zweite kosmische Geschwindigkeit**.

> **! Merksatz**
>
> **Erste kosmische Geschwindigkeit:**
> Als erste kosmische Geschwindigkeit wird die Geschwindigkeit bezeichnet, mit der ein Körper horizontal abgestoßen werden müsste, um die Erde auf einer Kreisbahn nahe der Erdoberfläche zu umrunden. Sie beträgt: $v_1 = 7{,}91$ km · s^{-1}.
>
> **Zweite kosmische Geschwindigkeit:**
> Als zweite kosmische Geschwindigkeit bezeichnet man die Geschwindigkeit, die erforderlich ist, damit ein Körper das Gravitationsfeld der Erde verlässt. Sie beträgt: $v_2 = 11{,}19$ km · s^{-1}.

Exkurs: Hohmann-Transfer

Ein häufiges Problem in der Raumfahrt besteht darin, einen Raumflugkörper aus einer bestehenden kreisförmigen Umlaufbahn auf eine höhere kreisförmige Umlaufbahn zu heben. Bei dem Raumflugkörper kann es sich z. B. um einen Satelliten handeln, der auf eine höhere Umlaufbahn um die Erde gebracht werden muss, oder um ein bemanntes Raumschiff, das aus der Umlaufbahn der Erde um die Sonne auf die (kreisförmig gedachte) Umlaufbahn des Mars um die Sonne befördert werden soll.

Eine energetisch günstige Lösung dieses Problems formulierte WALTER HOHMANN bereits im Jahre 1925. Dabei wird der Raumflugkörper auf seiner unteren Kreisbahn durch kurzzeitiges Zünden seiner Triebwerke beschleunigt und dadurch auf eine elliptische Übergangsbahn gebracht. Erreicht der Raumflugkörper auf seiner elliptischen Flugbahn den entferntesten Punkt vom Zentralgestirn, wird er erneut beschleunigt, sodass er nun die für die obere Kreisbahn erforderliche Geschwindigkeit hat.

Um einen solchen Hohmann-Transfer durchführen zu können, muss bekannt sein, auf welche Geschwindigkeit der Raumflugkörper am Ort seiner ursprünglichen Kreisbahn beschleunigt werden muss. Dazu müssen wir neben dem Energieerhaltungssatz einen weiteren wichtigen Erhaltungssatz der Physik zu Hilfe nehmen: den **Drehimpulserhaltungssatz**. Bezogen auf das hier diskutierte Beispiel sagt der Drehimpulserhaltungssatz aus, dass das Produkt aus dem Abstand r_i vom Zentralgestirn und dem Impuls des Raumflugkörpers $m \cdot v_i$ auf seiner unteren Kreisbahn genauso groß sein muss wie auf seiner oberen:

$$r_P \cdot m \cdot v_P = r_A \cdot m \cdot v_A.$$

Gekürzt durch m und umgestellt nach v_A ergibt sich:

$$v_A = \frac{r_P}{r_A} \cdot v_P. \quad (1)$$

Der Energieerhaltungssatz besagt, dass die Summe aus Bewegungs- und Lageenergie auf beiden Bahnen gleich sein muss:

$$\frac{1}{2} m \cdot v_P^2 + G \cdot \frac{m \cdot M}{r_P} = \frac{1}{2} m \cdot v_A^2 + G \cdot \frac{m \cdot M}{r_A}.$$

Nach Kürzen durch m und umstellen nach den Geschwindigkeiten ergibt sich:

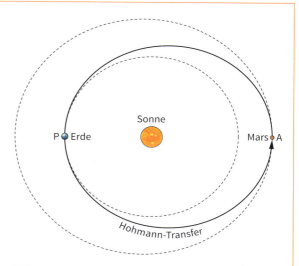

B2 Hohmann-Transfer zum Mars

$$v_P^2 - v_A^2 = 2 \cdot G \cdot M \cdot \left(\frac{1}{r_P} - \frac{1}{r_A}\right). \quad (2)$$

Setzt man nun Gleichung (1) in Gleichung (2) ein und klammert v_P^2 aus, so ergibt sich:

$$\left(1 - \left(\frac{r_P}{r_A}\right)^2\right) \cdot v_P^2 = \frac{2 \cdot G \cdot M}{r_P} \cdot \left(1 - \frac{r_P}{r_A}\right).$$

Der Klammerterm auf der linken Gleichungsseite kann mit Hilfe der dritten binomischen Formel faktorisiert werden. Ein Faktor kann dann gegen den Klammerterm auf der rechten Seite gekürzt werden. Es folgt:

$$\left(1 + \frac{r_P}{r_A}\right) \cdot v_P^2 = \frac{2 \cdot G \cdot M}{r_P}$$

Bringt man die Summanden im Klammerterm auf den gemeinsamen Nenner r_A und löst die Gleichung dann nach v_P auf, ergibt sich:

$$v_P^2 = \frac{2 \cdot G \cdot M}{r_P} \cdot \frac{r_A}{r_A + r_P}$$

$$v_P = \sqrt{\frac{2 \cdot G \cdot M}{r_A + r_P} \cdot \frac{r_A}{r_P}}$$

Für die Reise zu Mars ergäbe sich beispielsweise $v_P = 32{,}7$ km · s^{-1}. Da die Bahngeschwindigkeit der Erde 29,8 km · s^{-1} beträgt, muss der Raumflugkörper relativ zur Erde auf 2,9 km · s^{-1} beschleunigt werden. Mit dem 3. keplerschen Gesetz ergibt sich eine Reisedauer von der Erde zum Mars von etwa 237 Tagen.

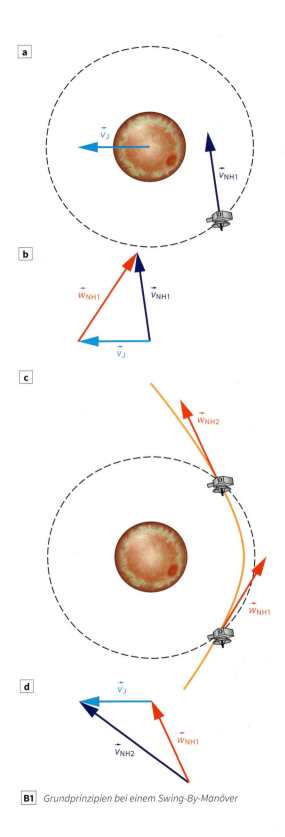

B1 *Grundprinzipien bei einem Swing-By-Manöver*

Swing-By-Manöver. Bei interplanetaren Raumflügen kann man die Gravitationsfelder der Planeten nutzen, um die Richtung und den Betrag der Geschwindigkeit des Raumflugkörpers zu ändern. In der Raumfahrtwissenschaft wird dies ein Swing-By-Manöver genannt. Fliegt eine Raumsonde beispielsweise hinter einem in der Nähe vorbeiziehenden Planeten vorbei, zieht der Planet die Raumsonde mit seiner Gravitationskraft ein Stück hinter sich her und beschleunigt sie dabei. Nach dem Wechselwirkungsprinzip wird der Planet bei diesem Vorgang zwar etwas abgebremst, aber aufgrund der enormen Massendifferenz zwischen Raumsonde und Planet ist dieser Effekt zu vernachlässigen. Da es sich insgesamt um ein Dreikörperproblem (Sonne, Planet, Raumsonde) handelt, ist eine analytische Beschreibung der Vorgänge bei einem Swing-By praktisch nicht möglich. Bild **B1** veranschaulicht aber dessen Grundprinzipien anhand des Swing-Bys der NASA-Raumsonde New Horizons am Jupiter.

a) Im *Bezugssystem der Sonne* bewegt sich der Planet Jupiter mit der Geschwindigkeit $\vec{v}_J$ längs seiner Bahn. Die Raumsonde dringt mit ihrem Geschwindigkeitsvektor $\vec{v}_{NH1}$ in den Raumbereich ein, in dem das Gravitationsfeld des Jupiters dominiert (Bild **B1a**).

b) Im *Bezugssystem des Jupiters* bewegt sich die Raumsonde mit der Geschwindigkeit $\vec{w}_{NH1}$, die sich aus der Differenz $\vec{v}_{NH1} - \vec{v}_J$ ergibt (Bild **B1b**).

c) Wir bleiben weiterhin im *Bezugssystem des Jupiters*. Hier bewegt sich die Raumsonde auf einer hyperbolischen Bahn und verlässt den vom Jupiter dominierten Feldbereich aus Symmetriegründen mit einem Geschwindigkeitsvektor, der denselben Betrag hat wie jener beim Eintritt: $|\vec{w}_{NH2}| = |\vec{w}_{NH1}|$. Die Flugrichtung wurde jedoch durch das Swing-By-Manöver in Richtung des Jupiters verändert (Bild **B1c**).

d) Nun kehren wir in das *Bezugssystem der Sonne* zurück. Um herauszufinden, mit welchem Geschwindigkeitsvektor $\vec{v}_{NH2}$ die Raumsonde in diesem System den vom Jupiter dominierten Gravitationsbereich verlässt, müssen wir den Geschwindigkeitsvektor des Jupiters, den wir beim Wechsel in das Bezugsystem des Jupiters in b) abgezogen haben, nun wieder hinzuaddieren: $\vec{v}_{NH2} = \vec{w}_{NH2} + \vec{v}_J$. Es wird deutlich, dass der Betrag von $\vec{v}_{NH2}$ jenen von $\vec{v}_{NH1}$ übersteigt: Die Raumsonde ist durch das Swing-By-Manöver schneller geworden und hat ihre Flugrichtung geändert. Fliegt man die Raumsonde vor dem Planeten entlang, ändert sich ebenfalls die Flugrichtung, die Sonde wird in diesem Fall aber abgebremst.

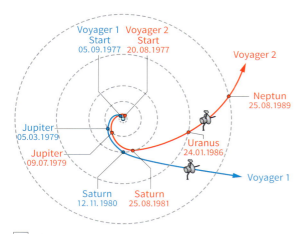

B2 *Flugbahnen der interplanetaren Sonden Voyager 1 und 2*

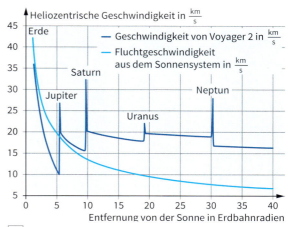

B3 *Heliozentrisches Geschwindigkeitsprofil der Sonde Voyager 2*

❗ Merksatz

Durch den nahen Vorbeiflug an Himmelskörpern kann die Geschwindigkeit interplanetarer Raumsonden in Betrag und Richtung verändert werden. Man nennt dies ein Swing-By-Manöver.
Fliegt die Raumsonde hinter dem Himmelskörper entlang, wird sie schneller. Fliegt sie vor dem Himmelskörper entlang, wird sie abgebremst. In jedem Fall wird der Geschwindigkeitsvektor in Richtung des Himmelskörpers gedreht.

Voyager – Botschafter der Menschheit. Im Spätsommer 1977 wurden von Cape Canaveral aus zwei Raumsonden zur Untersuchung des äußeren Sonnensystems gestartet. Beide waren gespickt mit über zwanzig vollautomatischen Experimenten zur Untersuchung der Gasriesen Jupiter und Saturn. Eine der beiden Sonden, Voyager 2, sollte mit Hilfe eines vierfachen Swing-By-Manövers zusätzlich Uranus und Neptun bereisen (Bild **B2**). Bis zu diesem Zeitpunkt hatte noch kein Mensch Oberflächendetails dieser Außenposten unseres Sonnensystems zu Gesicht bekommen.

Nach den Passagen und der erfolgreichen Aufnahme der Messdaten und einer Vielzahl sensationeller Fotografien verließen die beiden Raumsonden unser Sonnensystem und befinden sich seither im interstellaren Raum. An Bord tragen sie je eine Schallplatte mit Geräuschaufnahmen und digitalen Bilddaten von der Erde. Falls sie eines fernen Tages von außerirdischen Zivilisationen geborgen werden sollten, dienen sie so als Botschafter der Erde und ihrer Bewohner.

Arbeitsaufträge

1 ➡ Besuchen Sie die Homepage des Voyager-Projekts und tragen Sie – nach Planeten sortiert – die zentralen Forschungsergebnisse zusammen, die mit Hilfe der Sonden erzielt wurden.

2 🖋 Bild **B3** zeigt das heliozentrische Geschwindigkeitsprofil der Sonde Voyager 2.
a) Lesen Sie die Geschwindigkeit ab, mit der die Raumsonde Voyager 2 gestartet wurde. Geben Sie außerdem die Geschwindigkeit an, die erforderlich ist, um das Sonnensystem vom Ort der Erde aus zu verlassen.
b) Schätzen Sie die Beträge ab, um die sich die Geschwindigkeit der Raumsonden bei den vier Swing-By-Manövern jeweils verändert hat.
c) Die Raumsonde Voyager 2 wurde durch den Swing-By am Neptun offenbar langsamer.
Erläutern Sie die physikalischen Hintergründe für diese Tatsache.
d) Bei der Annäherung an den Saturn erhöhte sich die Geschwindigkeit der Raumsonde etwa in demselben Maße wie bei der Annäherung an Jupiter, obwohl Jupiter fast 3,5-mal so massereich ist wie Saturn.
Erläutern Sie die Gründe für diese Tatsache.

3 🖋 Diskutieren Sie analog zu den Ausführungen auf der nebenstehenden Seite den Bewegungsvorgang einer Raumsonde, die vor dem Jupiter entlang fliegt. Zeichnen Sie in diesem Zusammenhang auch die zugehörigen Vektordiagramme.

Zusammenfassung

1. Gravitationsgesetz
Der Betrag der Gravitationskraft zwischen zwei Körpern der Masse m_1 bzw. m_2, die sich im Abstand r voneinander befinden, beträgt:

$$F_G = G \cdot \frac{m_1 \cdot m_2}{r^2}.$$

Dabei ist G die **Gravitationskonstante.** Sie hat einen Wert von $G = 6{,}673 \cdot 10^{-11}\ \mathrm{m^3 \cdot kg^{-1} \cdot s^{-2}}$.

2. Fallbeschleunigung
Der Quotient aus Gewichtskraft und Masse ist an einem festen Ort für alle Körper gleich. Er wird Fallbeschleunigung genannt und mit g bezeichnet. An der Erdoberfläche beträgt der Wert der Fallbeschleunigung etwa: $g \approx 9{,}81\ \mathrm{m \cdot s^{-2}}$.

3. Gravitationsfeldstärke
Der Quotient aus der Gravitationskraft, die an einem bestimmten Ort auf einen Körper wirkt, und dessen Masse m wird Gravitationsfeldstärke a_{Gr} genannt:

$$a_{Gr}(r) = \frac{F_G}{m} = G \cdot \frac{M}{r}.$$

Dabei ist M die Masse des Himmelskörpers.

4. Energie im Gravitationsfeld
Homogenes Feld: In einem kleinen Raumbereich kann das Gravitationsfeld eines felderzeugenden Körpers als homogen angenommen werden. Hebt man eine Masse m innerhalb dieses Raumbereiches von Punkt P_B auf den um h höher gelegenen Punkt P_A, so erhöht sich dessen Lageenergie um:

$$E_L = m \cdot g \cdot h = m \cdot g \cdot (r_A - r_B).$$

Radiales Feld:

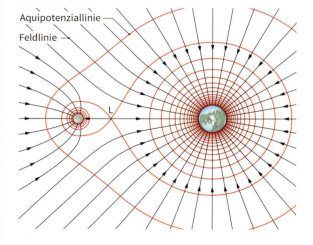

Hebt man eine Masse m in einem radialen Gravitationsfeld eines Himmelskörpers von Punkt P_B (Abstand r_B zum Mittelpunkt des Himmelskörpers) auf den um r höher gelegenen Punkt P_A (Abstand r_A), so erhöht sich dessen Lageenergie um:

$$E_L = G \cdot m \cdot M \cdot \left(\frac{1}{r_B} - \frac{1}{r_A}\right).$$

Die Kraftwirkungen im Gravitationsfeld können durch Feldlinien veranschaulicht werden. **Äquipotenziallinien** zeigen Orte gleichen Gravitationspotenzials an.

5. Keplersche Gesetze
Erstes keplersches Gesetz: Die Planeten bewegen sich auf elliptischen Bahnen, in deren einem Brennpunkt die Sonne steht.

Zweites keplersches Gesetz: Der Verbindungsstrahl von der Sonne zum Planeten überstreicht in gleichen Zeiten gleiche Flächen.

Drittes keplersches Gesetz: Die Quadrate der Umlaufzeiten zweier Planeten verhalten sich so zueinander wie die Kuben der großen Halbachsen dieser Planeten:

$$\left(\frac{T_1}{T_2}\right)^2 = \left(\frac{a_1}{a_2}\right)^3.$$

6. Bahnen von Raumflugkörpern
Geostationäre Satelliten befinden sich oberhalb eines festgelegten Ortes der Erdoberfläche. Ihre Umlaufzeit muss dafür genau der Rotationsdauer der Erde entsprechen. Dies ist nur auf einer Umlaufbahn mit dem Radius $r = 42\,164$ km möglich.

Als **erste kosmische Geschwindigkeit** wird die Geschwindigkeit bezeichnet, mit der ein Körper horizontal abgestoßen werden müsste, um die Erde auf einer Kreisbahn nahe der Erdoberfläche zu umrunden. Sie beträgt: $v_1 = 7{,}91\ \mathrm{km \cdot s^{-1}}$.

Als **zweite kosmische Geschwindigkeit** bezeichnet man die Geschwindigkeit, die erforderlich ist, damit ein Körper das Gravitationsfeld der Erde verlässt. Sie beträgt: $v_2 = 11{,}19\ \mathrm{km \cdot s^{-1}}$.

7. Swing-By-Manöver
Durch den nahen Vorbeiflug an Himmelskörpern kann die Geschwindigkeit interplanetarer Raumsonden in Betrag und Richtung verändert werden. Fliegt die Raumsonde hinter dem Himmelskörper entlang, wird sie schneller. Fliegt sie vor dem Himmelskörper entlang, wird sie abgebremst.

Aufgaben mit Lösungen

1 ➡ Sirius ist der Stern mit der größten scheinbaren Helligkeit an unserem Nachthimmel. Im Teleskop zeigt sich, dass es sich bei Sirius um ein Doppelsternsystem handelt. Sirius A ist der größere der beiden Sterne. Er hat eine Masse von $4{,}22 \cdot 10^{30}$ kg und ist fast doppelt so groß wie unsere Sonne. Sirius B ist ein weißer Zwergstern, der zwar nur etwa die Größe unserer Erde besitzt, dafür aber mit $1{,}95 \cdot 10^{30}$ kg über 300 000-mal so viel Masse wie diese hat. Der Abstand der beiden Sterne variiert zwischen $1{,}2 \cdot 10^{12}$ m und $4{,}71 \cdot 10^{12}$ m. Bestimmen Sie, mit welcher Kraft sich die beiden Sterne anziehen.

2 ↗ Eine Blei- und eine Holzkugel von 12 cm Durchmesser werden aus einer Höhe von 47 m vom Schiefen Turm in Pisa fallengelassen. Die Dichte des Holzes beträgt 500 kg · m^{-3}. Die Dichte von Blei beträgt 11 342 kg · m^{-3}.
a) Bestimmen Sie die Gravitationskräfte, die auf die beiden Kugeln wirken, sowie die Fallzeiten bei Vernachlässigung des Luftwiderstandes.
b) Nehmen Sie nun an, dass auf beide Kugeln während des Fallens eine durchschnittliche Luftreibungskraft von 0,69 N wirkt.
Bestimmen Sie für diesen Fall die Kräfte, mit denen die Kugeln beschleunigt werden, sowie die entsprechenden Fallzeiten.

3 ↗ Der Marsmond Phobos umrundet seinen Planeten in 0,319 (Erd-)Tagen einmal. Die Masse des Mars beträgt $M_{Mars} = 6{,}417 \cdot 10^{23}$ kg.
a) Bestimmen Sie den Radius der Phobos-Bahn.

b) Deimos, der andere Marsmond, umrundet seinen Planeten in 1,262 Tagen. Bestimmen Sie den Radius der Deimos-Bahn, ohne die Masse des Mars zu verwenden.

4 ➡ Beschreiben Sie, worin der Unterschied zwischen der Gravitationsfeldstärke und der Fallbeschleunigung besteht.

5 ↗ a) Bestimmen Sie die Zunahme an Lageenergie, wenn ein Bergsteiger (m = 75 kg) vom South Base Camp in Nepal (Höhe über NN: 5364 m) den Mount Everest (8848 m Höhe über NN) erklimmt. Rechnen Sie einmal unter der Annahme eines homogenen Gravitationsfeldes und einmal mit Hilfe der Formel für das radiale Gravitationsfeld.
b) Vergleichen Sie Ihre Ergebnisse und begründen Sie, ob die Annahme eines homogenen Gravitationsfeldes in diesem Fall gerechtfertigt war.

6 ↑ a) Eine Raumsonde wurde mittels eines Hohmann-Transfers zum Mars gesendet. Bestimmen Sie die Geschwindigkeit, mit der die Sonde beim Mars ankommt.
b) Recherchieren Sie die Bahngeschwindigkeit des Mars und überlegen Sie dann, um welchen Betrag die Geschwindigkeit durch kurzzeitiges Zünden eines Triebwerkes ggf. erhöht werden muss, damit die Sonde auf eine Kreisbahn gebracht werden kann.

7

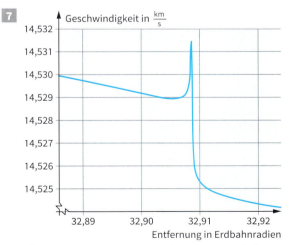

↗ Betrachten Sie das abgebildete Geschwindigkeitsprofil der Raumsonde New Horizon beim Vorbeiflug am Pluto. Begründen Sie, ob die Sonde vor oder hinter dem Kleinplaneten entlanggeflogen ist.

4.6 Spezielle Relativitätstheorie

B1 ALBERT EINSTEIN: a) zu Beginn seiner Karriere und b) verewigt in typischer Pose im haushohen Graffiti in New York City

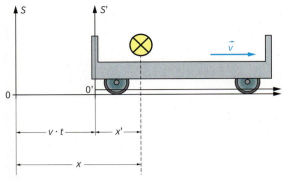

B2 Gedankenexperimente – Beobachtungen im ruhenden System S (Bahnsteig) und im bewegten System S' (Zug)

ALBERT EINSTEIN. Anfang des 20. Jahrhunderts begründete ALBERT EINSTEIN eine neue physikalische Theorie, die Relativitätstheorie. Sie entwickelte sich neben der Quantentheorie zur bedeutendsten physikalischen Theorie des 20. und 21. Jahrhunderts. Beide Theorien haben das physikalische Weltbild grundlegend verändert. EINSTEIN wurde u. a. für die **Spezielle Relativitätstheorie (SRT)** von 1905 und deren Erweiterung 1915 zur **Allgemeinen Relativitätstheorie (ART)** auch außerhalb der Fachwelt berühmt. Er galt schon zu Lebzeiten als „Star" der Physik mit hohem Wiedererkennungswert (Bild **B1**).

Vorstellungen von Raum und Zeit, die Philosophen und Physiker wie IMMANUEL KANT oder ISAAC NEWTON seit jeher beschäftigt haben, wurden durch die Relativitätstheorie in einer bis dahin kaum vorstellbaren Art und Weise ins Wanken gebracht. Gibt es eine für alle Menschen gültige, gleichmäßig dahinfließende Zeit? Gibt es einen von uns unabhängigen Raum mit für alle gleichen Abmessungen? Eine bis ins 20. Jahrhundert gängige Vorstellung, die u. a. auch NEWTON teilte, verstand die Zeit als absolut gegeben, ohne Beziehung auf äußere Gegenstände oder den Menschen. In der Relativitätstheorie wird diese Vorstellung aufgegeben.

In der Mechanik werden Bewegungen durch die Angabe eines Bezugssystems und von Koordinaten in diesem System festgelegt. Viele Betrachtungen in der SRT finden wie in Bild **B2** in **Inertialsystemen** statt. In ihnen gilt das newtonsche Trägheitsgesetz (*inertia*, lat.: Trägheit). Inertialsysteme bewegen sich relativ zueinander mit gleichförmiger (konstanter) Geschwindigkeit $\vec{v}$. Sie sind insbesondere von rotierenden und beschleunigten Bezugssystemen zu unterscheiden.

Das Relativitätsprinzip nach GALILEI. Schon GALILEO GALILEI dachte um 1630 über Relativbewegungen nach und stellte fest, dass bei einer gleichförmigen Relativbewegung kein System vor dem anderen ausgezeichnet sei **(Relativitätsprinzip)**. Ein absolut ruhendes System könne man demnach nicht finden und in allen Inertialsystemen gelten die gleichen physikalischen Gesetze.

Die Beobachtung des Ortes einer Blitzlampe wie in Bild **B2** lässt sich in verschiedenen mit der Geschwindigkeit v relativ zueinander bewegten Systemen wie Zug (S') und Bahnsteig (S) mit Koordinaten beschreiben. Die in einem System S gemessenen Größen lassen sich (Bild **B2**) in entsprechende Größen im bewegten System S' umrechnen (transformieren). Die Umrechnungsgleichungen werden **Galilei-Transformationen** genannt:

$$x' = x - v \cdot t, \quad y' = y, \quad z' = z, \quad t' = t.$$

Insbesondere gilt in dieser klassischen (später sagt man auch nicht-relativistischen) Betrachtungsweise, dass die Zeit in beiden Inertialsystemen in gleicher Weise verstreicht ($t = t'$). Daher können Geschwindigkeiten und auch Beschleunigungen als zeitliche Änderung von Ortsdifferenzen bzw. Geschwindigkeiten gemäß

$$v'_x = v_x - v \quad \text{bzw.} \quad a'_x = a_x$$

von einem System S in ein dazu gleichförmig bewegtes System S' umgerechnet (transformiert) werden. An einem mechanischen System wird in der **Beispielaufgabe** gezeigt, dass kein Inertialsystem vor einem anderen ausgezeichnet ist. In allen Inertialsystemen gelten also die gleichen Bewegungsgesetze.

Postulate der SRT. „Wie schnell ist ein Lichtblitz, wenn ich ihm mit halber Lichtgeschwindigkeit hinterherlaufe?" fragte sich ALBERT EINSTEIN bereits als Schüler. Es handelt sich hier um ein **Gedankenexperiment**, da es als reales Experiment nicht umgesetzt werden kann. Gedankenexperimente werden in der Physik häufig angestellt, um Theorien zu hinterfragen.

EINSTEIN entwickelte seine Relativitätstheorie vor dem Hintergrund der Vorstellungen und experimentellen Befunde des 19. und 20. Jahrhunderts. Dazu gehörten Versuche zur Bestimmung der Lichtgeschwindigkeit sowie die Schlussfolgerung von JAMES CLERK MAXWELL, dass sich elektromagnetische Wellen, wie Licht, immer mit der gleichen Geschwindigkeit und unabhängig vom Beobachter ausbreiten müssten.

EINSTEIN formulierte als Basis seiner Speziellen Relativitätstheorie (SRT) zwei Postulate. Das sind Grundannahmen, die nicht aus anderen Prinzipien hergeleitet werden können. Im ersten Postulat erweiterte er die Gültigkeit des Relativitätsprinzips über die Mechanik hinaus und postulierte, dass in allen Inertialsystemen die gleichen physikalischen Gesetze gelten müssen: das **einsteinsche Relativitätsprinzip.**

Die Galilei-Transformationen aber musste er aufgeben und durch andere Gleichungen, die **Lorentz-Transformationen,** ersetzen. Ursache war die Unverträglichkeit mit dem zweiten Postulat der SRT, dem **Prinzip von der Konstanz der Lichtgeschwindigkeit.** EINSTEIN postulierte, dass das Licht sich im Vakuum in jedem Inertialsystem mit der gleichen Geschwindigkeit c bewegt.

So unscheinbar die beiden Postulate zunächst wirken, so weitreichend sind die Konsequenzen für das physikalische Weltbild. Unter den relativistischen Effekten sind einige, die der menschlichen Erfahrung zu widersprechen scheinen, also paradox wirken.

> **! Merksatz**
>
> **Einsteinsches Relativitätsprinzip:** Es existiert kein absolut ruhendes Bezugssystem. In allen Inertialsystemen gelten die gleichen physikalischen Gesetze.
> **Prinzip von der Konstanz der Lichtgeschwindigkeit:** Licht bewegt sich im Vakuum in jedem Inertialsystem mit der gleichen Geschwindigkeit c.

Beispielaufgabe: Federschwinger

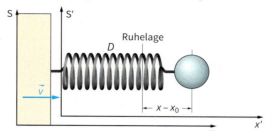

Zeigen Sie, dass die Bewegungsgleichung für einen horizontalen reibungsfreien Federschwinger in zwei horizontalen zueinander mit der Geschwindigkeit v bewegten Inertialsystemen S und S′ die gleiche Form haben.

Lösung:
Im ruhenden System S gilt das hookesche Gesetz mit der Federkonstanten D:

$$m \cdot a_x = D \cdot (x - x_0).$$

Anwendung der Galilei-Transformation in x-Richtung $x' = x - v \cdot t$ bzw. $x = x' + v \cdot t$ führt auf:

$$m \cdot a_x = D \cdot (x - x_0) = D \cdot (x' + v \cdot t - (x_0' + v \cdot t))$$
$$= D \cdot (x' - x_0').$$

Da sich in dieser klassischen Betrachtungsweise Geschwindigkeiten und Beschleunigungen aufgrund von $t' = t$ nach $v_x = v_x'$ und $a_x = a_x'$ transformieren, gilt:

$$m \cdot a_x' = D \cdot (x' - x_0').$$

Die Bewegungsgleichungen haben also in S und S′ die gleiche Form.

Arbeitsaufträge

1 Ein Beifahrer wirft auf der Rückbank eines mit $30 \frac{\text{km}}{\text{h}}$ fahrenden Cabrios einen Golfball senkrecht in die Höhe. Am Straßenrand beobachtet eine wartende Polizistin die Szene.
a) Beschreiben Sie die Bewegung des Balls aus der Sicht des Beifahrers und der Polizistin.
b) Führen Sie die Bahnkurven mit den Galilei-Transformationen ineinander über.

2 Nennen Sie Beispiele für Inertialsysteme und diskutieren Sie, ob die Erde ein Inertialsystem darstellt.

4.7 Lichtgeschwindigkeit

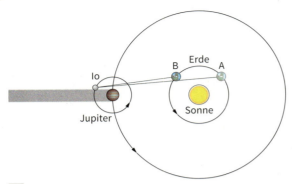

B1 Bestimmung der Lichtgeschwindigkeit nach Ole Römer.

Ausbreitung von Licht. Licht lässt sich wie Schall als Welle beschreiben. Ebenso wie sich eine Schallwelle mit einer bestimmten Geschwindigkeit ausbreitet, hat Licht aufgrund der wellenartigen Ausbreitung eine endliche Ausbreitungsgeschwindigkeit, die Lichtgeschwindigkeit c.

Im Vergleich zu Geschwindigkeiten im Alltag ist die Lichtgeschwindigkeit sehr groß. Damit ist es schwierig nachzuweisen, dass Licht eine gewisse Zeit braucht, um von einem Ort zu einem anderen zu kommen. Bei der bekannten Entfernungsabschätzung eines Gewitters (Teilen der Schallgeschwindigkeit $v_S \approx 340\,\frac{m}{s}$ durch die Zeitspanne Δt zwischen Blitz und Donnerknall) wird sogar angenommen, dass c im Vergleich zur Schallgeschwindigkeit v_S „unendlich" groß ist. Der damit verbundene Fehler in der Entfernungsabschätzung ist vernachlässigbar klein.

Erste Messungen der Lichtgeschwindigkeit. Bis ins 17. Jahrhundert wurde Licht keine Geschwindigkeit zugeschrieben. Noch Johannes Kepler glaubte zu dieser Zeit, dass Licht sich zumindest im Vakuum instantan, also ohne Verzögerung, ausbreite, da keine Materie es aufhalte. Galileo Galilei diskutierte die Möglichkeit einer endlichen Lichtgeschwindigkeit.

Erst genaue astronomische Beobachtungen des dänischen Astronomen Ole Römer im Jahre 1676 lieferten die Grundlage für einen groben endlichen Wert für die Lichtgeschwindigkeit. Er beobachtete den Mond Io, der den Planeten Jupiter in etwa 1,8 Tagen umrundet, und insbesondere die regelmäßigen Ein- und Austritte in bzw. aus dem Schattenraum des Jupiters. Römer stellte dabei fest, dass zum Beispiel die regelmäßigen Eintritte verfrüht eintraten, wenn sich die Erde dem Jupiter genähert hatte (Bild **B1**: A → B). Aus diesen Beobachtungen berechnete Christiaan Huygens eine Lichtgeschwindigkeit von etwa $c = 213\,000\,\frac{km}{s}$.

Messung der Lichtgeschwindigkeit auf der Erde. Erst im 19. Jahrhundert versuchte man mit irdischen Messmethoden die Geschwindigkeit des Lichts zu messen. Armand Fizeau verwendete 1849 eine „Zahnradmethode", bei der ein Lichtbündel auf einem Hin- und Rückweg durch Lücken zwischen den Zähnen eines Zahnrades laufen musste.

Léon Foucault benutzte 1850 ein abgewandeltes Experiment von Fizeau mit einem schnell rotierenden Spiegel und ermittelte eine Lichtgeschwindigkeit von $c = 298\,000\,\frac{km}{s}$ (Versuch **V1**). Dieser Wert weicht nur um 0,6 % von dem heute akzeptierten Wert für c ab. Das von einem Drehspiegel reflektierte Licht durchläuft dabei eine Strecke $2b$ in einer Zeit t und trifft erneut auf den Drehspiegel. In der Zeit t hat sich der Drehspiegel um einen Winkel $\alpha = 2\pi \cdot f \cdot t$ weitergedreht. Es ist daher $t = \frac{\alpha}{2\pi \cdot f}$. Der noch unbekannte Winkel α lässt sich aus dem Abstand Δs zwischen Lichtquelle und Beobachtungsteleskop und deren Abstand a zur Mitte des Drehspiegels bestimmen. Für kleine Winkel α gilt:

$$\alpha \approx \sin(\alpha) = \frac{\Delta s}{2a}.$$

Die Lichtgeschwindigkeit beträgt somit:

$$c = \frac{2b}{t} = \frac{4\pi \cdot b \cdot f}{\alpha} \approx \frac{8\pi \cdot a \cdot b \cdot f}{\Delta s}.$$

Albert A. Michelson verbesserte diesen schwierigen Versuch, den es auch in einer Schulversion mit Laserlicht gibt.

Eine Variante zur Bestimmung der Lichtgeschwindigkeit c mit elektronischen Mitteln zeigt Versuch **V2**. Ein kurzer Lichtpuls, der „Messstrahl", durchläuft eine bekannte Strecke $\frac{s}{2}$ in einer Zeit t zweimal. Die Zeit t wird mit Hilfe eines zweiten Lichtbündels, dem Referenzstrahl, bestimmt. Die Lichtgeschwindigkeit ergibt sich dann zu $c \approx \frac{s}{t}$.

Eine praktische Anwendung dieses Messverfahrens ist die Entfernungsmessung. Der Wert der Lichtgeschwindigkeit c wird dabei als bekannt angenommen und ein unbekannter Abstand $\frac{s}{2}$ experimentell aus dem zeitlichen Abstand von „Referenzstrahl" und „Messstrahl" bestimmt.

V1 Drehspiegelmethode nach FOUCAULT

In einem vereinfachten Grundaufbau des Versuchs trifft ein schmales Lichtbündel im Abstand a von der Lichtquelle auf einen Drehspiegel, der mit hoher Geschwindigkeit (z. B. 500 Umdrehungen je Sekunde) rotiert. Das reflektierte Licht wird auf einen weit entfernt liegenden ebenen Spiegel ($b \approx 10$ m) abgebildet und fällt zurück auf den Drehspiegel.

Aufgrund der endlichen Ausbreitungsgeschwindigkeit c des Lichts hat sich der Drehspiegel in der Zwischenzeit um einen Winkel α weitergedreht. Das Lichtbündel wird daher am Drehspiegel statt in Richtung Lichtquelle in Richtung eines Beobachtungsteleskops im Abstand Δs zur Lichtquelle reflektiert. Aus den bekannten Abständen a, b und Δs sowie der bekannten Drehfrequenz des Spiegels lässt sich die Lichtgeschwindigkeit berechnen.

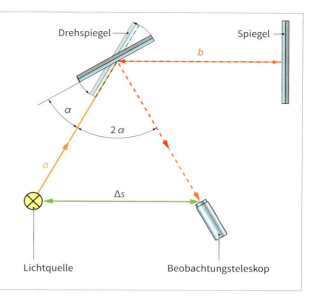

V2 Messung der Lichtgeschwindigkeit durch kurze Lichtpulse

Eine LED sendet mit hoher Frequenz sehr kurze Lichtpulse im Nanosekundenbereich aus. Der Lichtpulse wird an einem halbdurchlässigen Spiegel zu 50% durchgelassen und zu 50% senkrecht zur ursprünglichen Ausbreitungsrichtung reflektiert.

Das reflektierte Licht, der „Referenzstrahl", wird von einen Tripelspiegel zurückreflektiert. Ein Teil trifft auf eine Empfängerdiode. Die vom Licht erzeugte Spannung führt zum zeitlich ersten Spannungspeak auf einem Oszilloskopschirm.

Das vom halbdurchlässigen Spiegel durchgelassene Licht, der „Messstrahl", wird nach einer langen Laufstrecke ($\frac{s}{2} \approx 10$ m) ebenfalls von einem Tripelspiegel reflektiert. Ein Teil dieses zurückgeworfenen Lichts trifft nach der Reflexion am halbdurchlässigen Spiegel auf die Empfängerdiode. Dieses Licht erzeugt ebenfalls eine Spannung, die auf dem Oszilloskopschirm zum zweiten Spannungspeak führt.

Der zeitliche Abstand t der beiden Spannungspeaks kann aus dem Bild des Oszilloskopschirms entnommen und daraus die Lichtgeschwindigkeit bestimmt werden.

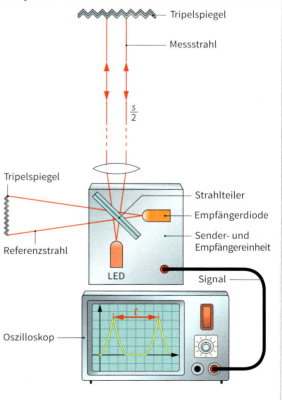

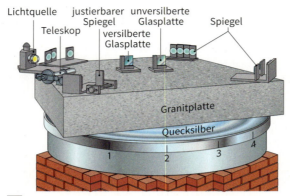

B1 Der historische Aufbau des Michelson-Morley Experiments auf einer in Quecksilber schwimmenden, drehbaren Granitplatte: Der Abstand der Spiegel zum Strahlteiler betrug ca. 1,2 m.

V1 Das Michelson-Interferometer

Die Skizze zeigt ein vereinfachtes modernes Michelson-Interferometer in der Aufsicht:
Laserlicht trifft auf eine unter 45° geneigte, halbdurchlässig verspiegelte Glasplatte, die als Strahlteiler wirkt. 50 % des Lichts (blau gezeichnet) werden daran zum Spiegel S_1 reflektiert und gelangen von dort zurück zum Strahlteiler. Dorthin kehren auch die übrigen 50 % des Laserlichts über den Spiegel S_2 zurück (rot). Am Strahlteiler treten jeweils 50 % des Lichts hindurch in Richtung Laser und 50 % werden in Richtung Schirm reflektiert. Je nach Gangunterschied zwischen dem Licht, das sich entlang des roten bzw. des blauen Weges ausgebreitet hat, kommt es zur Interferenz der rot und blau gezeichneten Lichtbündel. Verschiebt man den Spiegel S_1, so ändert sich der Gangunterschied und das Schirmbild ist abwechselnd hell (konstruktive Interferenz) oder dunkel (destruktive Interferenz).

Äthertheorie. Wasserwellen haben als Träger der Welle das Medium Wasser. Auch Schallwellen benötigen einen Träger, z. B. Luft, Wasser oder Stahl. Es wurde früher angenommen, dass jede Welle einen Träger benötigt. Da sich elektromagnetische Wellen wie Licht sich sogar im Vakuum ausbreiten, musste der Träger dieser Wellen sehr fein sein, denn man konnte ihn weder in der Natur noch im Labor finden. AUGUSTIN JEAN FRESNEL (1788–1827) nannte diese vermutete, aber nicht nachweisbare Substanz **Lichtäther** oder auch **Äther**.

Bewegt sich die Quelle einer Welle relativ zum ruhenden Träger mit einer Geschwindigkeit v, so verändert sich die Geschwindigkeit c der Welle im Vergleich zum Fall einer ruhenden Quelle und eines ruhenden Trägers. Die Welle „spürt einen Gegenwind". Klassisch betrachtet beträgt die Wellengeschwindigkeit in Bewegungsrichtung der Quelle $v - c$ und in entgegengesetzter Richtung $v + c$. Die Messung eines „Ätherwindes" im Falle einer relativ zum Äther bewegten Lichtquelle sollte einen Nachweis des Äthers darstellen.

Michelson-Morley-Experiment. Eine Möglichkeit, die Bewegung der Erde relativ zum Lichtäther nachzuweisen, wäre die Messung der Lichtgeschwindigkeit in unterschiedlichen Richtungen. Gemäß $c = \frac{s}{t}$ misst man bei einem Messweg von $s = 10$ km eine Zeit um $t \approx 3$ µs. Nimmt man an, dass der Äther im System der Sonne ruht und die Messstrecke tangential zur Umlaufbahn der Erde um die Sonne ist (mit v_E Betrag der Erdgeschwindigkeit), so müsste das Licht eine Geschwindigkeit $c_1 = c + v_E$ bzw. $c_2 = c - v_E$ je nach Richtung des Ätherwindes haben. Dies würde zu unterschiedlichen Laufzeiten entlang der Messstrecke führen. Der erwartete Zeitunterschied liegt in einer Größenordnung von nur $3 \cdot 10^{-9}$ s und war mit Uhren damals um 1900 nicht messbar.

ALBERT A. MICHELSON nutzte zur Messung dieser kleinen Zeitunterschiede ein raffiniertes Interferometer (Bild **B1**, Versuch **V1**). Darin interferieren zwei Lichtbündel am Ende ihres Laufweges. Kleine Laufzeitunterschiede werden so sichtbar. Ein Teil des einen Weges verlief in Richtung des vermuteten Ätherwindes, der andere senkrecht dazu. Auf beiden Wegen hätte sich eine längere Laufzeit ergeben als im ruhenden Äther. Allerdings wären die Verzögerungen auf den beiden Wegen unterschiedlich groß gewesen – in Ätherwindrichtung größer als senkrecht zu ihr.

Der Laufzeitunterschied Δt ist sehr klein. MICHELSONS Idee war nun, das Interferometer um 90° zu drehen. Dadurch wird die Laufzeit auf dem einen Weg kürzer, auf dem anderen länger. Durch die Drehung ändern sich der Laufzeitunterschied und damit die Interferenz zwischen den Teilbündeln. Dies lässt sich als Änderung des Schirmbildes zwischen den beiden Teilversuchen beobachten.

Nach erfolglosen Versuchen 1881 in Potsdam wiederholte MICHELSON das Experiment 1887 mit einem deutlich verbesserten Versuchsaufbau zusammen mit seinem Kollegen EDWARD W. MORLEY in Cleveland. Erwartet wurde eine deutlich messbare Änderung des Interferenzbildes. Das Experiment und viele weitere Wiederholungen weltweit lieferten diese Änderung nicht. Das Michelson-Morley-Experiment unterstützte somit *nicht* die anfängliche Hypothese „Es gibt den Lichtäther". Dieses unerwartete „Ergebnis" sorgte für vielfältige wissenschaftliche Diskussionen in der Fachwelt.

Nach EINSTEIN ist die Existenz eines Äthers unnötig. Er erhob die **Konstanz der Lichtgeschwindigkeit** zu einem Postulat seiner Speziellen Relativitätstheorie (siehe Abschnitt 4.6).

> **! Merksatz**
>
> Das Michelson-Morley Experiments führte zur Aufgabe der Äthertheorie. EINSTEIN erhob die Konstanz der Lichtgeschwindigkeit zum Postulat seiner Relativitätstheorie.

Die Lichtgeschwindigkeit c als Naturkonstante lässt sich heutzutage so präzise messen, dass sie 1983 als Grundkonstante des Einheitensystems mit dem Wert $c = 299\,792\,458\,\frac{\text{m}}{\text{s}}$ festgelegt wurde. Zum Beispiel wird die Längeneinheit Meter über c definiert.

> **Exkurs: EINSTEIN erfindet die SRT**
>
> Als EINSTEIN im Jahr 1905 die Spezielle Relativitätstheorie aufstellt, hat er keine gesicherte Stelle an einer Universität. Er ist Prüfer für Patente am Berner Patentamt und damit zwar akademischer Außenseiter, aber dennoch bestens mit den wissenschaftlichen Entwicklungen der Zeit vertraut. Die Forschungen, die zur Relativitätstheorie führen, muss er in seiner Freizeit durchführen.
>
> Wie gelangte EINSTEIN zur Relativitätstheorie? Zum Auffinden neuer wissenschaftlicher Gesetze gibt es zwei grundsätzlich verschiedene Herangehensweisen: die **induktive Methode,** bei der experimentelle Befunde zu allgemeinen Gesetzmäßigkeiten verallgemeinert werden, so wie man es etwa beim Ablesen eines linearen Zusammenhangs aus einer Messreihe macht; die **deduktive Methode,** bei der man ausgehend von theoretischen Überlegungen Vermutungen (Hypothesen) formuliert, die dann im Experiment bestätigt oder widerlegt werden.
>
> Meistens wird in der Wissenschaft eine Mischform aus beiden Herangehensweise verwendet, in der sich Theorie und Experiment gegenseitig befruchten.
>
> Bei der Entwicklung der Relativitätstheorie ging EINSTEIN rein deduktiv vor. Viele Jahre später schreibt er in einem Brief: „In meiner eigenen Entwicklung hat MICHELSONS Ergebnis keinen nennenswerten Einfluss gehabt. Ich weiß nicht einmal mehr, ob ich es überhaupt kannte, als ich meine erste Arbeit zu diesem Thema schrieb." Stattdessen beschäftigte er sich mit grundsätzlichen Überlegungen zu Raum und Zeit und analysierte Gedankenexperimente zu der Frage, wie verschieden bewegte Beobachter die gleichen physikalischen Phänomene in ihren jeweiligen Bezugssystemen beschreiben. Daraus entstanden die beiden Postulate der Speziellen Relativitätstheorie, aus denen sich alles Weitere deduktiv ergibt.

Arbeitsaufträge

1. Nach der Äthertheorie müsste das Licht bei einer Bewegung mit dem Ätherwind schneller sein als gegen den Ätherwind. Zeigen Sie durch eine Rechnung, dass der erwartete Zeitunterschied bei einer Messstrecke von 10 km auf der Erde und einem ruhenden Äther im System der Sonne in der Größenordnung von $3 \cdot 10^{-9}$ s liegt.

2. Recherchieren Sie, welche Auswirkungen Abweichungen von der Konstanz der Lichtgeschwindigkeit für die Satellitennavigation mit GPS hätten..

3. Stellen Sie das Zahnradexperiment von LOUIS FIZEAU aus dem Jahr 1849 dar. Entwickeln Sie eine Formel für c aus den Daten der Anordnung.

4.8 Gleichzeitigkeit und Zeitdilatation

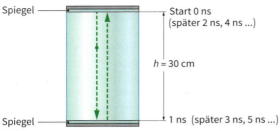

B1 *Lichtuhr: Ein Lichtblitz durchläuft die 30 cm hohe Lichtuhr in $t = \frac{h}{c} = 1$ ns.*

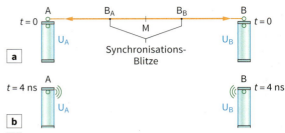

B3 *a) Uhren U_A und U_B werden synchron von den Blitzen aus der Mitte M gestartet. b) U_A und U_B aktivieren zeitgleich ein Signal.*

Synchronisierte Uhren. Die Postulate der Relativitätstheorie führen zu einem anderen Verständnis der Zeit, die vor EINSTEIN als absolut, also als gleich für jeden Beobachter, verstanden wurde.

Um das Verhalten bewegter Uhren zu untersuchen, wird im Gedankenexperiment eine besonders einfach konstruierte Uhr betrachtet, die „Lichtuhr" (Bild **B1**). Zwischen zwei parallelen Spiegeln im Abstand von $h = 30$ cm läuft ein Lichtblitz mit der für jeden Beobachter gleichen Lichtgeschwindigkeit c auf und ab. Jedes Auftreffen auf einen Spiegel erhöht die Uhrenanzeige um 1 ns = 10^{-9} s.

Uhren in einem Inertialsystem müssen für die präzise Beschreibung von Ereignissen aufeinander abgestimmt, also **synchronisiert**, sein. Eine Möglichkeit der **Uhrensynchronisation** zeigt Bild **B3a**: In der Mitte von zwei Lichtuhren an den Orten A und B geht ein Lichtblitz aus. Dieser startet beide Uhren zum gleichen Zeitpunkt $t = 0$ ns. Sie zeigen nun in diesem Inertialsystem die gleiche Zeit an. Nach z. B. 4 ns könnten in A und B jeweils akustische Signale ausgelöst werden (Bild **B3b**). Beide Ereignisse finden aufgrund der Synchronisation gleichzeitig statt. Man hat somit eine Messvorschrift für die Gleichzeitigkeit von Ereignissen, die an verschiedenen Orten stattfinden.

Relativität der Gleichzeitigkeit. Mit einem Gedankenexperiment wird untersucht, ob Beobachter in zueinander bewegten Inertialsystemen in gleicher Weise Ereignisse als gleichzeitig wahrnehmen: In der Mitte eines Raumschiffs A wird ein Lichtblitz zu Detektoren am vorderen und hinteren Ende des Raumschiffs ausgesendet (Bild **B2**). Für den Raumfahrer in A legen die Blitze die gleiche Strecke mit Lichtgeschwindigkeit zurück. Somit wird an beiden Detektoren gleichzeitig ein Signal ausgelöst. Parallel zu Raumschiff A bewegt sich ein Raumschiff B mit hoher Geschwindigkeit. Nach dem Postulat der Konstanz der Lichtgeschwindigkeit breiten sich auch für den Raumfahrer in B beide Blitze mit Lichtgeschwindigkeit aus. Sie treffen jedoch nicht gleichzeitig auf die Detektoren, da sich das Raumschiff A vorwärtsbewegt hat (Bild **B4**). Ein Signal am hinteren Detektor wird aus Sicht des Raumfahrers in B früher ausgelöst als das Signal am vorderen Detektor. Beide Ereignisse finden für ihn nicht gleichzeitig statt. Die Gleichzeitigkeit von Ereignissen unterscheidet sich also für verschieden bewegte Beobachter.

> **! Merksatz**
> Die Gleichzeitigkeit von Ereignissen hängt vom Bewegungszustand des Beobachters ab.

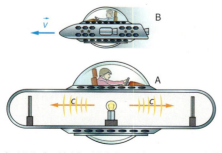

B2 *Relativität der Gleichzeitigkeit – Sicht aus Raumschiff A*

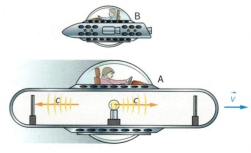

B4 *Relativität der Gleichzeitigkeit – Sicht aus Raumschiff B*

Die Relativität der Gleichzeitigkeit hat die Konsequenz, dass Uhren in unterschiedlichen Inertialsystemen unterschiedliche Zeiten anzeigen. Die im Raumschiff A mitbewegten und synchronisierten Uhren zeigen demnach eine andere Zeit an, als die im Raumschiff B. Zeit ist also nichts Absolutes, sondern vom Bezugsystem abhängig. NEWTONS Vorstellung von der absoluten Zeit, die für alle Beobachter in gleicher Weise abläuft, ist damit widerlegt.

Zeitdehnung. Es werden nun die Zeiten von Uhren in zueinander schnell bewegten Systemen S und S′ verglichen. Dazu betrachtet man im ruhenden System S die Zeit t von synchronisierten Uhren U_A, U_B, … Die Uhr U′ im System S′ bewegt sich mit einer Geschwindigkeit $v = 0{,}87\,c$ relativ zur Uhrenkette in S und zeigt die Zeit t' an (Bild **B5**). Jede Uhr hat einen Protokollanten.

Läuft die Uhr U′ an der Uhr U_A zur Zeit $t = 0$ vorbei, wird sie selbst auf $t' = 0$ gesetzt. Fliegt Sie an der Uhr U_B vorbei, so zeigt sie einen Durchlauf des Lichtblitzes in der Uhr, also $t' = 2$ ns. an. Der Beobachter im S′-System beschreibt seine Beobachtung der Uhr U′ wie folgt: „Ich ruhe in meinem S′-System. Der Lichtblitz meiner S′-Uhr U′ lief in der Zeit t' vom oberen Ende senkrecht nach unten und wieder zurück. Er legte relativ zu mir die S′-Strecke $c \cdot t'$ zurück."

In den Uhren U_A und U_B in S ist das Licht in 1 ns einmal von oberen zum unteren Spiegel gelaufen. In der Lichtuhr U′ ist aus Sicht der Beobachter in S das Licht hingegen schräg nach unten gelaufen. Der untere Spiegel wurde nach $t = 1$ ns noch nicht erreicht. Dies ist – für diesen speziellen Wert von v – erst nach $t = 2$ ns der Fall. Nach $t = 4$ ns ist der Lichtblitz in den S-Uhren U_A und U_B zwischen den Spiegeln zweimal hin und her gelaufen und in der Uhr U′ aus Sicht des S-Systems nur einmal. Beobachter in S beschreiben den Lichtblitz in Uhr U′ daher wie folgt: „Das Lichtsignal in U′ lief in unserem S-System während unserer S-Zeit t längs des längeren Wegs $c \cdot t$ schräg nach rechts unten und dann schräg nach rechts oben."

Dafür gibt es nur eine Erklärung: Bei identischer Lichtgeschwindigkeit c in beiden Systemen muss die Zeitspanne t größer sein als die Zeit t'. Die t'-Skala ist im Vergleich zur t-Skala gedehnt. Im Vergleich liest man auf der t'-Skala immer kleinere Werte ab als auf der t-Skala.

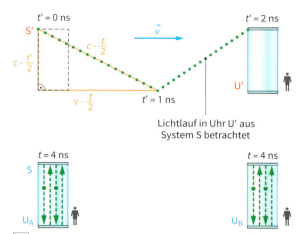

B5 Synchronisierte, ruhende Uhren U_A, U_B im System S und mit der Geschwindigkeit $v = 0{,}87\,c$ bewegte Uhr U′ im System S′

Man findet den Dehnungsfaktor $k = \frac{t'}{t}$ mit Hilfe des Satzes von Pythagoras (Bild **B5**): Für die Strecken im rechtwinkligen Dreieck gilt demnach:

$$\left(v \cdot \tfrac{t}{2}\right)^2 + \left(c \cdot \tfrac{t'}{2}\right)^2 = \left(c \cdot \tfrac{t}{2}\right)^2 \quad \text{bzw.}$$

$$(v \cdot t)^2 + (c \cdot t')^2 = (c \cdot t)^2.$$

Auflösen nach t' führt auf:

$$t' = \sqrt{1 - \tfrac{v^2}{c^2}} \cdot t \quad \text{bzw.} \quad t' = k \cdot t \quad \text{mit} \quad k = \sqrt{1 - \tfrac{v^2}{c^2}}$$

mit dem Dehnungsfaktor k. Auch die Zeitmessung ist also relativ: Die Eigenzeit t' der Uhr U′ im System S′ beim Vorbeiflug an Uhr U_B ist nach den Uhren im S-System gedehnt auf $t = \tfrac{1}{k} \cdot t'$.

Diese Zeitdehnung, auch **Zeitdilatation** genannt, existiert nicht nur für die im Beispiel gewählte, sondern für alle Geschwindigkeiten $v < c$. Der Dehnungsfaktor $k = \tfrac{t'}{t}$ ($0 < k \leq 1$) ist umso kleiner ist, je größer der Betrag v der Relativgeschwindigkeit beider Systeme ist. Für alltägliche Geschwindigkeiten ist $k \approx 1$; die Zeitdehnung ist in diesem Fall vernachlässigbar klein.

> **! Merksatz**
>
> Zeit ist relativ. Bewegt sich die Einzeluhr U′ relativ zu im S-System synchronisierten Uhren mit der Relativgeschwindigkeit v, so ist die von U′ angezeigte S′-Zeit t' gegenüber der S-Zeit t gedehnt. Man nennt dies Zeitdilatation. Dabei gilt:
>
> $$t' = k \cdot t \quad \text{mit} \quad k = \sqrt{1 - \tfrac{v^2}{c^2}}.$$

4.9 Längenkontraktion

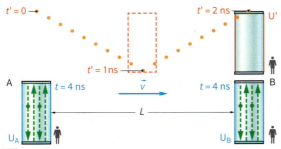

B1 Messung von Zeiten t, t' in zwei Inertialsystemen S und S'

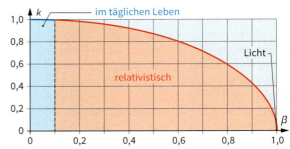

B3 Kontraktionsfaktor k über dem Quotienten $\beta = \frac{v}{c}$ aufgetragen

Streckenmessung ist relativ. Die Relativitätstheorie hat nicht nur Konsequenzen für die Zeitmessung, sondern auch für die Längenmessung in zwei relativ zueinander gleichförmig bewegten Inertialsystemen S und S'. Da beide Inertialsysteme gleichberechtigt sind, ist die vom jeweiligen System aus gemessene Relativgeschwindigkeit vom Betrag gleich: $v = v'$.

Eine Person im S'-System, die sich an den Uhren U_A und U_B im S-System vorbei bewegt (Bild **B1**), misst einen Abstand L' zwischen den beiden S-Uhren und eine dabei verstrichene Zeit t'. Für einen Beobachter im S-System ist der Abstand der in seinem System ruhenden und synchronisierten Uhren U_A und U_B die Eigenlänge L. t ist die Zeit, in der sich die Uhr U' von U_A zu U_B bewegt. Die Zeit t' ist dabei kürzer als t: $t' = t \cdot \sqrt{1 - \frac{v^2}{c^2}}$.

$$v = \frac{L}{t} = \frac{L'}{t'} \quad \text{bzw.} \quad L' = L \cdot \frac{t'}{t}. \tag{1}$$

Der Quotient $\frac{t'}{t}$ ist der Zeitdehnungsfaktor $k = \sqrt{1 - \frac{v^2}{c^2}}$. Somit gilt:

$$L' = L \cdot \sqrt{1 - \frac{v^2}{c^2}}. \tag{2}$$

Eine Person im S'-System misst also eine Länge L', die kürzer ist als die Eigenlänge L. Dies wird Längenkontraktion genannt. Strecken, die senkrecht zur Relativbewegungsrichtung der beiden Systeme stehen, erfahren keine Längenkontraktion. Für solche Querstrecken ist die Relativgeschwindigkeit null.

> **Merksatz**
>
> Eine Person bewegt sich mit einer Geschwindigkeit vom Betrag v relativ zu einer in Bewegungsrichtung liegenden Strecke der Eigenlänge L. Für die Person ist L verkürzt auf
>
> $$L' = k \cdot L \quad \text{mit} \quad k = \sqrt{1 - \frac{v^2}{c^2}}.$$
>
> Querstrecken sind nicht kontrahiert.

Längenkontraktion im Alltag. Die im Bild **B3** visualisierte Abhängigkeit des Kontraktionsfaktors k vom Geschwindigkeitsverhältnis $\beta = \frac{v}{c}$ zeigt, dass der relativistische Effekt der Längenkontraktion im Alltag vernachlässigbar klein ist. Selbst für den „schnellsten bekannten Stern" US708 mit $v = 1200 \frac{\text{km}}{\text{s}}$ beträgt der Kontraktionsfaktor $k \approx 0{,}999\,992$, also ist praktisch $k = 1$.

Die Bilder **B2** und **B4** veranschaulichen den fremdartigen Kontraktionseffekt an Alltagsobjekten aus Sicht von zwei Bezugssystemen, die sich mit $v = 0{,}87\,c$ unüblich schnell relativ zueinander bewegen: Je nachdem, wer sich als ruhend betrachtet (Lkw-Fahrer oder Person am Straßenrand) sieht die vorbeibewegende Welt in Bewegungsrichtung kontrahiert. Vom Lkw aus gesehen ist es die Straße mit Haus (Bild **B4**), vom Straßenrand aus gesehen ist es der Lkw (Bild **B2**).

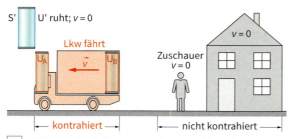

B2 S-System „Straße": Der Lkw ist in Fahrtrichtung kontrahiert.

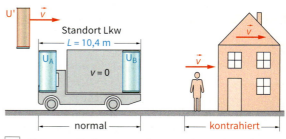

B4 S'-System „Lkw": Person und Haus erscheinen kontrahiert.

Beispielaufgabe: „Überlebende" Myonen aus der Höhenstrahlung

Myonen sind Elementarteilchen, die in der Atmosphäre aus energiereicher Höhenstrahlung entstehen und sich sehr schnell in Richtung Erdoberfläche bewegen. Sie sind instabil und zerfallen ähnlich wie radioaktive Stoffe. Aus Laborexperimenten ist bekannt, dass die Halbwertszeit in ihrem Ruhesystem 1,5 µs beträgt. Nehmen Sie im Folgenden an, dass Myonen in 10 km Höhe entstehen und sich mit $v \approx 0,999\,c$ vertikal in Richtung Erdoberfläche bewegen.

a) Zeigen Sie, warum die Beobachtung vieler Myonen aus der Höhenstrahlung auf der Erdoberfläche aus klassischer (nicht-relativistischer) Sicht überraschend ist.

b) Argumentieren Sie relativistisch, warum die Beobachtung nicht überraschend ist. Versetzen Sie sich dazu einmal in das System eines Beobachters auf der Erdoberfläche und einmal in das Ruhesystem eines Myons.

Lösung:

a) Nach nicht-relativistischer Rechnung würden die Myonen die Strecke von 10 km in $t = \frac{10\text{ km}}{0,999\,c} = 33$ µs zurücklegen. Dies entspricht etwa 22 Halbwertszeiten. Von beispielsweise 1000 Myonen würden demnach weniger als ein Myon am Erdboden ankommen – im Gegensatz zur Beobachtung.

b) Relativistische Betrachtung im Bezugssystem Erde (System S): Die S'-Lebensuhr des an den S-Uhren des Erdbeobachters mit $v = 0,999\,c$ vorbeilaufenden Myons tickt langsamer als die S-Uhren (Zeitdilatation). Es wird gegenüber der Eigenhalbwertszeit von $T'_H = 1,5$ µs eine gedehnte Halbwertszeit beobachtet:

$$T_H = T'_H \cdot \frac{1}{\sqrt{1 - \frac{v^2}{c^2}}} = \frac{1,5 \cdot 10^{-6}\text{ s}}{\sqrt{1 - 0,998}} \approx 33\text{ µs}.$$

Die Myonen legen in diesen 33 µs die S-Strecke $s = v \cdot T_H = 0,999\,c \cdot 33\,\text{µs} \approx 10$ km zurück. Etwa die Hälfte der Myonen erreicht also den Erdboden.

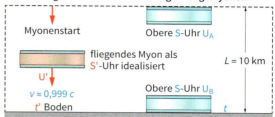

Energiereiche Höhenstrahlung erzeugt Myonen

Relativistische Betrachtung im Bezugssystem eines Myons (System S'): Das Myon sieht sich als ruhend an. Die an ihm vorbeirauschende Luftschicht wird nicht mit der Eigenlänge L gemessen, sondern um den Längenkontraktionsfaktor k verkürzt. Es gilt:

$$L' = L \cdot \sqrt{1 - \frac{v^2}{c^2}} = 10\text{ km} \cdot \sqrt{1 - 0,998} = 447\text{ m}.$$

In seiner Eigenhalbwertszeit von 1,5 µs legt ein Myon den Weg $s' = v \cdot T'_H = 0,999\,c \cdot 1,5\,\text{µs} \approx 450$ m zurück. Die Längenkontraktion ist also so groß, dass Myonen die Schicht durchqueren können. Auch aus Sicht der Myonen erreicht daher etwa die Hälfte von ihnen den Erdboden.

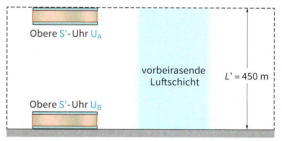

Nach beiden relativistischen Betrachtungsweisen erreichen zahlreiche Myonen den Erdboden.

Arbeitsaufträge

1 ⇒ In einem Experiment wird die Halbwertszeit vorbeifliegender Myonen zu 10 µs gemessen. Berechnen Sie die den Betrag ihrer Geschwindigkeit.

2 ⇒ Elektronen werden in einem Linearbeschleuniger auf $v = 0,75\,c$ beschleunigt und durchlaufen anschließend mit konstanter Geschwindigkeit eine 8 km lange Strecke. Berechnen Sie die dafür benötigte Zeit. Berechnen Sie die im Ruhesystem der Elektronen vergangene Zeit.

3 ⇒ Recherchieren und beschreiben Sie den „Trick", den der Physiker G. A. Gamow verwendete, um populärwissenschaftlich die Längenkontraktion zu erklären.

4.10 Effekte und Paradoxien in der SRT

B1 Zwillingsparadoxon: Der in einer Rakete reisende Zwilling altert weniger als der auf der Erde gebliebene Zwilling.

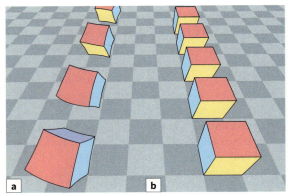

B2 a) bewegter Würfel mit hoher Geschwindigkeit, b) ruhender Würfel

Effekte und Paradoxien in der Physik. Die Physik ist reich an Effekten und Erscheinungen in der Natur, die auf den ersten Blick sogar paradox (griech.: widersinnig) erscheinen. Relativistische Effekte, wie Zeitdilatation, Längenkontraktion oder das häufig diskutierte Zwillingsparadoxon, sind dabei nur einige von vielen, die das physikalische Verständnis herausfordern.

Zwillingsparadoxon. Zwei Zwillinge sind 30 Jahre alt. Ein Zwilling begibt sich mit einer Rakete der Geschwindigkeit $v = 0{,}8\,c$ auf eine Reise, der andere Zwilling bleibt auf der Erde. Nach zwölf Jahren kehrt der reisende Zwilling um und reist in weiteren zwölf Jahren wieder zurück zur Erde. Als sich die Zwillinge treffen, stellen sie fest, dass der aus der Rakete steigende Zwilling um 24 Jahre gealtert und somit 54 Jahre alt ist. Der auf der Erde verbliebene Zwilling ist hingegen um 40 Jahre gealtert und bereits 70 Jahre alt (Bild **B1**).

Dieser relativistische Effekt lässt sich mit der Zeitdilatation erklären: Der eine Zwilling bleibt auf der Erde in seinem Inertialsystem S. Entlang einer synchronisierten Uhrenkette reist der zweite Zwilling. Er misst in einer Rakete eine Eigenzeit $t' = 12$ Jahre auf dem Hinflug. Die ruhenden S-Uhren und damit alle ablaufenden Prozesse auf der Erde gehen im Vergleich schneller und zeigen

$$t = \frac{t'}{\sqrt{1-\frac{v^2}{c^2}}} = 12\ \text{Jahre} \cdot \frac{1}{\sqrt{0{,}36}} = 20\ \text{Jahre}$$

an. Für die Rückreise wechselt der Zwilling in der Rakete sein Bezugssystem und reist zurück in Richtung Erde. Erneut vergehen in seinen System 12 Jahre, während im irdischen System 20 Jahre vergehen.

Das Paradoxe an der Situation ist nicht der Effekt der Zeitdilatation an sich. Vielmehr erscheint paradox, dass der ruhende Zwilling behaupten könnte, er wäre (inklusive der Erde) gereist und der Zwilling in der Rakete hätte geruht. Entsprechend müsste der Zwilling in der Rakete schneller gealtert sein als der irdische Zwilling. Ausgenutzt wird hierbei, dass der Effekt der Zeitdilatation symmetrisch ist: Die Uhren im jeweils zum eigenen Inertialsystem bewegten Inertialsystem gehen langsamer.

Die Auflösung dieses Paradoxons besteht darin, dass die Situation nicht vollständig symmetrisch ist: Der Zwilling auf der Erde bleibt stets in seinen Inertialsystem S, während der Zwilling in der Rakete vom Inertialsystem des Hinflugs in ein anderes Inertialsystem wechseln muss, um zurück in Richtung Erde fliegen zu können. Die Zwillinge verhalten sich somit nicht symmetrisch und die Entscheidung, wer von beiden stärker altert, ist mit dem Einstieg in die Rakete gefallen.

Visuelle Wahrnehmung. Wie sehen Objekte aus, die sich mit nahezu Lichtgeschwindigkeit bewegen? Das Bild eines Objekts ist bestimmt durch das Licht, das zu einem bestimmten Zeitpunkt in das Auge eines Beobachters oder auf einen Kamerafilm fällt.

Aufgrund der endlichen Lichtgeschwindigkeit wurde das Licht, das das Bild eines ausgedehnten Körpers erzeugt hat, zu unterschiedlichen Zeitpunkten ausgestrahlt. Das Aussehen eines bewegten Körpers kann daher anders sein als das eines ruhenden Körpers (Bild **B2**). Diese visuelle Wahrnehmung von Objekten ist zu unterscheiden von der Messung von z. B. Längen.

Besonders überraschend ist, dass man Stellen eines bewegten Körpers visuell wahrnimmt, wie die Rückseite einer Teekanne oder eines Würfels, die bei ruhenden Körpern nicht wahrgenommen werden können. Bei einem ruhenden Körper kann Licht von seiner Rückseite nicht in das Auge des Beobachters gelangen, da es vom Körper selbst stets blockiert wird. Bewegt sich ein Körper hingegen mit sehr hoher Geschwindigkeit, dann entfernt sich die Blockade zumindest teilweise. Licht kann so von Teilen der Rückseite des Körpers in das Auge gelangen. Es sieht so aus, als hätte sich das Objekt gedreht.

Beschleunigte Bezugssysteme. Beim Versuch, die Spezielle Relativitätstheorie nicht nur für Inertialsysteme, sondern auch für beschleunigte oder rotierende Bezugssysteme zu formulieren, stößt man beim Beispiel einer rotierenden Scheibe auf die überraschende Tatsache, dass die Gesetze der euklidischen Geometrie nicht mehr zu gelten scheinen. Das ist ein erster Hinweise auf die gekrümmte Raum-Zeit, mit der in der Allgemeinen Relativitätstheorie die Gravitation beschrieben.

Beim Versuch die Geometrie auf der Scheibe zu verstehen, bestimmt man das Verhältnis von Umfang zu Radius der Scheibe (Bild **B3**). Dazu legt man Maßstäbe entlang des Randes und des Radius. Für einen Beobachter, der neben der Scheibe steht, erscheinen die Maßstäbe entlang des Randes durch die Längenkontraktion verkürzt. Für den Umfang misst er den Wert $U = U_0 \cdot \sqrt{1 - \frac{v^2}{c^2}}$. Senkrecht zur Bewegungsrichtung findet keine Längenkontraktion statt. Der Radius r der Scheibe bleibt unverändert. Für die Scheibe gilt also die geometrische Formel $U = 2\pi \cdot r$ nicht mehr. Beschleunigte Bezugssysteme (und damit auch Gravitation) bedingen die **Abänderung der euklidischen Geometrie.**

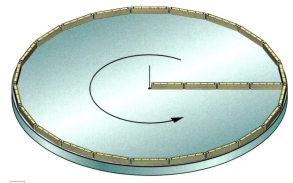

B3 *Ausmessen der Geometrie einer rotierenden Scheibe*

Arbeitsaufträge

1 ✏ Inszenieren Sie eine Debatte, in der Sie verschiedene philosophische Aussagen zur Relativitätstheorie und zu den Themen Raum und Zeit diskutieren. Lassen Sie sich dabei von den folgenden Materialien anregen.

a) Die Zeit im Bewusstsein des Menschen:
Der Kirchenlehrer AUGUSTINUS schrieb 400 n. Chr.:
„Was ist Zeit? Fragt mich niemand danach, so weiß ich es; will ich es erklären, so weiß ich es nicht mehr."
Beim Verständnis der Zeit unterscheiden sich die Weltkulturen erheblich. Auch schwankt bei jedem Menschen das subjektive Zeitgefühl. Dem versuchte NEWTON das Postulat einer objektiven, absoluten Zeit entgegenzusetzen:
„Die absolute, wahre und mathematische Zeit verfließt an sich und vermöge ihrer Natur gleichförmig und ohne Beziehung auf einen äußeren Gegenstand."
EINSTEIN wies die unbewiesene Spekulation NEWTONS von der absoluten Zeit zurück; er griff dessen Begriff einer absoluten Zeit an, indem er sagte:
„Zeit ist das, was korrekte Uhren messen."

b) Die „Beweiskraft" von Gedankenexperimenten:
Eine Lichtuhr, wie sie zur Herleitung der Relativität der Gleichzeitigkeit und der Zeitdilatation betrachtet wurde, ist in einem realen Experiment noch nie zum Einsatz gekommen. Ist die Relativitätstheorie daher nur auf bloße Gedankenspiele gestützt? Diskutieren Sie die Rolle von Gedankenexperimenten bei der Erkenntnisgewinnung.

c) Die Rolle von Lichtuhren:
Warum betrachtet man in den Gedankenexperimenten zur Analyse der Zeit in der Relativitätstheorien ausgerechnet Lichtuhren und nicht elektronische oder mechanische Uhren, die viel realistischer wären?

d) Zwei Beobachter kommen zu widersprüchlichen Aussagen über die Gleichzeitigkeit von Ereignissen bzw. den Ablauf der Zeit. Hat dann einer von beiden recht und der andere unrecht? Oder kann es sein, dass beide recht haben? Diskutieren und begründen Sie.

e) EINSTEINS Kriterien für eine „gute" Theorie:
Die Spezielle Relativitätstheorie ist ein herausragendes Beispiel für eine auf wenige Annahmen gegründete, durch exakte Messungen einwandfrei bestätigte Theorie. An ihr zeigte EINSTEIN, was er unter einer guten physikalischen Theorie verstand:
i)   *„Gute Theorien sind ohne logische Widersprüche."*
ii) *„Sie müssen mit der Erfahrung in Einklang stehen."*
iii) *„Eine gute Theorie soll einfach sein."*

4.11 Allgemeine Relativitätstheorie

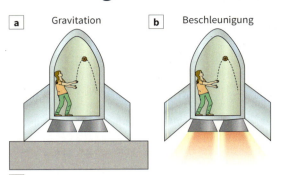

B1 *Wurfexperimente: a) in einer auf einem Planeten ruhenden Rakete, b) in einer beschleunigten Rakete*

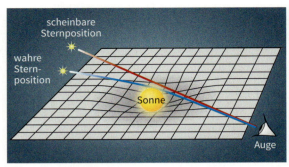

B2 *Veranschaulichung von gekrümmter Raum-Zeit am Beispiel der Lichtablenkung an der Sonne*

Erweiterung der SRT zur ART. EINSTEIN erweiterte die Spezielle Relativitätstheorie (SRT) zur Allgemeinen Relativitätstheorie (ART), die die Wechselwirkung zwischen Materie und der Raumzeit, also insbesondere die Gravitation, einschloss. Er veröffentliche sie 1915. Eine Überprüfung der Theorie durch die Wissenschaftsgemeinde setzte unmittelbar ein und dauert bis heute an.

Äquivalenzprinzip. Ein Grundpfeiler der ART ist die Annahme eines Äquivalenzprinzips. Es besagt, dass die in Bild **B1** gezeigten Situationen äquivalent zueinander sind: a) Der Wurf eines Balles in einer im homogenen Gravitationsfeld stehenden Rakete und b) der Wurf eines Balles in einer mit konstanter Beschleunigung fliegenden Rakete führen experimentell zu den gleichen Ergebnissen. Man kann ohne weitere Informationen nicht entscheiden, in welcher Situation man sich befindet. In a) fällt die **schwere Masse** eines Körpers im Gravitationsfeld und in b) wird die **träge Masse** eines Körpers beschleunigt. Nach dem Äquivalenzprinzip sind träge und schwere Masse gleich groß. EINSTEIN nahm die Gültigkeit des Äquivalenzprinzips nicht nur für die Mechanik, sondern für die gesamte Physik an.

> **! Merksatz**
> Nach dem Äquivalenzprinzip hat ein homogenes Gravitationsfeld die gleichen Auswirkungen auf ein System wie eine konstante Beschleunigung.

Gekrümmte Raum-Zeit. Die ART wird durch die einsteinschen Feldgleichungen beschrieben. Es handelt sich dabei um eine komplexe und mathematisch anspruchsvolle Theorie. Raumkoordinaten und Zeitkoordinate bilden darin eine gemeinsame **Raum-Zeit**. Diese Raum-Zeit ist aufgrund der Massenverteilung gekrümmt. Die gekrümmte Raumzeit bestimmt andererseits die Bewegung von Objekten wie Planeten. Die ART hatte eine Reihe von Effekten zur Folge, die aus der nicht-relativistischen Physik nicht bekannt sind.

Lichtablenkung in der gekrümmten Raum-Zeit. Sie war eine der ersten Vorhersagen aus der ART und wurde bereits 1919 auf einer Sonnenfinsternisexpedition nachgewiesen. Die ART rückte nach diesem Erfolg noch mehr in das wissenschaftliche und öffentliche Interesse. Das von einem Stern ausgesandte Licht wird daher in der Nähe der Sonne von seiner ursprünglich geradlinigen Bahn abgelenkt (Bild **B2**). Ursache ist die Krümmung der Raum-Zeit durch die große Masse der Sonne. Als Folge sieht ein Beobachter die Position des Sterns leicht verschoben.

Zeitdilatation im Gravitationsfeld. Neben dem aus der SRT bekannten Effekt der Zeitdilatation beobachtet man auch einen Zeitdilatationseffekt aufgrund der Gravitation. Uhren gehen demnach schneller auf einem Berg oder weit entfernt von einem Massezentrum (Gravitationszentrum) wie einer Sonne als im Tal bzw. auf der Oberfläche der Sonne. Der Gangunterschied zwischen Uhren auf dem Berg und im Tal hängt von dem Höhenunterschied zwischen beiden Uhren sowie von der Größe des Massezentrums ab. Auf der Erde ist der Effekt klein, aber mit modernen Atomuhren messbar.

Eine weitere Folgerung aus der gravitativen Zeitdilatation ist die Wellenlängenverschiebung von Licht. Entfernt sich Licht von einem Gravitationszentrum, so kommt es zu einer Gravitationsrotverschiebung des Lichts. Umgekehrt kommt es bei Annäherung an ein Gravitationszentrum zu einer Blauverschiebung.

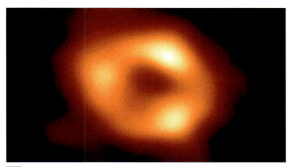

B3 *Erstes Bild eines Schwarzen Loch des „Event Horizon Telescope": Sagittarius A* im Zentrum der Milchstraße*

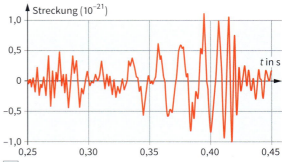

B4 *Erstes Gravitationswellensignal – Rotation und Verschmelzung von zwei Schwarzen Löchern*

Schwarze Löcher. Zu den wohl faszinierendsten Folgerungen aus der Allgemeinen Relativitätstheorie gehören Schwarze Löcher. Hierbei handelt es sich um Objekte, deren sehr große Masse in einem kleinen Volumen zusammengedrückt ist. Sie zeichnen sich dadurch aus, dass aufgrund der hohen Gravitation die Raum-Zeit so stark gekrümmt ist, dass nichts, weder Materie noch Licht, ein Schwarzes Loch verlassen kann. Den äußeren Rand eines Schwarzen Loches nennt man **Ereignishorizont**. Namensgebend erscheint ein Schwarzes Loch von außen betrachtet vollkommen schwarz.

Schwarze Löcher können beispielsweise entstehen, wenn Sterne kollabieren, wobei sich nicht jeder Stern zu einem Schwarzen Loch entwickelt und nicht jede große und zusammengedrückte Masseansammlung ein Schwarzes Loch ist. KARL SCHWARZSCHILD stellte kurz nach der Veröffentlichung der Allgemeinen Relativitätstheorie die Bedingung auf, dass die Masse innerhalb des **Schwarzschildradius** konzentriert sein müsse. Damit beispielsweise die Sonne zu einem Schwarzen Loch würde, müsste der Radius von ca. $7 \cdot 10^5$ km demnach auf wenige Kilometer schrumpfen.

Schwarze Löcher scheinen weniger exotisch im Universum zu ein, als man sich dies anfänglich vorgestellt hat. Indirekt lässt sich beispielsweise durch die Ablenkung von Licht in einem Gravitationsfeld oder durch Materieansammlungen um ein visuell nicht beobachtbares Gravitationszentrum auf ein Schwarzes Loch schließen.

2020 wurde der Nobelpreis für die Entwicklung der Theorie Schwarzer Löcher und für den Nachweis eines supermassiven Schwarzen Loches, Sagittarius A*, im Zentrum der Milchstraße (Bild **B3**) verliehen.

Gravitationswellen. Bereits 1916 wurde die Existenz von Gravitationswellen, die durch beschleunigte Massen hervorgerufen werden und sich mit Lichtgeschwindigkeit ausbreiten, theoretisch vorhergesagt. Erst 2016 konnte experimentell in einer Interferometerkonstruktion eine Gravitationswelle im Rahmen einer äußerst umfangreichen Forschungszusammenarbeit (LIGO) nachgewiesen werden. Das Detektorsignal, die „Streckung" als Maß für die Veränderung des Raumes durch eine Gravitationswelle, ist äußert klein, enthält aber viele Informationen (Bild **B4**). So wurde die Gravitationswelle durch zwei umeinander rotierende Schwarze Löcher, die sich zunehmend annäherten und schließlich miteinander verschmolzen, verursacht. Aus dem Signal ließen sich die Massen der beiden Schwarzen Löcher und des neu entstandenen Schwarzen Lochs bestimmen. Seitdem wurden viele weitere Gravitationswellensignale nachgewiesen und so die Relativitätstheorie bestätigt. Die Entdeckung von Gravitationswellen wurde 2017 mit dem Nobelpreis für Physik gewürdigt.

Wurmlöcher. Eine Reise zum Mars ist für Menschen heute technisch vorstellbar; ein Verlassen unserer Galaxie nicht. Eine theoretische Lösung der Allgemeinen Relativitätstheorie, die Wurmlöcher, würden jedoch Reisen im interstellaren Raum erlauben. Hinter dem Begriff Wurmloch steht die Vorstellung einer tunnelartigen Abkürzung zwischen zwei, auch weit entfernten Punkten im Universum. Die theoretische Physik beschäftigt sich mit der Stabilität von Wurmlöchern, der möglichen Größe oder damit, ob sogar Zeitreisen möglich wären. Experimentelle Ergebnisse gibt es aktuell noch nicht. Aufgegriffen werden Wurmlöcher hingegen in einer Vielzahl von Science-Fiction-Büchern und -Filmen und sind oft Kennzeichen fortgeschrittener Zivilisationen.

Exkurs: GPS – Global Positioning System

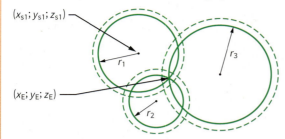

B1 Entfernungskreise zur Standortbestimmung

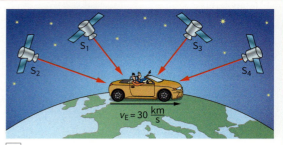

B2 GPS-Ortung

Mit Hilfe des satellitengestützten **Global Positioning System GPS** lässt sich der eigene Standort auf wenige Meter genau bestimmen. Benötigt wird dazu ein geeignetes GPS-Navigationsgerät. Relativistische Effekte müssen dabei berücksichtigt werden.

Der Grundgedanke der GPS-Navigation ist einfach: Stellen Sie sich vor, Sie befänden sich in einem Wald und wären ohne Orientierung. Ihre Wanderkarte könnte Ihnen jetzt nicht helfen. Mehrere Freunde sind ebenfalls unterwegs und sie wüssten auch genau, an welcher Stelle sie sind. Die Freunde haben eine Signalpistole dabei. Sie vereinbaren nun, dass jeder Freund zu einem bestimmten Zeitpunkt einen Knall erzeugt. An Ihrer eigenen Uhr, die natürlich mit den anderen synchron laufen muss, lesen Sie beim Empfang des Signals eine gewisse Zeitverzögerung ab. Physikalisch vorgebildet, berechnen Sie aus den Verzögerungszeiten die drei Entfernungen. Ein Beispiel: $\Delta t_1 = 4{,}5$ s bei $c = 340\,\frac{m}{s}$ liefert als erste Gleichung:

$$\Delta s_1 = r_1 = c \cdot \Delta t_1 = 340\,\tfrac{m}{s} \cdot 4{,}5\,\text{s} = 1530\,\text{m}.$$

Bei korrekter Rechnung auch der beiden anderen Entfernungen müssen sich die drei Entfernungskreise genau in Ihrem Standort schneiden. Den können Sie dann aus Ihrer Wanderkarte ablesen und wissen so wieder, wo Sie sich befinden.

Dies ist auch das Grundprinzip des GPS. Statt der drei Freunde sind es (mindestens) drei Satelliten in etwa 20 200 km Höhe, die mit hoher Geschwindigkeit die Erde umkreisen. Jeder Satellit (insgesamt 24) hat mehrere synchronisierte Atomuhren an Bord. Bei der hohen Geschwindigkeit scheinen für uns auf der Erde nach der SRT die synchronisierten Satellitenuhren um den Faktor $k = 1/\sqrt{1 - \frac{v^2}{c^2}}$ langsamer zu laufen. Bei $v \approx 3870\,\frac{m}{s}$ ist $k \approx 0{,}999\,999\,999\,916\,7$. Der daraus resultierende Zeitfehler $\frac{\Delta t}{t}$ liegt dabei in der Größenordnung 10^{-3} %. Die Zeitmessung unterliegt aber zusätzlich noch einem anderen Effekt, den EINSTEIN in seiner **Allgemeinen Relativitätstheorie (ART)** beschrieben hat: Je schwächer die Gravitation ist, desto schneller laufen die Uhren, also auch in der Umlaufbahn der Satelliten. Dieser Effekt liegt ebenfalls in der Größenordnung 10^{-8} % und ist sogar größer als der SRT-Effekt. Insgesamt laufen die Uhren also zu schnell. Um sie mit den Uhren auf der Erde zu synchronisieren, hat man die Satellitenuhren um den entsprechenden Faktor $\frac{t'}{t}$ langsamer eingestellt. Damit ändert sich auch die Frequenz der elektromagnetischen Welle, die für die Signalübertragung von den Satelliten verwendet wird.

In unseren GPS-Empfängern auf der Erde befindet sich allerdings keine Atomuhr, sondern nur eine gute Quarzuhr. Daraus ergibt sich bei den Berechnungen ein unvermeidlicher Zeitfehler ΔT, der einen Fehler der Radien von $\Delta r = c \cdot \Delta T$ bewirkt (gestrichelte Linien in der Bild **B1**). Für den noch fehlerhaften Radius $r_1 + \Delta r$ ergibt sich:

$$\sqrt{(x_{S1} - x_E)^2 + (y_{S1} - y_E)^2 + (z_{S1} - z_E)^2} = c \cdot (\Delta t_1 + \Delta T).$$

x_{S1}, y_{S1}, z_{S1} sind die Satellitenkoordinaten. Aus den Daten der beiden anderen Satelliten gewinnt man entsprechende Gleichungen. Da man den Zeitfehler ΔT nicht kennt, sind dies drei Gleichungen mit vier Unbekannten. Zur Lösung des Gleichungssystems benötigt man noch eine weitere Gleichung. Man nimmt deshalb das Signal eines vierten Satelliten hinzu (Bild **B2**) und gewinnt so die Standortkoordinaten x_E, y_E, z_E und die Fehlerzeit ΔT. Weitere Fehler müssen zusätzlich durch ergänzende Informationen der Basisstation, die alle Satelliten überwacht, berücksichtigt werden.

Exkurs: Das Hafele-Keating-Experiment

Die Physiker C. Hafele und R. Keating überraschten die Fachwelt und die Öffentlichkeit 1971 mit einem spektakulären Experiment. Ihr Ziel war der Nachweis relativistischer Effekte. Sie umkreisen dazu in gewöhnlichen Flugzeugen die Erde. In ihrem „Handgepäck" hatten sie präzise Atomuhren. Überraschend war das Experiment, da sich Flugzeuge im Vergleich zur Lichtgeschwindigkeit sehr langsam bewegen. Der Faktor k ist nahezu bei 1. Die Atomuhren hingegen waren 1971 präzise genug, um Zeitdifferenzen im Nanosekundenbereich (1 ns = 10^{-9} s) zu messen.

Die Physiker flogen ostwärts und westwärts um die Erde. In östlicher Richtung sollten die Reisenden bei ihrer Erdumrundung nach der Speziellen Relativitätstheorie (SRT) um ca. 250 ns jünger bleiben als die Zurückgebliebenen auf dem Erdboden (Zwillingsparadoxon, Seite 122). Da sie in ca. 10 km Höhe flogen, tickten ihre Uhren nach der Allgemeinen Relativitätstheorie (ART) etwas schneller. Dieser Effekt vermindert den nach der SRT erwarteten Zeitunterschied um etwa 200 ns.

Beide Effekte zusammen sollten eine messbare Zeitdehnung von ca. 50 ns ergeben. Bei einem Flug in westliche Richtung addieren sich die Effekte von SRT und ART; die Flugzeuguhren gehen im Vergleich zu den am Boden verbliebenen Uhren vor.

Der experimentelle Nachweis dieses relativistischen Effekts gelang Hafele und Keating erstmals und wurde in folgenden präziseren Experimenten bestätigt.

Arbeitsaufträge

1 ⇒ Die Physik verwendet manchmal Begriffe mit einem Alltagsbezug, wie zum Beispiel Quark in der Elementarteilchenphysik. Recherchieren Sie, was man unter einem „haarlosen Schwarzen Loch" (hairless black hole) versteht.

2 ⇒ Beschreiben Sie das Satellitensystem des GPS. Recherchieren Sie Alternativen zu GPS, die es aktuell auf der Erde gibt.

3 ⇒ Der Schwarzschild-Radius

$$r_S = \frac{2m \cdot G}{c^2}$$

(G: Gravitationskonstante) ist ein Maß dafür, wie stark eine Masse m verdichtet sein muss, damit sich ein Schwarzes Loch bildet. Berechnen Sie r_S für den Fall eines Schwarzen Loches mit einer und mit $2 \cdot 10^6$ Sonnenmassen.

4 ⇒ Die moderne Physik ist eine Inspiration für Science-Fiction und Fiction. Sammeln Sie Belege aus Film und Literatur für Bespiele aus der Relativitätstheorie; z. B. Vorkommen von Wurmlöchern in Filmen.

5

↗ Der Astronom Sir Arthur Eddington bestätigte 1919 erstmals auf einer Sonnenfinsternis-Expedition experimentell eine Vorhersage der Allgemeinen Relativitätstheorie.
Beschreiben Sie sein Experiment.

6 ↗ Begründen Sie, warum sich im Experiment von Hafele und Keating SRT- und ART-Effekte bei einem Flug in östlicher Richtung teilweise aufheben und in westlicher Richtung addieren.

7 ↗ Gravitationswellen werden manchmal hörbar gemacht. Recherchieren und beschreiben Sie, wie man dies technisch macht.

4.12 Vom Urknall zum heutigen Universum

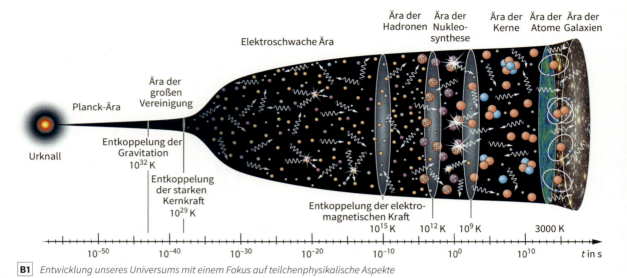

B1 Entwicklung unseres Universums mit einem Fokus auf teilchenphysikalische Aspekte

Das Universum entsteht. Die zeitliche Entwicklung unseres Universums wird durch das **kosmologische Standardmodell** beschrieben. Danach expandierte das Universum vor etwa 13,8 Milliarden Jahren aus einem nahezu unendlich dichten und räumlich komprimierten Zustand heraus („Urknall"). Im Laufe der Zeit dehnte es sich auf seinen heutigen sichtbaren Durchmesser von etwa $1{,}4 \cdot 10^{10}$ pc $= 4{,}32 \cdot 10^{26}$ m (pc: Parallaxensekunden) aus. Eine Parallaxensekunde entspricht etwa der Entfernung zu unserem nächsten Nachbarstern Proxima Centauri. Die meisten Prozesse, die für den heutigen Aufbau unseres Universums fundamental sind, fanden dabei innerhalb der ersten fünf Minuten nach dem Urknall statt.

Kosmologisches Standardmodell. Unmittelbar nach dem Urknall herrschten derart extreme Bedingungen, dass alle heutigen physikalischen Theorien für eine adäquate Beschreibung unzureichend sind (Planck-Ära, Bild **B1**). Die vier Fundamentalkräfte Gravitation, elektromagnetische Kraft, starke und schwache Kernkraft koppelten sich erst nach und nach aus einer anfänglich bestehenden „Superkraft" aus. Dies ging zum Teil mit einer erheblichen Beschleunigung der Expansion des Universums einher.

Als das Universum auf eine Temperatur von 10^{15} K abgekühlt war, herrschten in ihm Bedingungen, wie sie in großen Teilchenbeschleunigern wie dem CERN nachgestellt werden können. Wir haben also einen experimentellen Zugang zu den Vorgängen, die zu dieser Zeit abliefen. Bislang erzeugte die Strahlung immer wieder Paare aller möglichen Elementarteilchen und ihrer Antiteilchen, darunter auch Quarks. Mit weiter abnehmenden Temperaturen schlossen sich die Quarks immer häufiger zu größeren Teilchen wie z. B. Protonen und Neutronen zusammen (Ära der Hadronen). Bei einem Weltalter von etwa einer tausendstel Sekunde hatten sich alle Quarks in Protonen, Neutronen und andere Hadronen umgewandelt.

In der folgenden Ära der Nukleosynthese schlossen sich einige der Protonen und Neutronen zu schwereren Kernen zusammen. Am Ende dieser Zeit bestand das Universum zu etwa drei Vierteln aus Wasserstoffkernen, einem Viertel aus Heliumkernen sowie einem zu sehr geringen Anteil aus Lithiumkernen.

Kerne und Elektronen bewegten sich zunächst unabhängig voneinander durch den Raum (Ära der Kerne). Nach etwa 380 000 Jahren, als das Universum auf etwa 3000 K abgekühlt war, bildeten sich aus Kernen und Elektronen Atome (Ära der Atome). Während freie Teilchen wie Protonen oder Elektronen Strahlung beliebiger Energie absorbieren können, gelingt dies Atomen nur für ausgewählte diskrete Energiebeträge. Die Strahlung konnte sich nun also wesentlich ungehinderter ausbreiten. Das Universum wurde durchsichtig.

Die ersten Sterne bildeten sich wenige hundert Millionen Jahre nach dem Urknall durch Kontraktion ausgedehnter Wasserstoffwolken. Die ersten Galaxien entstanden nach etwa einer halben Milliarde Jahren.

> **! Merksatz**
>
> Das Universum entstand vor etwa 13,8 Mrd. Jahren durch eine „Urknall" genannte Entfaltung von Raum und Zeit. Die atomare Zusammensetzung dieses frühen Universums bestand zu etwa 75 % aus Wasserstoff, zu 25 % aus Helium und aus geringen Spuren von Lithium.

Heutiger Aufbau des Universums. Auf großen Skalen ähnelt unser Universum einer gigantischen Wabenstruktur. Bild **B2** zeigt einen würfelförmigen Ausschnitt des Universums von etwa 150 Mpc Kantenlänge. Deutlich zu erkennen sind die faserförmigen Verbindungen aus Materie (Filamente), zwischen denen sich große Bereiche befinden, die praktisch materiefrei sind (Voids). An den Schnittstellen der Filamente befinden sich ausgedehnte Galaxienhaufen mit noch größeren Materiedichten.

Das kosmologische Standardmodell muss imstande sein, diese Dichteschwankungen zu erklären. Blickt man so weit es geht in die Vergangenheit des Universums zurück, also bis zu einer Zeit etwa 380 000 Jahre nach dem Urknall, so zeigen sich bereits in diesem „kosmischen Hintergrund" entsprechende Fluktuationen. Mithilfe leistungsstarker Computer ist man heute in der Lage, die Entwicklung des Universums aus diesen Anfangsbedingungen heraus zu simulieren und kommt zu Ergebnissen, die den heute beobachtbaren Zustand des Weltalls erstaunlich gut wiedergeben.

Hubble-Konstante. Die Idee eines expandierenden Universums wurde bereits im Jahr 1925 von dem belgischen Theologen und Astrophysiker GEORGES LEMAÎTRE erkannt. LEMAÎTRE interpretierte die spektralen Rotverschiebungen der Galaxien als Indikatoren für einen sich ausdehnenden Weltraum. Zwei Jahre später kam der amerikanische Astronom EDWIN HUBBLE zu demselben Ergebnis. Beide nahmen einen proportionalen Zusammenhang zwischen der Fluchtgeschwindigkeit kosmischer Objekte und deren Entfernung an:

$$v = H \cdot r.$$

Die Proportionalitätskonstante wird **Hubble-Konstante** genannt. Moderne Beobachtungsdaten legen eine beschleunigte Expansion des Universums nahe, die nur durch die Existenz von heute noch weitgehend unbekannten Materie- und Energieformen erklärt werden kann (Dunkle Materie bzw. Dunkle Energie). Die Hubble-Konstante ist also zeitabhängig und wird nunmehr als Hubble-Parameter $H(t)$ bezeichnet. Der heute gültige Wert $H(t_0)$ bzw. H_0 liegt je nach Messmethode zwischen $2{,}1 \cdot 10^{-18}\,\frac{\text{m} \cdot \text{s}^{-1}}{\text{m}}$ und $2{,}3 \cdot 10^{-18}\,\frac{\text{m} \cdot \text{s}^{-1}}{\text{m}}$.

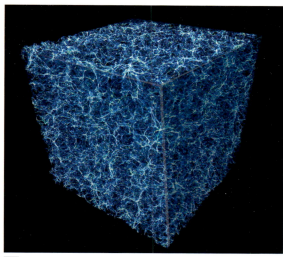

B2 Simulation des Aufbaus unseres Universums (würfelförmiger Ausschnitt mit einer Kantenlänge von etwa 150 Mpc)

> **! Merksatz**
>
> Der Zusammenhang zwischen der Fluchtgeschwindigkeit kosmischer Objekte und deren Entfernung wird durch das Hubble-Lemaître-Gesetz beschrieben: $v = H_0 \cdot r$.
>
> H_0 ist der Hubble-Parameter, er ist zeitabhängig und beträgt heute je nach Messmethode zwischen
>
> $2{,}1 \cdot 10^{-18}\,\frac{\text{m} \cdot \text{s}^{-1}}{\text{m}}$ und $2{,}3 \cdot 10^{-18}\,\frac{\text{m} \cdot \text{s}^{-1}}{\text{m}}$.

Arbeitsaufträge

1 ➡ Bestimmen Sie die zu erwartende Fluchtgeschwindigkeit einer 10^{23} m entfernten Galaxie.

2 ✎ Der Hubble-Parameter wird in der Literatur gewöhnlich in folgender Einheit angegeben:

$$\frac{\frac{\text{km}}{\text{s}}}{\text{Mpc}}.$$

Bestimmen Sie den Zahlenwert des Hubble-Parameters in dieser Einheit.

Zusammenfassung

1. Postulate der Speziellen Relativitätstheorie
Inertialsysteme sind Bezugssysteme, in denen das Trägheitsgesetz gilt. Ein absolut ruhendes Inertialsystem gibt es nicht. Ein System, dass sich relativ zu einem Inertialsystem gleichförmig bewegt, ist selbst auch ein Inertialsystem.

Relativitätsprinzip: Alle Inertialsysteme sind gleichberechtigt, in allen gelten dieselben Naturgesetze. Die Relativgeschwindigkeit zweier Inertialsysteme hat von beiden Systemen aus gesehen denselben Betrag v.

Konstanz der Lichtgeschwindigkeit: Der Betrag der Lichtgeschwindigkeit $c = 2{,}997\,924\,58 \cdot 10^8 \, \frac{m}{s}$ gilt unabhängig vom Beobachter.

2. Folgerungen der Speziellen Relativitätstheorie
Gleichzeitigkeit ist relativ: Ereignisse, die in einem System gleichzeitig stattfinden, sind für relativ dazu bewegte Beobachter nicht gleichzeitig.

Zeitdilatation: Die **Eigenzeit** t' einer Uhr U', die an einer Kette synchronisierter Uhren U gleichförmig mit der Relativgeschwindigkeit v vorbeiläuft, wird gedehnt gemessen. Verglichen mit der jeweils erreichten Uhr U aus der Uhrenkette geht U' nach. Dies folgt aus der Invarianz der Lichtgeschwindigkeit. Der Wert für t' beträgt:

$$t' = k \cdot t \leq t \quad \text{mit} \quad k = \sqrt{1 - \frac{v^2}{c^2}}.$$

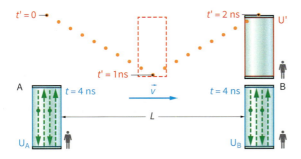

Längenkontraktion: Ein Beobachter im System S, das sich mit einer Geschwindigkeit v relativ zu einem System S' bewegt, misst in Bewegungsrichtung eine Strecke der **Eigenlänge** L. Im System S' wird eine verkürzte (kontrahierte) Länge gemessen:

$$L' = k \cdot L \leq L \quad \text{mit} \quad k = \sqrt{1 - \frac{v^2}{c^2}}.$$

Strecken senkrecht zur Bewegungsrichtung bleiben unverkürzt.

3. Allgemeine Relativitätstheorie (ART)
Trägsein und Schwersein sind nicht prinzipiell unterscheidbar, sondern zueinander äquivalent (Äquivalenzprinzip). Nach dem Äquivalenzprinzip hat ein homogenes Gravitationsfeld die gleichen Auswirkungen auf ein System wie eine konstante Beschleunigung.

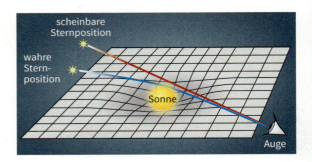

Raum-Zeit-Krümmung: Körper mit Masse ändern die Geometrie der sie umgebenden Raum-Zeit, sie krümmen diese. Eine experimentell bestätigte Konsequenz der gekrümmten Raum-Zeit ist die **Lichtablenkung** an schweren Körpern, z. B. der Sonne (Bild oben).

Uhren im Gravitationsfeld: Nach der ART läuft die Zeit in schwächeren Gravitationsfeldern schneller als in stärkeren. Im Experiment von HAFELE und KEATING wurde der Effekt bei der Umrundung der Erde in einem Flugzeug bestätigt. Mit modernen Atomuhren lässt er sich heute auch im Labor bestätigen.

4. Astrophysik
Schwarze Löcher: Das sind Objekte, deren sehr große Masse in einem kleinen Volumen komprimiert ist. Aufgrund der hohen Gravitation ist die Raum-Zeit so stark gekrümmt, dass weder Materie noch Licht, ein Schwarzes Loch verlassen kann. Den äußeren Rand eines Schwarzen Loches nennt man **Ereignishorizont**.

Gravitationswellen: Bei astrophysikalischen Prozessen wie der Verschmelzung zweier schwarzer Löcher entstehen Gravitationswellen -- Störungen der Raum-Zeit, die sich mit Lichtgeschwindigkeit ausbreiten und als winzige Längenschwankungen mit Interferometern nachgewiesen werden können.

Entstehung des Universums: Das Universum entstand vor etwa 13,8 Mrd. Jahren durch eine **Urknall** genannte Entfaltung von Raum und Zeit.

Aufgaben mit Lösungen

1 ➡ Ein Ausflugsschiff fährt relativ zur Strömung eines Flusses mit $v_S = 15\,\frac{km}{h}$. Das Flusswasser fließt mit $v_W = 5\,\frac{km}{h}$. Seitlich auf einem Uferweg fährt eine Radfahrerin mit $v_R = 12\,\frac{km}{h}$ entgegen der Strömungsrichtung.
a) Mit welcher Geschwindigkeit sieht die Radfahrerin das Schiff relativ zu sich? Berechnen Sie diesen Geschwindigkeitsbetrag.
b) Nennen Sie die Voraussetzung für Ihre Rechnung und begründen Sie, warum diese bei sehr großen Geschwindigkeiten (z. B. bei $v = 0{,}9\,c$) nicht mehr erfüllt ist.

2 ➡ Berechnen Sie …
a) … den Faktor k für $v = 1000\,\frac{km}{h}$ (Flugzeug) und für $v = 0{,}999\,c$ (Elementarteilchen),
b) … den Geschwindigkeitsbetrag v, für den $k = 0{,}001$ bzw. $k = 0{,}999$ zutrifft.

3 a) Ein Lichtjahr (1 Lj) ist der Weg, den das Licht in einem Jahr zurücklegt. Berechnen Sie den Weg 1 Lns (Lichtnanosekunde).
b) Die Einzeluhr U′ läuft an den synchronisierten Uhren U_A und U_B vorbei. Diese haben einen Abstand von $s = 4$ Lns. Bei U_B angekommen zeigt U′ die Zeit $t' = 6$ ns an. Berechnen Sie ihre Relativgeschwindigkeit zu den synchronisierten Uhren und die von den Uhren U_A und U_B angezeigte Zeit.

4 ➡ Ein Zug fährt eine Stunde lang mit $300\,\frac{km}{h}$. Berechnen Sie den Gangunterschied, den eine Uhr im Zug im Vergleich zu den Bahnhofsuhren hat.

5

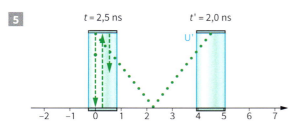

a) Beschreiben Sie die Funktionsweise einer Lichtuhr. Erläutern Sie, welchem Prinzip sie gehorcht. Diskutieren Sie, ob relativistische Effekte von der Art der Uhr (Lichtuhr, Quarzuhr, …) abhängen.
b) Im Bild sieht man eine Momentaufnahme einer ruhenden Lichtuhr (links) und einer relativ zu dieser bewegten Lichtuhr (rechts). Ermitteln Sie aus den Zeiten den Betrag der Relativgeschwindigkeit.

6

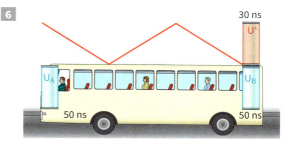

a) Sie sehen vom Straßenrand aus einen ruhenden Bus mit der Eigenlänge $L = 12$ m. Ein gleichartiger Bus fährt an Ihnen vorbei mit $v = 0{,}866\,c$. Zeigen Sie rechnerisch, dass Sie dessen Eigenlänge verkürzt messen zu $L' = 0{,}5\,L$.
b) Nun sitzen Sie in dem Bus, am Anfang und am Ende befinden sich S-Uhren im Abstand $L = 12$ m. Der Bus fährt relativ zur Straße mit $v = 0{,}8\,c$ nach links. Sie passieren eine (rote) S′-Uhr der Polizei (sie läuft von Ihnen aus gesehen nach rechts).
Diese misst die Laufzeit t' zwischen der linken zur rechten S-Uhr zu 30 ns.
Bestätigen Sie, dass die S-Uhren 50 ns anzeigen. Berechnen Sie die von der Polizei gemessene Länge L'.

7 ➡ Man rechnet relativistisch, wenn die Geschwindigkeiten größer als 10 % der Lichtgeschwindigkeit c sind. Prüfen Sie nach, ob dies der Fall ist für …
a) … das schnellste Auto der Welt,
b) … den Asteroiden FO32.

8 ➡ Ein Astronaut startet im Alter von 20 Jahren auf der Erde zu einer Reise durch das All. Er reist mit $v = 0{,}75\,c$. Nach seiner Rückkehr ist sein Zwillingsbruder bereits 80 Jahre alt. Berechnen Sie das Alter des Astronauten.

9 Berechnen Sie die Zeit, um die eine Reisende in einem Düsenjet jünger bleibt, wenn sie mit einer Geschwindigkeit von $v = 1000\,\frac{km}{h}$ im Tiefflug um die Erde ($U = 40\,000$ km) fliegt.
Die Erdrotation und Effekte der Allgemeinen Relativitätstheorie sollen nicht berücksichtigt werden.

10 Instabile Elementarteilchen lassen sich in Beschleunigerringen länger speichern als in einem Bezugssystem, in dem Sie ruhen. Erläutern Sie, ähnlich wie im Beispiel des Zwillingsparadoxons, warum die Teilchen im Beschleunigerring langsamer altern.

Anhang Lösungen

Kapitel 1 Grundlagen der Mechanik – Kinematik

1. a) Zeichnerische Lösung:

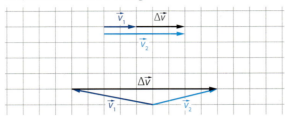

b) Ein Zentimeter Pfeillänge entspricht $3{,}6\,\frac{km}{h}$, also $1\,\frac{m}{s}$. Ausmessen der Pfeillänge führt daher auf folgende Geschwindigkeitsbeträge:

A: $v_1 = 1\,\frac{m}{s}$, $v_2 = 2{,}5\,\frac{m}{s}$, $\Delta v = 1{,}5\,\frac{m}{s}$,

B: $v_1 \approx 2{,}5\,\frac{m}{s}$, $v_2 \approx 4{,}1\,\frac{m}{s}$, $\Delta v \approx 4{,}5\,\frac{m}{s}$.

2. Laut Aufgabentext scheint es sich um eine eindimensionale Bewegung zu handeln. Wir legen fest, dass das Polizeiauto anfänglich am Nullpunkt der x-Achse steht und das Auto zum Zeitpunkt $t = 0$ s vorbeifährt.

Das Auto fährt mit einer konstanten Geschwindigkeit von $v_A = 120\,\frac{km}{h} \approx 33{,}3\,\frac{m}{s}$, es beschleunigt nicht und seine Position ändert sich entsprechend einer gleichförmigen Bewegung nach $x_A(t) = v_A \cdot t$. Das Polizeiauto fährt mit einer konstanten Beschleunigung vom Betrag $a_P = 5\,\frac{m}{s^2}$. In dem festgelegten Koordinatensystem gilt für Geschwindigkeit und Position in positive x-Richtung:

$$v_P(t) = a_P \cdot t \quad \text{und} \quad x_P(t) = \tfrac{1}{2} a_P \cdot t^2.$$

Die Graphen sehen daher folgendermaßen aus (rot: Auto, grün: Polizei):

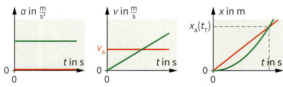

Der Zeitpunkt und die Position, an dem das Polizeiauto neben dem Auto vorbeifährt, lassen sich aus dem Schnittpunkt der Kurven im $x(t)$-Diagramm grafisch bestimmen.

Rechnung: Das Polizeiauto holt das Auto ein und befindet sich zum Zeitpunkt t_T an der Position x_T direkt neben dem Auto. Es gilt:

$$x_A(t_T) = v_A \cdot t_T = \tfrac{1}{2} a_P \cdot t_T^2 = x_P(t_T).$$

Auflösen der Gleichung nach t_T führt auf die beiden Lösungen

$$t_{T,1} = 0\text{ s} \quad \text{und} \quad t_{T,2} = \frac{2\,v_A}{a_P} \approx 13{,}3\text{ s}.$$

Die erste Lösung $t_{T,1}$ ist der Zeitpunkt, zu dem das Auto am stehenden Polizeiauto vorbeifährt. Die zweite Lösung $t_{T,2}$ ist die gesuchte Lösung. Die Position ist

$$x_A(t_{T,2}) = v_A \cdot t_{T,2} = \frac{2\,v_A^2}{a_P} \approx 444\text{ m}.$$

3. a) Es handelt sich um einen freien Fall mit der Fallbeschleunigung $g_M = 1{,}62\,\frac{m}{s^2}$ auf dem Mond. Wir legen den Nullpunkt eines Koordinatensystems auf die Höhe der Landefähre, die y-Achse zeigt vertikal von der Mondoberfläche in Richtung Weltall.

Das Werkzeug beginnt aus der Ruhe zum Zeitpunkt $t = 0$ s zu fallen. Es trifft nach einer Fallzeit t_F auf der Mondoberfläche am Ort $y(t_F) = -10$ m auf. Es gilt:

$$-10\text{ m} = -\tfrac{1}{2} g_M \cdot t_F^2.$$

Auflösen nach t_F führt auf die einzig physikalisch sinnvolle Lösung

$$t_F = \sqrt{\frac{2 \cdot 10\text{ m}}{g_M}} \approx 3{,}5\text{ s}.$$

Für die Geschwindigkeit in y-Richtung beim freien Fall gilt in dem festgelegten Koordinatensystem (Werkzeug bewegt sich in negative y-Richtung):

$$v(t) = -g_M \cdot t.$$

Nach der Fallzeit t_F gilt daher $v(t_F) = -g_M \cdot t_F \approx -5{,}7\,\frac{m}{s}$.

b) Es handelt sich um einen vertikalen Wurf nach oben mit der gesuchten Anfangsgeschwindigkeit vom Betrag v_0. Das Werkzeug hat den minimalen Betrag der Anfangsgeschwindigkeit, falls der Betrag der Geschwindigkeit auf der Höhe der Landefähre $0\,\frac{m}{s}$ beträgt.

Betrachtet man den Vorgang „rückwärts", so fällt das Werkzeug in einer Zeit t_W aus der Ruhe 8 m tief in die Hand der Astronautin. Es handelt sich um die Situation aus a), wobei das Werkzeug 8 m statt 10 m fällt. Der Vorgang dauert $t_W = \sqrt{\frac{2 \cdot 8\text{ m}}{g_M}} \approx 3{,}1\text{ s}$. Da die Astronautin nach oben wirft, also in positive y-Richung (!), gilt für die Anfangsgeschwindigkeit in y-Richtung:

$$v = v_0 = g_M \cdot t_W \approx 5{,}1\,\tfrac{m}{s}.$$

Alternativer Lösungsweg: Für den vertikalen Wurf nach oben mit Anfangsgeschwindigkeit vom Betrag v_0 und Abwurfort $y(0\text{ s}) = -8$ m zum Zeitpunkt $t = 0$ s sind Position und Geschwindigkeit in y-Richtung gegeben durch:

$$y(t) = -8\text{ m} + v_0 \cdot t - \tfrac{1}{2} g_M \cdot t^2 \quad \text{und} \quad v(t) = v_0 - g_M \cdot t.$$

Nach der Zeit t_W erreicht das Werkzeug die Landefähre an der Position $y(t_W) = 0$ m mit $v(t_W) = 0 \frac{m}{s}$. Einsetzen dieser Randbedingungen in die Bewegungsgleichungen für $y(t)$ und $v(t)$ führt ebenfalls zu obigem Ergebnis.

4. Wir legen den Nullpunkt eines Koordinatensystems an den Anfang der schiefen Ebene. Die x-Achse zeigt in Richtung der schiefen Ebene. Dann entspricht der zurückgelegte Weg s einer Kugel der x-Position. Die Bewegung der Kugel beginnt aus der Ruhe zum Zeitpunkt $t = 0$ s.
Der zeitliche Abstand von zwei Pulsschlägen beträgt konstant Δt. Die Zeitpunkte, zu denen die Teilstrecken l_1, l_2, l_3, ... auf der schiefen Ebene in x-Richtung gemessen werden, sind daher $t_1 = \Delta t$, $t_2 = 2 \cdot \Delta t$, $t_3 = 3 \cdot \Delta t$ ...
Die Teilstrecken l_1, l_2, l_3, ... verhalten sich wie die ungeraden Zahlen 1, 3, 5, 7, ... Das bedeutet: $l_1 = 1 \cdot l_1$, $l_2 = 3 \cdot l_1$, $l_3 = 5 \cdot l_1$, $l_4 = 7 \cdot l_1$, ...
Die x-Position $x(t_i)$ und damit der Weg $s(t_i)$ zum Zeitpunkt t_i sind die jeweiligen Summen der bis zu diesem Zeitpunkt gemessenen Teilstrecken, also
$x(t_1) = l_1$, $x(t_2) = l_1 + l_2 = 4 \cdot l_1$, $x(t_3) = l_1 + l_2 + l_3 = 9 \cdot l_1$, ...
Zusammengefasst gilt:

Zeit t	0 s	Δt	$2 \cdot \Delta t$	$3 \cdot \Delta t$	$4 \cdot \Delta t$	$5 \cdot \Delta t$
Weg $s(t)$	0 m	l_1	$4 \cdot l_1$	$9 \cdot l_1$	$16 \cdot l_1$	$25 \cdot l_1$

Offenbar führt eine Verdopplung (Verdreifachung, Vervierfachung) der Zeit zu einem vierfachen (neunfachen, sechzehnfachen) Weg. Der Weg $s(t)$ ist daher proportional zum Quadrat der Zeit t, also $s \sim t^2$.

5. Werden sämtliche Reibungseffekte auf Skater und Skateboard vernachlässigt und wird zudem angenommen, dass der Skater störungsfrei vom Skateboard abspringt (und landet), so liegt folgende Situation vor:
- Das Skateboard bewegt sich mit einer konstanten Geschwindigkeit $v_{0,x}$ in positive x-Richtung auf einer horizontalen Fläche.
- Der Skater besitzt vor und nach dem Absprung ebenfalls die Geschwindigkeit $v_{0,x}$ in positive x-Richtung. Zudem hat er in vertikaler y-Richtung eine Absprunggeschwindigkeit $v_{0,y}$. Er bewegt sich auf einer Wurfparabel (hoffentlich) über das Hindernis.

Da Reibungseffekte vernachlässigt werden, ändert sich die Geschwindigkeit des Skaters in x-Richtung nicht und entspricht daher der Geschwindigkeit des Skateboards. Er befindet sich also tatsächlich immer direkt über dem Skateboard – in unterschiedlichen Höhen.
Allerdings ist die Bewegung nicht ganz so einfach, wie der Skater sagt. Insbesondere Absprung und Landung verlangen viel Übung.

6. Die Bewegungen der Kugeln beginnen zum Zeitpunkt $t = 0$ s.
Weg 1: Auswertung der Messdaten in horizontaler Richtung.
Der Skizze entnimmt man, dass 9,5 cm in der Realität 250 m entsprechen.
Die Abstände in x-Richtung der Kugel, die aus dem Zug fällt, betragen etwa $(2{,}2 \pm 0{,}1)$ cm, also in der Realität etwa $(57{,}9 \pm 2{,}6)$ m.
Da sich der Zug mit konstant 216 $\frac{km}{h}$, also 60 $\frac{m}{s}$, bewegt, liegt zwischen der ersten und zweiten (sowie 2. und 3., 3. und 4., ...) Momentaufnahme eine Zeit von
$t = \frac{57{,}9 \text{ m}}{60 \frac{m}{s}} \approx 0{,}97$ s.

Der Abstand der Momentaufnahmen beträgt also etwa eine Sekunde.
Weg 2: Auswertung der Messdaten in vertikaler Richtung.
Der Skizze entnimmt man, dass 3,8 cm in der Realität 100 m entsprechen.
Die Positionen der frei fallenden Kugel in y-Richtung werden damit zu $y(0) = 0$ m, $y(t_1) = -5{,}3$ m, $y(t_2) = -23{,}7$ m, $y(t_3) = -50{,}0$ m, $y(t_4) = -86{,}8$ m abgelesen. Da für den freien Fall in dem verwendeten Koordinatensystem für die y-Koordinate $y(t) = -\frac{1}{2} g \cdot t^2$ gilt, berechnen sich die Zeiten zu $t_1 = 1{,}04$ s, $t_2 = 2{,}20$ s, $t_3 = 3{,}19$ s und $t_4 = 4{,}21$ s. Der zeitliche Abstand zwischen den Aufnahmen beträgt daher $t_1 - 0$ s = 1,04 s, $t_2 - t_1 = 1{,}16$ s, $t_3 - t_2 = 0{,}99$ s und $t_4 - t_3 = 1{,}02$ s. Der Abstand der Momentaufnahmen beträgt also etwa eine Sekunde.
Anmerkung: Je nach Vergrößerung/Verkleinerung der Skizze können die Werte für die entnommenen Abstände variieren.

Kapitel 1 Grundlagen der Mechanik – Dynamik

1. a) Ist der Luftstrom in Fahrtrichtung gerichtet, erhält das Auto zusätzlich zu seiner Anfangsgeschwindigkeit eine Zusatzgeschwindigkeit. Da Anfangsgeschwindigkeit und Zusatzgeschwindigkeit die gleiche Richtung haben, addieren sich diese beiden Geschwindigkeiten zur neuen Endgeschwindigkeit.

b) Ist der Luftstrom gegen die Fahrtrichtung gerichtet, erhält das Auto eine Zusatzgeschwindigkeit, die der Anfangsgeschwindigkeit entgegengerichtet ist. Um die Endgeschwindigkeit zu erhalten, muss die Zusatzgeschwindigkeit von der Anfangsgeschwindigkeit abgezogen werden.

2. Konstruktion:

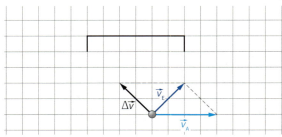

Die Zusatzgeschwindigkeit reicht nicht, damit der Ball ins Tor rollt.

3. a) Nach Umrechnung der Geschwindigkeit in $\frac{m}{s}$ (80 $\frac{km}{h}$ ≈ 22,22 $\frac{m}{s}$) erhält man die Beschleunigung mit der folgenden Gleichung:

$$a = \frac{\Delta v}{\Delta t} \approx \frac{22{,}22\,\frac{m}{s} - 0\,\frac{m}{s}}{30\,s} \approx 0{,}74\,\frac{m}{s^2}.$$

b) Da die Antriebskraft des Lastwagen im leeren Zustand ($m_1 = 7$ t) und im vollbeladenen Zustand ($m_2 = 40$ t) identisch ist, kann man die Antriebskräfte gleichsetzen und erhält die Gleichung

$$m_1 \cdot \frac{\Delta v}{\Delta t_1} = m_2 \cdot \frac{\Delta v}{\Delta t_2}.$$

Nach Δt_2 umgestellt, kann die Zeit berechnet werden, die der Lastwagen benötigt, um im voll beladenen Zustand die Geschwindigkeit von 80 $\frac{km}{h}$ zu erreichen.:

$$\Delta t_2 = \frac{m_2}{m_1} \cdot \Delta t_1 = \frac{40\,t}{7\,t} \cdot 30\,s \approx 171\,s \approx 2{,}8\,min.$$

4. Muskelkräfte: Man kann zum Beispiel mit der Hand ein Spielzeugauto beschleunigen.
Magnetische Kräfte: Der Anker in einem Elektromagneten wird durch magnetische Kräfte beschleunigt oder abgebremst.
Druckkräfte: Der Kolben in einem Zylinder wird durch Druckkräfte der Verbrennungsgase in Bewegung gesetzt. Reibungskräfte gehören nicht dazu, denn die Grundgleichung gilt nur für reibungsfreie Bewegungen. Allerdings muss die Reibungskraft gegebenenfalls bei der Berechnung der resultierenden Kraft einbezogen werden, wenn die betrachtete Bewegung nicht reibungsfrei ist.

5. Die Kraft berechnet sich nach Umrechnung der Geschwindigkeit (100 $\frac{km}{h}$ ≈ 27,78 $\frac{m}{s}$) und der Masse (1 t = 1000 kg) zu

$$F = m \cdot \frac{\Delta v}{\Delta t} \approx 1000\,kg \cdot \frac{27{,}78\,\frac{m}{s}}{7\,s - 0\,s} \approx 3969\,N.$$

6. Mit der Grundgleichung gilt für die Bremskraft

$$F = m \cdot a = 800\,kg \cdot 2{,}5\,\frac{m}{s^2} = 2000\,N.$$

7. a) Mit der Grundgleichung gilt:

$$F = m \cdot \frac{\Delta v}{\Delta t} \approx 70\,kg \cdot \frac{8{,}33\,\frac{m}{s}}{0{,}7\,s - 0\,s} = 833{,}3\,N.$$

b) Auch bei nur 30 $\frac{km}{h}$ beträgt die Kraft, die auf die Person wirkt, mehr als seine Gewichtskraft. Auch bei dieser vermeintlich geringen Geschwindigkeit kommt die Person also ohne Sicherheitsgurt nicht aus.

8. Mögliche Kriterien können beispielsweise Kosten, Geschwindigkeit vor dem Kindergarten und Geschwindigkeit im Ort sein. In der Bewertung können Aspekte wie „Schutz der Kinder auf dem Weg", „Kontrolle am Kindergarten", „überwachter Raum" und „Dauer der Messung" betrachtet werden. Physikalische Aspekte wie die Abgrenzung der Momentangeschwindigkeit von der Durchschnittsgeschwindigkeit sind zu berücksichtigen.

9. Mit der Grundgleichung gilt für die Beschleunigungskraft

$$F = m \cdot a = 700\,000\,kg \cdot 0{,}15\,\frac{m}{s^2} = 105\,kN.$$

10. Auf ebener Strecke muss man ständig in die Pedale treten, um dem Fahrrad eine Zusatzgeschwindigkeit zu geben. Die Fahrgeschwindigkeit nimmt ab, wenn die Kraft, die das Fahrrad antreibt, kleiner wird als die Reibungskräfte, die auf das Fahrrad wirken.

11. Sicherheitsgurte sorgen dafür, dass der Körper im Fall einer starken Bremsung mit dem Auto verbunden

ist und somit mit abgebremst wird. Da der Kopf durch den Sicherheitsgurt nicht fest mit dem Auto verbunden werden kann und aufgrund des Trägheitsprinzips bei einer starken Bremsung daher nicht mit abgebremst wird, benötigt man Airbags. Sie sorgen dafür, dass der Kopf abgebremst wird.

12. Fährt der Bus schnell an, bleiben die Fahrgäste zunächst aufgrund des Trägheitsprinzips in Ruhe. Bremst der Bus schnell ab, behalten die Fahrgäste zunächst ihre Geschwindigkeit bei. Erst einige Zeit nach der Anfahrt bzw. dem Abbremsen haben die Fahrgäste die gleiche Geschwindigkeit wie der Bus. Sicherheitsgurte im Bus würden dafür sorgen, dass die Fahrgäste mit dem Bus verbunden wären und schneller mit dem Bus abgebremst bzw. beschleunigt würden.

13. Die Erde übt auf den Ball (Masse m_B) eine Kraft $\vec{F}_{EB}$ aus und beschleunigt ihn mit g. Umgekehrt übt der Ball die Kraft $\vec{F}_{BE}$ auf die Erde aus, die die Erde in Richtung Ball beschleunigt. Nach dem Wechselwirkungsprinzip ist $|\vec{F}_{EB}| = |\vec{F}_{BE}|$ und damit $m_E \cdot a = m_B \cdot g$.
Daraus folgt: $\frac{a}{g} = \frac{m_B}{m_E}$.

Da sich die Beschleunigungen umgekehrt wie die Massen verhalten und die Masse der Erde sehr viel größer ist als die Masse des Balls, kann man den „Fall" der Erde zum Ball vernachlässigen.

14. Im Kräftegleichgewicht greifen zwei gleich große, entgegengesetzt gerichtete Kräfte am gleichen Körper an (hier am Seil). Beim Seilziehen erkennt man das daran, dass sich weder das Seil noch die Mannschaften nach links oder nach rechts bewegen.

Kapitel 2   Erhaltungssätze

1. Im Startpunkt (Höhe h) hat die Kugel gegenüber ihrem tiefsten Punkt die maximale Lageenergie. Wird die Kugel losgelassen, wandelt sich die Lageenergie nach und nach in Bewegungsenergie um. Im tiefsten Punkt ist die Bewegungsenergie maximal, die Lageenergie ist null. Von da an nimmt die Bewegungsenergie wieder ab und die Lageenergie zu, bis die Kugel im Idealfall wieder ihre Ausgangshöhe erreicht. Aufgrund von Reibung wird in der Realität bei jeder Schwingung ein Teil der mechanischen Energie der Kugel in innere Energie umgewandelt und an die Umgebung abgegeben. Diese Energie steht für die Pendelbewegung dann nicht mehr zur Verfügung und führt dazu, dass die Kugel nach mehreren Schwingungen im tiefsten Punkt stehen bleibt. Man spricht von Energieentwertung.

2. Im Idealfall ohne Reibung und Luftwiderstand ist die Lageenergie der Kugel am Boden in beiden Fällen vollständig in Bewegungsenergie umgewandelt worden. Damit macht es keinen Unterschied, ob die Kugel frei fällt oder rollt. Für die Geschwindigkeit erhält man:
$$E_L = E_{kin} \Leftrightarrow m \cdot g \cdot h = \frac{1}{2} m \cdot v^2$$
$$\Leftrightarrow v = \sqrt{2 \cdot g \cdot h} = \sqrt{2 \cdot 9{,}81 \, \tfrac{m}{s^2} \cdot 30 \, m} \approx 24 \, \tfrac{m}{s}.$$

3. Die Spannenergie wird vollständig in Bewegungsenergie umgewandelt:
$$E_{Spann} = E_{kin} \Leftrightarrow \frac{1}{2} \cdot D \cdot s^2 = \frac{1}{2} \cdot m \cdot v^2$$
$$\Leftrightarrow v = \sqrt{\frac{D}{m} \cdot s^2} = \sqrt{\frac{50 \, \tfrac{N}{m}}{0{,}25 \cdot 10^{-3} \, kg} \cdot (0{,}050 \, m)^2}$$
$$\approx 22 \, \tfrac{m}{s}.$$

4. a) Für die Leistung des Motorrads gilt:
$$P = \frac{\Delta E}{\Delta t}.$$

Unter der Annahme, dass die Kraft, die zur Beschleunigung vorliegt, konstant und entlang des Beschleunigungsweges gerichtet ist und folglich eine gleichmäßig beschleunigte Bewegung vorliegt, gilt:
$$P = \frac{F_s \cdot \Delta s}{\Delta t} = F_s \cdot \frac{\Delta s}{\Delta t} = m \cdot a \cdot \frac{\Delta s}{\Delta t}.$$

Mit der Beschleunigung
$$a = \frac{2 \cdot \Delta s}{(\Delta t)^2}$$
folgt:
$$P = m \cdot \frac{2 \cdot \Delta s}{(\Delta t)^2} \cdot \frac{\Delta s}{\Delta t}$$
$$= 250 \, kg \cdot \frac{2 \cdot (47 \, m)^2}{(3{,}1 \, s)^3} \approx 37 \, kW \approx 50 \, PS.$$

b) Nicht die gesamte abgegebene Energie des Motors dient zur Beschleunigung. Dies liegt an Reibungsprozessen wie Luftwiderstand, Reibungskräften im Motor und zwischen Reifen und Straßenbelag. Hinzu kommt, dass die Leistung des Motors während des Beschleunigungsprozesses nicht konstant ist, sondern mit der Umdrehungszahl des Motors zunimmt. Außerdem bleiben Schaltvorgänge unberücksichtigt.

5. Bei einem unelastischen Stoß auf einer Luftkissenfahrbahn bewegen sich die beiden Gleiter anschließend zusammen fort. Mit dem Impulserhaltungssatz folgt für die Impulse vor und nach dem Stoß:

$$m_1 \cdot v_1 + m_2 \cdot v_2 = (m_1 + m_2) \cdot v',$$

$$v' = \frac{m_1 \cdot v_1 + m_2 \cdot v_2}{m_1 + m_2}$$

$$= \frac{0{,}100 \text{ kg} \cdot 0{,}80 \frac{m}{s} + 0{,}300 \text{ kg} \cdot (-0{,}20 \frac{m}{s})}{0{,}400 \text{ kg}} = 0{,}050 \frac{m}{s}.$$

Beide Gleiter bewegen sich nach dem Stoß also zusammen in Richtung des ersten Gleiters mit einer Geschwindigkeit von $5{,}0 \frac{cm}{s}$ fort.

6. Mit Hilfe der Zeichnung erhält man folgende Größen für die Impulse vor dem Stoß für die große Kugel 1 (Zeile 1) und die kleine Kugel 2 (Zeile 2):

Länge im Bild in cm	entspricht in Wirklichkeit in m	benötigte Zeit in s	$p = m \cdot v$ in kg·$\frac{m}{s}$
2,5	0,50	$\frac{5}{30}$	≈ 0,60
2,2	0,44	$\frac{3}{30}$	≈ 0,35

Nach dem Stoß ergibt sich für Kugel 1 (Zeile 1) und Kugel 2 (Zeile 2):

Länge im Bild in cm	entspricht in Wirklichkeit in m	benötigte Zeit in s	$p = m \cdot v$ in kg·$\frac{m}{s}$
4,2	0,84	$\frac{8}{30}$	≈ 0,63
4,3	0,86	$\frac{7}{30}$	≈ 0,31

Die Richtung der Impulse entspricht der Bewegungsrichtung des jeweiligen Körpers.
Der Gesamtimpuls kann mit Hilfe je eines Parallelogramms für die Situation vor und nach dem Stoß bestimmt werden. Der jeweilige Winkel wird der Abbildung entnommen. Man erhält vor und nach dem Stoß einen identisch großen Gesamtimpuls von ca. $0{,}88 \text{ kg} \cdot \frac{m}{s}$.

7. $h = 30$ cm, die Geschwindigkeiten vor dem Stoß sind v_1 und $v_2 = 0 \frac{m}{s}$, die gemeinsame Geschwindigkeit nach dem Stoß ist v'. Mit dem Energieerhaltungssatz

$$\tfrac{1}{2} m \cdot (v')^2 = m \cdot g \cdot h$$

folgt

$$v' = \sqrt{2 \cdot g \cdot h} = \sqrt{2 \cdot 9{,}81 \tfrac{m}{s^2} \cdot 0{,}30 \text{ m}}.$$

Mit dem Impulserhaltungssatz folgt für diesen unelastischen Stoß:

$m_1 \cdot v_1 = (m_1 + m_2) \cdot v'$, also folgt für v_1:

$$v_1 = \frac{(m_1 + m_2) \cdot \sqrt{2 \cdot g \cdot h}}{m_1}$$

$$= \frac{0{,}10 \text{ kg} \cdot \sqrt{2 \cdot 9{,}81 \tfrac{m}{s^2} \cdot 0{,}30 \text{ m}}}{0{,}040 \text{ kg}} \approx 6{,}1 \tfrac{m}{s}.$$

8. a) Für die Beschleunigung a des Steins gilt:

$$a = \frac{F}{m} \Rightarrow a = \frac{75{,}0 \text{ N}}{10{,}0 \text{ kg}} = 7{,}5 \tfrac{m}{s^2}.$$

Die Geschwindigkeit kann berechnet werden über

$$F = \frac{\Delta p}{\Delta t} = \frac{m \cdot \Delta v}{\Delta t} \Rightarrow \Delta v = \frac{F \cdot \Delta t}{m}$$

$$\Delta v = \frac{75{,}0 \text{ N} \cdot 0{,}300 \text{ s}}{10{,}0 \text{ kg}} = 2{,}25 \tfrac{m}{s}.$$

Nach dem Abwurf bewegt sich der Stein mit einer Geschwindigkeit von $2{,}25 \tfrac{m}{s}$ relativ zum ruhenden Wagen vor dem Abwurf. Da der Wagen bei dem Stoßprozess in die entgegengesetzte Richtung (nach vorne) beschleunigt wird, ist die Geschwindigkeit relativ zum bewegten Wagen noch größer.

b) Zunächst werden beide Steine gleichzeitig aus dem ruhenden Wagen geworfen. Die Geschwindigkeit des Wagens relativ zur ruhenden Umgebung wird mit Hilfe des Impulserhaltungssatzes bestimmt. Nach dem Abwurf bewegt sich der Wagen mit der Geschwindigkeit v_{Wagen}, die Steine haben jeweils die Geschwindigkeit $v_{\text{Stein}} = 2{,}25 \tfrac{m}{s}$. Der Impuls vor dem Wurf ist $0 \text{ kg} \tfrac{m}{s}$.

$$0 = 2 \cdot m_{\text{Stein}} \cdot v_{\text{Stein}} + (m_{\text{Wagen}} + m_{\text{Person}}) \cdot v_{\text{Wagen}}$$

$$v_{\text{Wagen}} = - \frac{2 \cdot m_{\text{Stein}}}{m_{\text{Wagen}} + m_{\text{Person}}} \cdot v_{\text{Stein}}$$

$$v_{\text{Wagen}} = - \frac{2 \cdot 10{,}0 \text{ kg}}{100 \text{ kg} + 75{,}0 \text{ kg}} \cdot 2{,}25 \tfrac{m}{s} \approx -0{,}257 \tfrac{m}{s}.$$

Werden beide Steine nacheinander geworfen, folgt mit dem Impulserhaltungssatz für den ersten Stein:

$$0 = m_{\text{Stein}} \cdot v_{\text{Stein, 1}} + (m_{\text{Wagen}} + m_{\text{Person}}) \cdot v_{\text{Wagen, 1}}$$

$$v_{\text{Wagen, 1}} = - \frac{10{,}0 \text{ kg}}{100 \text{ kg} + 10{,}0 \text{ kg} + 75{,}0 \text{ kg}} \cdot 2{,}25 \tfrac{m}{s} = -0{,}122 \tfrac{m}{s}.$$

Der zweite Stein wird mit einer Relativgeschwindigkeit von $2{,}25 \tfrac{m}{s}$ entgegengesetzt zum bereits fahrenden Wagen abgeworfen. Zur ruhenden Umgebung hat er somit die Geschwindigkeit von $v_{\text{Stein, 2}} = 2{,}11 \tfrac{m}{s}$.
Mit dem Impulserhaltungssatz folgt für den zweiten Wurf:

$$0 = m_{\text{Stein}} \cdot v_{\text{Stein, 1}} + m_{\text{Stein}} \cdot v_{\text{Stein, 2}} + \ldots$$
$$+ (m_{\text{Wagen}} + m_{\text{Person}}) \cdot v_{\text{Wagen, 2}}$$

$$v_{\text{Wagen, 2}} = \frac{-10{,}0 \text{ kg} \cdot 2{,}25 \frac{\text{m}}{\text{s}} - 10{,}0 \text{ kg} \cdot 2{,}11 \frac{\text{m}}{\text{s}}}{100 \text{ kg} + 75{,}0 \text{ kg}} \approx -0{,}249 \frac{\text{m}}{\text{s}}.$$

Es macht also einen Unterscheid, ob beide Steine zeitgleich oder nacheinander geworfen werden. Im ersten Fall bewegt sich der Wagen anschließend mit einer geringfügig größeren Geschwindigkeit.

9. a) Das schnelle Proton habe den Impuls p_1, die Masse m_1 und die Geschwindigkeit v_1 vor dem Stoß. Für den Impuls gilt:

$$\vec{p}_1 = \vec{p}_1' + \vec{p}_2',$$

und mit dem Energieerhaltungssatz folgt:

$$E_{\text{kin, 1}} = E'_{\text{kin, 1}} + E'_{\text{kin, 2}}.$$

Die Massen der beiden Protonen sind gleich. Es folgt nach Division beider Gleichungen durch m und der zweiten durch $\frac{1}{2}$:

$$\vec{v}_1 = \vec{v}_1' + \vec{v}_2' \quad \text{und}$$

$$(v_1)^2 = (v_1')^2 + (v_2')^2.$$

b) Die zweite Gleichung stellt den Satz des Pythagoras dar. Der Winkel zwischen den Geschwindigkeiten nach dem Stoß beträgt also 90°. Die Teilchen bewegen sich anschließend auf Teilchenbahnen, die im rechten Winkel zueinander stehen.

Kapitel 3   Kreisbewegungen

1. a) Für einen Umlauf benötigt das Kind:

$$\Delta t = T = \frac{18{,}6 \text{ s}}{10} = 1{,}86 \text{ s}.$$

Das Karussell dreht sich also mit einer Frequenz von

$$f = \frac{1}{T} \approx 0{,}54 \text{ s}^{-1}.$$

Während eines Umlaufs legt das Kind den Kreisumfang als Strecke zurück:

$$\Delta s = U = 2 \cdot \pi \cdot r = 2 \cdot \pi \cdot \frac{0{,}87 \text{ m}}{2} \approx 5{,}47 \text{ m}.$$

Daher folgt für die Bahngeschwindigkeit:

$$v_B = \frac{\Delta s}{\Delta t} \approx \frac{5{,}47 \text{ m}}{1{,}86 \text{ s}} \approx 2{,}94 \frac{\text{m}}{\text{s}}.$$

Weiter folgt für die Winkelgeschwindigkeit:

$$\omega = \frac{v_B}{r} = 3{,}38 \text{ s}^{-1}.$$

2. Für die Umlaufzeit des Astronauten im Maximalbetrieb der Zentrifuge ergibt sich:

$$T = \frac{1}{f} = \frac{1}{50 \text{ min}^{-1}} = \frac{1}{0{,}83 \text{ s}^{-1}} = 1{,}20 \text{ s}.$$

Während eines Umlaufs legt der Astronaut den Kreisumfang als Strecke zurück:

$$\Delta s = U = 2 \cdot \pi \cdot r = 2 \cdot \pi \cdot 8{,}84 \text{ m} \approx 55{,}54 \text{ m}.$$

Daher folgt für die Bahngeschwindigkeit:

$$v_B = \frac{\Delta s}{\Delta t} \approx \frac{55{,}54 \text{ m}}{1{,}20 \text{ s}} \approx 46{,}29 \frac{\text{m}}{\text{s}} \quad (\approx 167 \frac{\text{km}}{\text{h}}!).$$

Weiter folgt für die Winkelgeschwindigkeit:

$$\omega = \frac{v_B}{r} = 5{,}24 \text{ s}^{-1}.$$

3. Auf die Astronautin wirkt bei Maximalbetrieb der Zentrifuge die Zentripetalkraft

$$F_Z = m \cdot r \cdot \omega^2 = 65 \text{ kg} \cdot 8{,}84 \text{ m} \cdot (5{,}24 \text{ s}^{-1})^2 \approx 15{,}8 \text{ kN}.$$

Sie erfährt dann eine Beschleunigung von

$$a_Z = \frac{F_Z}{m} = 242{,}7 \frac{\text{m}}{\text{s}^2}.$$

Dies entspricht etwa dem 25-Fachen der Schwerebeschleunigung (9,81 $\frac{\text{m}}{\text{s}^2}$) an der Erdoberfläche!

4. Das Seil reißt, wenn die aufzubringende Zentripetalkraft einen Betrag von 700 N überschreitet:

$$m \cdot r \cdot \omega^2 > 700 \text{ N}$$

$$\Rightarrow \omega > \sqrt{\frac{700 \text{ N}}{0{,}16 \text{ kg} \cdot 0{,}47 \text{ m}}} \approx 96{,}5 \text{ s}^{-1}.$$

Dies entspricht

$$f = \frac{\omega}{2\pi} = 15{,}4 \text{ s}^{-1}.$$

5. a) Es müsste gelten:

$F_G = F_Z \Rightarrow m \cdot g = m \cdot r \cdot \omega^2$

$$\Rightarrow \omega = \sqrt{\frac{9{,}81 \text{ m s}^{-2}}{6{,}378 \cdot 10^6 \text{ m}}} \approx 1{,}24 \cdot 10^{-3} \text{ s}^{-1}.$$

Dies entspricht $f = \frac{\omega}{2\pi} = 1{,}97 \cdot 10^{-4} \text{ s}^{-1}$.

b) $T = \frac{1}{f} \approx 5066 \text{ s} \approx 1{,}41 \text{ h}$ (!)

c) In der Realität ist die Gewichtskraft wesentlich größer als die Zentripetalkraft, die erforderlich ist, um den Menschen auf seine Kreisbahn um die Erde zu zwingen. Der Mensch spürt die Differenz dieser beiden Kräfte als Schwere. Sind beide Kräfte dagegen betragsgleich, so erschiene es dem Menschen in seinem kreisförmig beschleunigten System, als wäre er „schwerelos".

6. Die Zentripetalkraft für diese Kreisbewegung beträgt:
$$F_Z = m \cdot \frac{v_B^2}{r} = 80 \text{ kg} \cdot \frac{(8{,}33 \text{ m s}^{-1})^2}{12 \text{ m}} \approx 463 \text{ N}.$$

Das entspricht etwa der halben Gewichtskraft seines Körpers.

7. a) Die erforderliche Zentripetalkraft errechnet sich zu:
$$F_Z = m \cdot \frac{v_B^2}{r} = 1200 \text{ kg} \cdot \frac{(8{,}33 \text{ m s}^{-1})^2}{12 \text{ m}} \approx 6939 \text{ N}.$$

b) Die maximal fahrbare Geschwindigkeit berechnet sich unter den gegebenen Verhältnissen zu:
$$v_{B,a} \leq \sqrt{\mu_{HR} \cdot g \cdot r} = \sqrt{0{,}7 \cdot 9{,}81 \text{ m s}^{-2} \cdot 12 \text{ m}} = 9{,}08 \text{ m s}^{-1}.$$

Da dies knapp 32 $\frac{\text{km}}{\text{h}}$ entspricht, fährt das Auto mit angemessener Geschwindigkeit.
Für die innere Spur gilt indes:
$$v_{B,i} \leq \sqrt{\mu_{HR} \cdot g \cdot r} = \sqrt{0{,}7 \cdot 9{,}81 \text{ m s}^{-2} \cdot 9 \text{ m}} = 7{,}86 \text{ m s}^{-1}$$

Dies entspricht 28,3 $\frac{\text{km}}{\text{h}}$. Der Autofahrer muss seine Geschwindigkeit also anpassen.

8. Mit der Formel für die Maximalgeschwindigkeit in Kurven ergibt sich:
$$v_B \leq \sqrt{\mu_{HR} \cdot g \cdot r} \Rightarrow \mu_{HR} \geq \frac{v_B^2}{g \cdot r} = \frac{(9{,}72 \cdot \text{m s}^{-1})^2}{9{,}81 \text{ m s}^{-2} \cdot 16 \text{ m}} \approx 0{,}6.$$

9. Bei einer Kreisbewegung ist die erforderliche Zentripetalkraft proportional abhängig von der Masse des rotierenden Körpers. Im Falle der Kurvenfahrt eines Autos muss die Zentripetalkraft aber durch die Haftreibungskraft zwischen Reifen und Straßenbelag gewährleistet werden. Da die Haftreibungskraft ebenfalls proportional von der Masse abhängig ist, kürzt sich die Masse bei der Herleitung der maximalen Kurvengeschwindigkeit heraus.

10. Wenn ein Körper eine gleichmäßige Kreisbewegung beschreiben soll, muss auf ihn eine Kraft von konstantem Betrag wirken, die immer zum Mittelpunkt des Kreises hin gerichtet ist. Diese Kraft wird in der Physik Zentripetalkraft genannt. Eine weitere Kraft wirkt bei einer Kreisbewegung nicht auf den rotierenden Körper. Sie spüren während einer Kreisbewegung die Reaktion ihres Körpers auf das System (Autotür, Sessel im Kettenkarussell etc.), dass sie ständig von ihrer natürlichen, geradlinig gleichförmigen Bewegung in Richtung der Kreismitte beschleunigt. Diese Reaktion kommt Ihnen in Ihrem beschleunigten System wie eine „Kraft nach außen" vor. Im Volksmund spricht man von „Zentrifugalkräften". Im physikalischen Sinne existieren diese Kräfte nicht.

11. Wenn nur die Zentripetalkraft dauerhaft auf Sie wirkt, bewegen Sie sich gleichförmig auf einer Kreisbahn (Fall A). Wirkte aber neben dieser Zentripetalkraft in entgegengesetzter Richtung auch noch eine betragsgleiche „Zentrifugalkraft", so würden sich diese beiden Kräfte vektoriell aufheben. Die resultierende Kraft wäre null. Nach dem ersten newtonschen Gesetz würden Sie sich in diesem Fall geradlinig gleichförmig fortbewegen (Fall B).

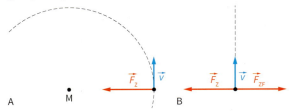

12. Zunächst werden die auf die Kugel wirkenden Kräfte in einem Kräfteparallelogramm eingetragen:

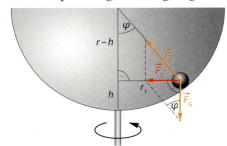

a) Auf die Kugel wirkt die Schwerkraft $\vec{F}_G$ mit $F_G = m \cdot g$, mit ihr und ihrer Trägheitskraft wirkt die Kugel auf die Schalenwand ein. Als Reaktion wirkt die Wand mit der Normalkraft $\vec{F}_N$ auf die Kugel ein. Die Resultierende aus diesen beiden Kräften entspricht der Zentripetalkraft $\vec{F}_Z$. $\vec{F}_G$ und $\vec{F}_Z$ spannen ein rechtwinkliges Dreieck auf, das einem Dreieck mit den Katheten $r - h$ und r_1 ähnlich ist. Es gilt:

$$\frac{|\vec{F}_G|}{|\vec{F}_Z|} = \frac{m \cdot g}{m \cdot r_1 \cdot \omega^2} = \frac{r - h}{r_1}.$$

Gekürzt und nach h aufgelöst ergibt sich:
$$h = r - \frac{g}{\omega^2} = 0{,}15 \text{ m} - \frac{9{,}81 \text{ m s}^{-2}}{246{,}7 \text{ s}^{-2}} \approx 0{,}11 \text{ m}.$$

b) Die Kugel wirkt auf die Schalenwand mit einer Kraft ein, die gemäß dem dritten newtonschen Gesetz der

Normalkraft $\vec{F}_N$ betragsgleich, aber entgegengesetzt orientiert ist. Der Betrag dieser Kraft kann daher wie folgt bestimmt werden:

$$\frac{|\vec{F}_N|}{|\vec{F}_G|} = \frac{r}{r-h} \Leftrightarrow |\vec{F}_N| = m \cdot g \cdot \frac{r}{r-h} \approx 1{,}0 \text{ N}.$$

Kapitel 4   Gravitation und Weltbilder I

1. Bei ihrem nächsten bzw. fernsten Abstand beträgt die wechselseitige Gravitationskraft zwischen Sirius A und Sirius B:

$$F_{nah} = 6{,}67 \cdot 10^{-11} \frac{m^3}{kg \cdot s^2} \cdot \frac{4{,}22 \cdot 10^{30} \text{ kg} \cdot 1{,}95 \cdot 10^{30} \text{ kg}}{(1{,}2 \cdot 10^{12} \text{ m})^2}$$

$$= 3{,}81 \cdot 10^{26} \text{ N},$$

$$F_{fern} = 6{,}67 \cdot 10^{-11} \frac{m^3}{kg \cdot s^2} \cdot \frac{4{,}22 \cdot 10^{30} \text{ kg} \cdot 1{,}95 \cdot 10^{30} \text{ kg}}{(4{,}71 \cdot 10^{12} \text{ m})^2}$$

$$= 2{,}48 \cdot 10^{25} \text{ N}.$$

2. a) Das Gravitationsfeld kann als homogen angenommen werden. Daher gilt für die Holz- bzw. Bleikugel:

$$F_{G,H} = m_H \cdot g = \frac{4}{3} \cdot r^3 \cdot \pi \cdot \rho \cdot g = 4{,}44 \text{ N},$$

$$F_{G,Pb} = m_{Pb} \cdot g = \frac{4}{3} \cdot r^3 \cdot \pi \cdot \rho \cdot g = 100{,}65 \text{ N}.$$

Da beide Kugeln mit $g = 9{,}81 \frac{m}{s^2}$ beschleunigt werden, ist ihre Fallzeit identisch:

$$s = \frac{1}{2} \cdot g \cdot t^2 \Rightarrow t = \sqrt{\frac{2 \cdot s}{g}} = 3{,}10 \text{ s}.$$

b) Wird die Luftreibungskraft F_R berücksichtigt, erfahren beide Kugeln unterschiedliche Beschleunigungen:

$$F_{G,H} - F_R = 4{,}44 \text{ N} - 0{,}69 \text{ N}$$
$$= m_H \cdot a_H = 0{,}45 \text{ kg} \cdot a_H \Rightarrow a_H = 8{,}33 \frac{m}{s^2},$$

$$s = \frac{1}{2} \cdot a_H \cdot t_H^2 \Rightarrow t_H = \sqrt{\frac{2 \cdot s}{a_H}} = 3{,}36 \text{ s}.$$

$$F_{G,Pb} - F_R = 100{,}65 \text{ N} - 0{,}69 \text{ N}$$
$$= m_{Pb} \cdot a_{Pb} = 10{,}26 \text{ kg} \cdot a_{Pb} \Rightarrow a_{Pb} = 9{,}74 \frac{m}{s^2},$$

$$s = \frac{1}{2} \cdot a_{Pb} \cdot t_{Pb}^2 \Rightarrow t_{Pb} = \sqrt{\frac{2 \cdot s}{a_{Pb}}} = 3{,}11 \text{ s}.$$

Mit dem Weg $s_R = 2 \cdot n \cdot \pi \cdot r$ gilt:

$$W_R = 2 \cdot \pi \cdot n \cdot r \cdot (F_G + F_{Sp}).$$

3. a) Die erforderliche Zentripetalkraft ist in diesem Fall die Gravitationskraft. Also gilt:

$$m \cdot r \cdot \omega^2 = m \cdot r \cdot \frac{4 \cdot \pi^2}{T^2} = G \cdot \frac{m \cdot m_{Mars}}{r^2}.$$

Umgestellt nach dem Radius r der Phobos-Umlaufbahn ergibt sich:

$$r = \sqrt[3]{\frac{G \cdot m_{Mars} \cdot T^2}{4 \cdot \pi^2}} = 9375 \text{ km}.$$

b) Um den Radius der Deimos-Bahn zu ermitteln, verwenden wir das dritte keplersche Gesetz:

$$r_D = \sqrt[3]{\frac{T_D^2}{T_P^2} \cdot r_P^3} = 23\,450 \text{ km}.$$

4. Die Gravitationsfeldstärke ist der Quotient aus der Gravitationskraft, die auf einen Körper wirkt, und dessen Masse. Sie entspricht der Beschleunigung, die der Körper rein gravitativ erfahren würde. Für einen Körper, der sich an der Erdoberfläche befindet und daher mit der Erde rotiert, muss ein Teil der Gravitationskraft als Zentripetalkraft aufgebracht werden, um diese Kreisbewegung zu ermöglichen. Daher ist die Gewichtskraft eines Körpers abhängig vom Breitengrad etwas geringer als die Gravitationskraft.

5. a) Unter der Annahme eines homogenen Gravitationsfeldes ergibt sich:

$$E_L = m \cdot g \cdot (8848 \text{ m} - 5364 \text{ m}) = 2\,563\,353 \text{ J}.$$

Unter Annahme eines radialen Feldes ergibt sich:

$$E_L = G \cdot m \cdot M_{Erde} \cdot \left(\frac{1}{6\,373\,364} - \frac{1}{6\,376\,848}\right)$$
$$= 2\,401\,356 \text{ J}.$$

b) Der berechnete Wert unter Annahme eines radialen Feldes weicht um 7 % von dem unter Annahme eines homogenen Feldes berechneten Wert ab. Im Rahmen dieser Genauigkeit ist die Annahme eines homogenen Feldes berechtigt.

6. a) Mit Hilfe der Formel $v_A = \frac{r_P}{r_A} \cdot v_P$ kann die Ankunftsgeschwindigkeit am Mars bei Kenntnis von v_P bestimmt werden. Sie entspricht der Aphel-Geschwindigkeit der Hohmann-Ellipse. Im Exkurs-Beitrag wurde v_P zu $32\,700 \frac{m}{s}$ bestimmt. Daraus ergibt sich $v_A = 21\,456 \frac{m}{s}$.

b) Die Bahngeschwindigkeit des Mars variiert infolge der vergleichsweise hohen Elliptizität von dessen Umlaufbahn zwischen $26{,}50 \frac{km}{s}$ und $21{,}97 \frac{km}{s}$ und beträgt im Mittel $24{,}13 \frac{km}{s}$.

7. Da der Geschwindigkeitsbetrag durch das Swing-By-Manöver verringert wird, muss die Sonde New Horizon vor dem Planeten Pluto vorbeigeflogen sein.

Kapitel 4   Gravitation und Weltbilder II

1. a) In der klassischen Physik gilt die Galilei-Transformation. Geschwindigkeiten aus zueinander bewegten Systemen werden addiert. Wir rechnen mit vorzeichenbehafteten Werten, rheinabwärts wird positiv definiert. Die Geschwindigkeit relativ zum Ufer ist:

$$v = 15\,\tfrac{\text{km}}{\text{h}} + 5\,\tfrac{\text{km}}{\text{h}} = 20\,\tfrac{\text{km}}{\text{h}}.$$

Die Geschwindigkeit der Radfahrerin relativ zum Ufer beträgt: $v_R = -12\,\tfrac{\text{km}}{\text{h}}$.
Die Relativgeschwindigkeit des Schiffes zur Radfahrerin ist:

$$v_{\text{rel}} = 20\,\tfrac{\text{km}}{\text{h}} - \left(-12\,\tfrac{\text{km}}{\text{h}}\right) = 32\,\tfrac{\text{km}}{\text{h}}.$$

b) Die Voraussetzung ist eine praktisch unendliche Lichtgeschwindigkeit. Nur dann gelten die Galilei-Transformationen. Bei Geschwindigkeiten nahe der Lichtgeschwindigkeit muss man die relativistische Geschwindigkeitsaddition verwenden.

2. Es ist $k = \sqrt{1 - \tfrac{v^2}{c^2}}$, $c = 2{,}997\,924\,58 \cdot 10^8\,\tfrac{\text{m}}{\text{s}}$.

a) $v = 1000\,\tfrac{\text{km}}{\text{h}} = 277{,}8\,\tfrac{\text{m}}{\text{s}}$, daraus folgt für k:

$k = 0{,}999\,999\,999\,999\,6 \approx 1.$

Im täglichen Leben spielt die Zeitdilatation also keine Rolle.
Für $v = 99{,}9\% \cdot c$ ergibt sich: $k = 0{,}0447$.

b) Eine Umformung liefert:

$k^2 = 1 - \tfrac{v^2}{c^2} \Rightarrow \tfrac{v^2}{c^2} = 1 - k^2 \Rightarrow v^2 = c^2 \cdot (1 - k^2) \Rightarrow$

$v = c \cdot \sqrt{1 - k^2}.$

Für $k = 0{,}001$ ist also $v = 2{,}9979 \cdot 10^8\,\tfrac{\text{m}}{\text{s}}$,
für $k = 0{,}999$ ist also $v = 1{,}3404 \cdot 10^7\,\tfrac{\text{m}}{\text{s}}$.

3. a) $s = 1\,\text{Lns} = c \cdot 1 \cdot 10^{-9}\,\text{s} \approx 3 \cdot 10^8\,\tfrac{\text{m}}{\text{s}} \cdot 10^{-9}\,\text{s} = 0{,}3\,\text{m}.$
b) $s = 4\,\text{Lns} = 1{,}2\,\text{m}.$

$t' = t \cdot \sqrt{1 - \tfrac{v^2}{c^2}}$ und $t' = 6 \cdot 10^{-9}\,\text{s}$; $v = \tfrac{s}{t} \Rightarrow t = \tfrac{s}{v}$.

Einsetzen liefert:

$t'^2 = \tfrac{s^2}{v^2} \cdot \left(1 - \tfrac{v^2}{c^2}\right)$ und nach Umformen

$v^2 = \dfrac{1}{\tfrac{t'^2}{s^2} + \tfrac{1}{c^2}} \Rightarrow v = \dfrac{1}{\sqrt{\tfrac{t'^2}{s^2} + \tfrac{1}{c^2}}}.$

Die bekannten Größen s, t' und c werden eingesetzt. Das Ergebnis für die gesuchte Relativgeschwindigkeit ist:
$v = 1{,}664 \cdot 10^8\,\tfrac{\text{m}}{\text{s}}.$

$k = \sqrt{1 - \tfrac{v^2}{c^2}} = 0{,}832;$

Die von den synchronisierten Uhren U_A und U_B angezeigte Zeit ist dann:

$t = \tfrac{t'}{k} = \tfrac{6 \cdot 10^{-9}\,\text{s}}{0{,}832} = 7{,}21 \cdot 10^{-9}\,\text{s}.$

4. Die im Zug bewegte Uhr zeigt die Zeit $t' = 1\,\text{h} = 3600\,\text{s}$ an. Die Uhren am ruhenden Bahnhof zeigen die gedehnte Zeit t an. Mit $v = 300\,\tfrac{\text{km}}{\text{h}} \approx 83{,}3\,\tfrac{\text{m}}{\text{s}}$ gilt:

$t = \dfrac{t'}{\sqrt{1 - \tfrac{v^2}{c^2}}} = 3600{,}000\,000\,000\,000\,14\,\text{s}.$

Der Gangunterschied zwischen der Uhr im Zug und den Bahnhofsuhren beträgt $1{,}4 \cdot 10^{-10}\,\text{s}$.

5. a) Eine (nur gedachte) Lichtuhr ist ein evakuiertes, an Ober- und Unterseite vollkommen verspiegeltes Rohr, in dem Licht ohne Verluste auf und ab läuft. Bei jeder Reflexion zählt die Uhr weiter (z. B. um 1 ns bei einer Länge von 30 cm). Unabhängig von der Bewegung der Uhr hat das Licht immer dieselbe Geschwindigkeit.
b) In der ruhenden Uhr hat das Licht die Uhrlänge 2,5-mal durchlaufen, deshalb ist $t = 2{,}5\,\text{ns}$. In der nach rechts sich bewegenden Uhr läuft das Licht vom ruhenden Betrachter aus gesehen schräg und braucht bis zur Reflexion länger. Es hat deshalb die Uhrlänge erst 2-mal durchlaufen: $t' = 2{,}0\,\text{ns}$.

$t' = t \cdot \sqrt{1 - \tfrac{v^2}{c^2}} \Rightarrow \tfrac{t'}{t} = \sqrt{1 - \tfrac{v^2}{c^2}} \Rightarrow$

$\left(\tfrac{t'}{t}\right)^2 = 1 - \tfrac{v^2}{c^2} \Rightarrow v^2 = c^2 \cdot \left(1 - \left(\tfrac{t'}{t}\right)^2\right)$

$v^2 = c^2 \cdot \left(1 - \left(\tfrac{2{,}0}{2{,}5}\right)^2\right) = c^2 \cdot \tfrac{9}{25}$

$v = 3 \cdot 10^8\,\tfrac{\text{m}}{\text{s}} \cdot \tfrac{3}{5} = 1{,}8 \cdot 10^8\,\tfrac{\text{m}}{\text{s}}.$

6. a) $L' = L \cdot \sqrt{1 - \tfrac{v^2}{c^2}} = L \cdot \sqrt{1 - \tfrac{0{,}866^2 \cdot c^2}{c^2}}$
$= L \cdot \sqrt{0{,}25} = L \cdot 0{,}5.$

b) $t' = t \cdot \sqrt{1 - \tfrac{v^2}{c^2}} = 50\,\text{ns} \cdot \sqrt{1 - \tfrac{0{,}8^2 \cdot c^2}{c^2}}$
$= 50\,\text{ns} \cdot 0{,}6 = 30\,\text{ns}.$

$$L' = L \cdot \sqrt{1 - \frac{v^2}{c^2}} = L \cdot \sqrt{1 - \frac{0{,}8^2 \cdot c^2}{c^2}}$$
$$= 12 \text{ m} \cdot 0{,}6 = 7{,}2 \text{ m}.$$

$$t' = t \cdot \sqrt{1 - \frac{v^2}{c^2}} \Rightarrow \frac{t'}{t} = \sqrt{1 - \frac{v^2}{c^2}} \Rightarrow$$
$$\left(\frac{t'}{t}\right)^2 = 1 - \frac{v^2}{c^2} \Rightarrow v^2 = c^2 \cdot \left(1 - \left(\frac{t'}{t}\right)^2\right)$$
$$v^2 = c^2 \cdot \left(1 - \left(\frac{30}{50}\right)^2\right) = c^2 \cdot \frac{16}{25}$$
$$v = 3 \cdot 10^8 \frac{\text{m}}{\text{s}} \cdot \frac{4}{5} = 2{,}4 \cdot 10^8 \frac{\text{m}}{\text{s}}.$$

Dies bestätigt, dass dieselbe Relativgeschwindigkeit von $0{,}8\,c$ gemessen wird. Dies wird aber auch in der SRT vorausgesetzt.

7. a) Das schnellste Auto der Welt ist im Jahr 2021/22 der Bugatti Chiron Super Sport 300+ mit einer Geschwindigkeit von $v_{\text{Auto}} = 490{,}484 \frac{\text{km}}{\text{h}}$. Es ist:
$$v_{\text{Auto}} = 490{,}484 \frac{\text{km}}{\text{h}} = \frac{490{,}484}{3600} \frac{\text{km}}{\text{s}} \approx 0{,}136 \frac{\text{km}}{\text{s}}$$
$$< \frac{1}{10} c \approx 30\,000 \frac{\text{km}}{\text{s}}.$$

Es kann also, auch wenn es zukünftig Autos mit doppelt so hoher Geschwindigkeit geben sollte, in sehr guter Näherung nicht-relativistisch gerechnet werden.

b) Der 2001 entdeckte Asteroid F032 näherte sich 2021 der Erde mit einer Geschwindigkeit von etwa $v_{\text{F032}} = 124\,000 \frac{\text{km}}{\text{h}}$. Es ist:
$$v_{\text{F032}} = 124\,000 \frac{\text{km}}{\text{h}} = \frac{124\,000}{3600} \frac{\text{km}}{\text{s}} \approx 34{,}4 \frac{\text{km}}{\text{s}}$$
$$< \frac{1}{10} c \approx 30\,000 \frac{\text{km}}{\text{s}}.$$

Es kann also in sehr guter Näherung nicht-relativistisch gerechnet werden.

8. Für die im Raumschiff vergangene Eigenzeit t' gilt:
$$t' = t \cdot \sqrt{1 - \left(\frac{v}{c}\right)^2} = 60 \text{ a} \cdot \sqrt{1 - \frac{9}{16}} = 39{,}7 \text{ a}.$$

Der Astronaut ist während seines Fluges um etwa 40 Jahre gealtert und wäre jetzt 60 Jahre alt.

9. Für einen Beobachter auf der Erde dauert der Flug des Jets um die Erde
$$t = \frac{s}{v} = \frac{40\,000 \text{ km}}{1000 \text{ km}} \text{ h} = 40 \text{ h}.$$

Für die Reisende im Flugzeug vergeht die Zeit
$$t' = t \cdot \sqrt{1 - \left(\frac{v}{c}\right)^2} = 40 \text{ h} \cdot \sqrt{1 - 8{,}6 \cdot 10^{-13}}$$
$$= 40 \text{ h} \cdot 0{,}999\,999\,999\,999\,6.$$

Die Differenz beträgt
$$t - t' = 40 \text{ h} \cdot (1 - 0{,}999\,999\,999\,999\,6)$$
$$= 1{,}714\,677\,640\,603\,9 \cdot 10^{-11} \text{ h} \approx 62 \text{ ns}.$$

Die Reisende bleibt demnach etwa 62 ns jünger.

10. Man stelle sich einen kreisförmigen Beschleuniger vor. Die Kreisform wird angenähert durch ein gleichmäßiges N-Eck, dessen Eckpunkte auf dem Kreis liegen. Je größer N, desto besser ist die Näherung des Kreises durch das N-Eck. Im Laborsystem befinden sich an allen Eckpunkten synchronisierte Uhren U_1, U_2, ..., U_N. Das im Beschleuniger umlaufende Elementarteilchen entspricht einer umlaufenden Uhr U'. Die Uhr U' bewegt sich entlang des N-Ecks zwischen je zwei benachbarten Eckpunkten geradlinig und mit konstanter Geschwindigkeit. Die mit U' gemessene Zeit t' verstreicht daher im Vergleich zu der mit den Uhren an den Eckpunkten gemessenen Zeit t langsamer. Nach einem Umlauf (Rückkehr zum Eckpunkt mit der Uhr U_1) zeigt die Uhr U' daher eine geringere Zeit an als die Uhr U_1.

Wie beim Zwillingsparadoxon lässt sich die Argumentation nicht umdrehen und U' als ruhend sowie die Uhren U_1, U_2, ..., U_N als bewegt ansehen, da die Uhr U' nicht in einem Inertialsystem ruht, sondern an jedem Eckpunkt in ein anderes Inertialsystem wechselt.

Anhang   Stichwortverzeichnis

A

abgeschlossenes System 51, 72
Ableitung 15
Airbag 39
Allgemeine Relativitätstheorie (ART) 112, 124, 126, 130
allgemeines Gravitationsgesetz 97
Anfangsgeschwindigkeit 32
Anschnallgurt 39
Äquipotenziallinien 103, 110
Äquivalenzprinzip 124, 130
Arbeit 60, 72
ARISTARCH VON SAMOS 92
ARISTOTELES 29, 94, 96
Äther 116
Autotracking-Funktion (Videoanalyse) 25

B

Bahngeschwindigkeit 76, 88
–, waagerechter Wurf 23
Bahnkurve 10
ballistische Kurven 28
beschleunigtes Bezugssystem 123
Beschleunigung 9, 15, 30
–, Betrag 9
Bewegung
–, gleichförmig geradlinige 12, 30
–, gleichmäßig beschleunigte geradlinige 12, 30
–, zusammengesetzte 22
Bewegungen im Alltag 14
Bewegungsgleichung 13, 35
Bewertung 20
Bezugssystem 10, 84
–, beschleunigtes 123
Bogenmaß 37
BRAHE, TYCHO 93, 94
Bremsen 9
Bremskraft, maximale 61

C

CAVENDISH, HENRY 98
Cavendish-Waage 98

D

Drehimpulserhaltung 107
Drehspiegelmethode 115
Drehwinkel 77

drittes keplersches Gesetz 101, 110
drittes newtonsches Gesetz 40, 46

E

Eigenlänge 120, 130
Eigenzeit 119, 130
EINSTEIN, ALBERT 112, 124
einsteinsches Relativitätsprinzip 113
Einwirkdauer 34
elastischer Stoß 66, 72
Endgeschwindigkeit 32, 42
Energie 50
–, innere 52
–, Bewegungsenergie 50, 55, 72
–, Lageenergie 50, 53, 63, 72
–, Spannenergie 50, 55, 63, 72
– und Kraft 60
Energie im Gravitationsfeld 102
Energieänderung 60, 72
Energieansatz 61
Energieentwertung 52, 72
Energieerhaltung 51, 56, 72
– bei Stößen 67
– experimentelle Überpüfung 58
Energieformen 50
Energieumwandlungen 50
Entscheidungstabelle 20
Epizykel 94
Epizykel-Theorie 93
Ereignishorizont 125, 130
erste kosmische Geschwindigkeit 106, 110
erstes keplersches Gesetz 104, 110
erstes newtonsches Gesetz 38, 46
euklidische Geometrie, Abänderung 123

F

Fadenpendel 54
Fallbeschleunigung 16, 30, 46, 99, 110
–, akustische Messung 18
–, g-Leiter 19
Fallbewegung
–, Stationenlernen 18
Fall, freier 16
Fallgesetz 16, 99
Fall mit Reibung 42
Fallröhe 16
Fallschnüre 18
FIZEAU, ARMAND 114

Fliehkraft 84, 88
Fluchtgeschwindigkeit 114
FOUCAULT, LÉON 410
freier Fall 16, 30
FRESNEL, AUGUSTIN JEAN 116

G

GALILEI, GALILEO 18, 29, 38, 94, 96, 112
galileisches Fallgesetz 99
Galilei-Transformationen 112
GALLE, JOHANN GOTTFRIED 96
Gedankenexperiment 113
Gegenkraft 40
Genauigkeit 17
Geometrie, euklidische, Abänderung 123
geostationäre Satelliten 106, 110
geozentrisches Weltbild 92
gleichförmig geradlinige Bewegung 12, 30
geschlossenes System 51
Geschwindigkeit 8, 30
–, Anfangsgeschwindigkeit 32
–, Bahngeschwindigkeit 76
–, Betrag 8, 30
–, Endgeschwindigkeit 32
–, Zerlegung in Komponenten 11
–, Zusatzgeschwindigkeit 35
Geschwindigkeitsänderung 9
gleichförmige Kreisbewegung 76
Gleichgewichtsorgan 38
geradlinige gleichmäßig beschleunigte Bewegung 12, 30
Gleichzeitigkeit 118, 130
g-Leiter 19
Gleitreibung 44
Gleitreibungskoeffizient 44
Global Positioning System (GPS) 126
Gravitationsfeld 100, 112
–, Energie 102
–, homogenes 102, 110
–, radiales 102, 110
Gravitationsfeldstärke 100, 110
Gravitationsgesetz 97, 110
Gravitationskonstante 97, 110
Gravitationskraft 97
Gravitationspotenzial 103, 110
Gravitationswellen 125, 130
Größen, vektorielle 8
Grundgleichung der Mechanik 35, 46
–, experimentelle Überprüfung 36

H

Hafele, Joseph C. 127
Hafele-Keating-Experiment 127
Haftreibung 44
Haftreibungskoeffizient 44, 82, 88
Haftreibungskraft 82
Hochgeschwindigkeitsaufnahmen 25
Hohmann-Transfer 107
Hohmann, Walter 107
hookesches Gesetz 50
Hubble, Edwin 129
Hubble-Konstante 129
Huygens, Christiaan 114

I

Impuls 67, 72
– und Kraft 67
Impulsänderung 67
Impulserhaltung 69, 72
Inertialsystem 112, 130
innere Energie 52

J

Joule (Einheit) 53, 72

K

Kant, Immanuel 94, 112
Keating, Robert E. 127
Kepler, Johannes 94, 96, 104, 114
keplersche Gesetze 95, 104, 110
Kinematik 8
Knautschzone 39
Konstanz der Lichtgeschwindigkeit 117, 130
Kontraktionsfaktor 120
Koordinatensystem 10
kopernikanische Wende 93
Kopernikus, Nikolaus 93
kosmische Geschwindigkeiten 106, 110
kosmologisches Standardmodell 128
Kraft 34, 46
–, Gravitationskraft 96
–, mehrere Kräfte 86, 88
– und Energie 60
– und Gegenkraft 40
– und Impuls 67
Kraftansatz 61

Kräftegleichgewicht 40, 42, 46
Kräfteparallelogramm 88
Kraftstoß 67
Kreisbewegung 76
– und waagerechter Wurf 85
Kugelstoßen 28
Kurven 83
–, ballistische 28

L

Lageenergie 50, 53, 63, 72
Längenkontraktion 120, 130
Leistung 64, 72
Lemaître, Georges 129
Leverrier, Urbain 96
Lichtablenkung 124, 130
Lichtäther 116
Lichtgeschwindigkeit 114
Lichtuhr 118
Luftreibungskraft 42
Luftwiderstand 42

M

Masse
–, schwere 124
–, träge 124
maximale Bremskraft 61
Maxwell, James Clerk 113
Michelson, Albert A. 114, 116
Michelson-Interferometer 116
Michelson-Morley-Experiment 116
Momentangeschwindigkeit 15
Morley, Edward W. 117
Myon 121

N

Newton (Einheit) 35, 46
Newton, Isaac 29, 37, 38, 96, 112
newtonsche Bewegungsgleichung 35, 46
Normalkraft 44
Nullniveau 53

O

objektiv 20
offenes System 51
Ortsfaktor 16, 30, 46, 99, 110
Osiander, Andreas 94

P

Paradoxien 122
Parallaxe 93
Phyphox 18
Polaris 95
Postulate der Speziellen Relativitätstheorie 113
Prinzip von der Konstanz der Lichtgeschwindigkeit 113
Ptolemäus, Claudius 92

R

Raum-Zeit 124, 130
Reaktionszeit 18
Reflexion 21
Reibung 42, 52
Reibungsprozesse 52
Reibungskraft 42
Relativität der Gleichzeitigkeit 118, 130
Relativitätsprinzip 112, 130
– nach Einstein 113
– nach Galilei 112
Römer, Ole 114
Rollreibungskraft 42, 45
Rotation 59
Rotationsenergie 59
Rückstoßprinzip 41
– und Impulserhaltung 70

S

schiefer Wurf 26, 30
– mit Starthöhe 27
–, Wurfhöhe 27
–, Wurfweite 27
Schwarze Löcher 125, 130
Schwarzschildradius 125
Schwarzschild, Karl 125
schwere Masse 124
signifikante Stellen 17
Sonnenlauf 95
Spannenergie 50, 55, 63, 72
Spezielle Relativitätstheorie (SRT) 112
Standardmodell, kosmologisches 128
Stellen, signifikante 17
Stoß 66, 72
Stoß
–, elastischer 66, 72
–, unelastischer 66, 72
Strömungswiderstand 43

Superposition 22
Swing-By-Manöver 108, 110
Synchronisation 118
System 51
–, abgeschlossenes 51
–, geschlossenes 51
–, offenes 51

T

träge Masse 124
Trägerkreis 93
Trägheit 38
Trägheitsmoment 59
Trägheitsprinzip 38, 46
Translation 59

U

Uhrensynchronisation 118
Umlaufdauer 76, 88
Umlauffrequenz 76, 88
unelastischer Stoß 66, 72
Universum 128
Urknall 128, 130

V

vektorielle Größen 8
Videoanalyse 19, 24
Voyager 109

W

waagerechter Wurf 22, 30
–, Bahngeschwindigkeit 23
– und Kreisbewegung 85
–, Videoanalyse 24
Wechselwirkungsprinzip 40, 46
Weltbild
–, geozentrisches 92
–, heliozentrisches 93
Widerstandskoeffizient 43
Winkelgeschwindigkeit 77, 88
Wirkungsgrad 64
Wurf
–, schiefer 26, 30
–, waagerechter 22, 30
Wurmlöcher 125

Z

Zeitdehnung 119
Zeitdilatation 119, 130
– in der ART 124
Zentrifugalkraft 84, 88
Zentripetalbeschleunigung 80, 88
Zentripetalkraft 78, 88
zusammengesetzte Bewegung 22
Zusatzgeschwindigkeit 9, 32, 35
zweite kosmische Geschwindigkeit 106, 110
zweites keplersches Gesetz 104, 110
zweites newtonsches Gesetz 35, 46
Zwillingsparadoxon 122

Anhang   Tabellen

Vorsilben zu Grundeinheiten

Vorsilbe	Abkürzung	Bedeutung
Tera	T	· 1 000 000 000 000
Giga	G	· 1 000 000 000
Mega	M	· 1 000 000
Kilo	k	· 1 000
Hekto	h	· 100
Zenti	c	· 0,01
Milli	m	· 0,001
Mikro	µ	· 0,000 001
Nano	n	· 0,000 000 001
Piko	p	· 0,000 000 000 001

Physikalische Größen und Einheiten (SI-konform)

Größe	Symbol	Einheit	Abkürzung
Ort	s	1 Meter	1 m
Streckenlänge	Δs	1 Meter	1 m
Zeitpunkt	t	1 Sekunde 1 Minute 1 Stunde	1 s 1 min = 60 s 1 h = 60 min
Zeitspanne	Δt	1 Sekunde	1 s
Frequenz	f	1 Hertz	1 Hz
Geschwindigkeit	v	1 Meter pro Sekunde	$1\,\frac{m}{s}$
Kraft	F	1 Newton	1 N
Masse	m	1 Kilogramm	1 kg
Temperatur	T	1 Kelvin	1 K
Energie	E	1 Joule 1 Kilowattstunde	1 J = 1 Nm 1 kWh = 3,6 MJ
Leistung	P	1 Watt	1 W = 1 J/s = 1 V · A
Spannung	U	1 Volt	1 V
Widerstand	R	1 Ohm	1 Ω
Stromstärke	I	1 Ampere	1 A

Basiseinheiten des internationalen Einheitensystems

Basisgröße	Symbol	Basiseinheit	Zeichen
Länge	l	1 Meter	1 m
Masse	m	1 Kilogramm	1 kg
Zeit	t	1 Sekunde	1 s
Stromstärke	I	1 Ampere	1 A
Temperatur	T	1 Kelvin	1 K
Lichtstärke	I_v	1 Candela	1 cd
Stoffmenge	n	1 Mol	1 mol

Physikalische Konstanten

Vakuumlichtgeschwindigkeit	$c_0 = 2{,}997\,924\,58 \cdot 10^8$ m · s^{-1}
Coulomb-Konstante	$k = 8{,}9877 \cdot 10^9$ Nm^2 C^{-2}
elektrische Feldkonstante	$\varepsilon_0 = 8{,}8542 \cdot 10^{-12}$ C^2 Nm^{-2}
magnetische Feldkonstante	$\mu_0 = 1{,}2566 \cdot 10^{-6}$ Vs A^{-1} m^{-1}
Gravitationskonstante	$G = 6{,}674 \cdot 10^{-11}$ m^3 · kg^{-1} · s^{-2}
Normalfallbeschleunigung	$g_n = 9{,}806\,65$ m · s^{-2}
absoluter Nullpunkt	$-273{,}15\,°C$
Gaskonstante	$R = 8{,}3145$ J · mol^{-1} · K^{-1}
avogadrosche Konstante	$N_A = 6{,}022\,14 \cdot 10^{23}$ mol^{-1}
Elektronenmasse	$m_e = 9{,}109\,382 \cdot 10^{-31}$ kg
Neutronenmasse	$m_n = 1{,}674\,927 \cdot 10^{-27}$ kg
Protonenmasse	$m_p = 1{,}672\,622 \cdot 10^{-27}$ kg
atomare Masseneinheit	$1\,u = 1{,}660\,539 \cdot 10^{-27}$ kg
Elementarladung	$e = 1{,}602\,176 \cdot 10^{-19}$ C
spezifische Ladung (Elektron)	$\frac{e}{m_e} = -1{,}7588 \cdot 10^{11}$ C kg^{-1}
Rydberg-Frequenz	$f_{Ry} = 3{,}2898 \cdot 10^{15}$ Hz
plancksche Konstante	$h = 6{,}6261 \cdot 10^{-34}$ Js $= 4{,}1357 \cdot 10^{-15}$ eV s

Ortsfaktoren

Ort	g in $\frac{N}{kg}$	Ort	g in $\frac{N}{kg}$
Mitteleuropa (Mittelwert)	9,81	Mond	1,62
Äquator	9,78	Merkur	3,70
Nord-/Südpol	9,83	Venus	8,87
Mt. Everest	9,763	Mars	3,71
Berlin	9,8127	Jupiter	24,79
München	9,8072	Saturn	10,44
Madrid	9,8000	Uranus	8,69
Bogota	9,7739	Neptun	11,15

Schallgeschwindigkeiten

Medium	v in $\frac{m}{s}$
Luft (20°C)	344
Helium (0°C)	971
Wasser (20 °C)	1484
Beton (20 °C)	3800
Eisen (20°)	5170
Glas	5000
Gold	2030
Kupfer (20 °C)	3900
Stahl (20 °C)	5100

Anhang Tabellen

Energieeinheiten

	J	kWh	cal*	eV*
1 J	1	$2{,}7777 \cdot 10^{-7}$	0,23884	$0{,}6242 \cdot 10^{19}$
1 kWh	$3{,}6 \cdot 10^{6}$	1	$0{,}8598 \cdot 10^{6}$	$2{,}247 \cdot 10^{25}$
1 cal*	4,1868	$1{,}163 \cdot 10^{-6}$	1	$2{,}613 \cdot 10^{19}$
1 eV*	$1{,}602 \cdot 10^{-19}$	$4{,}45 \cdot 10^{-26}$	$3{,}826 \cdot 10^{-20}$	1

* 1 cal ist die Energie, die benötigt wird, um 1 g luftfreies Wasser bei einem konstanten Druck von 1013,25 hPa (dem Druck der Standardatmosphäre auf Meereshöhe) von 14,5 °C auf 15,5 °C zu erwärmen.
* 1 eV (Elektronenvolt) ist die Energie, die ein Teilchen mit der Elementarladung $e = 1{,}6 \cdot 10^{-19}$ C beim Durchlaufen der Spannung 1 V aufnimmt.

Astronomische Daten

Körper	mittlere Entfernung zur Sonne	Äquatorradius	Masse	Umlaufzeit um die Sonne	Ortsfaktor
Sonne	–	696 342 km $= 109{,}2\, R_E$	$1{,}988 \cdot 10^{30}$ kg $= 3{,}3 \cdot 10^{5}\, m_E$	–	$274\,\frac{N}{kg}$
Merkur	60,4 Mio. km $= 0{,}40\, r_E$	2440 km $= 0{,}38\, R_E$	$3{,}301 \cdot 10^{23}$ kg $= 0{,}055\, m_E$	88 Tage	$3{,}70\,\frac{N}{kg}$
Venus	108,2 Mio. km $= 0{,}72\, r_E$	6052 km $= 0{,}95\, R_E$	$4{,}869 \cdot 10^{24}$ kg $= 0{,}82\, m_E$	225 Tage	$8{,}87\,\frac{N}{kg}$
Erde	149,6 Mio. km $= 1\, r_E$	6378 km $= 1\, R_E$	$5{,}972 \cdot 10^{24}$ kg $= 1\, m_E$	365 Tage	$9{,}81\,\frac{N}{kg}$
Mars	228,0 Mio. km $= 1{,}52\, r_E$	3396 km $= 0{,}53\, R_E$	$6{,}419 \cdot 10^{23}$ kg $= 0{,}11\, m_E$	687 Tage	$3{,}69\,\frac{N}{kg}$
Jupiter	778,4 Mio. km $= 5{,}20\, r_E$	71 492 km $= 11{,}2\, R_E$	$1{,}899 \cdot 10^{27}$ kg $= 318\, m_E$	11,9 Jahre	$24{,}70\,\frac{N}{kg}$
Saturn	1 433,5 Mio. km $= 9{,}58\, r_E$	60 268 km $= 9{,}4\, R_E$	$5{,}685 \cdot 10^{26}$ kg $= 95\, m_E$	29,5 Jahre	$10{,}44\,\frac{N}{kg}$
Uranus	2 872,4 Mio. km $= 19{,}20\, r_E$	25 559 km $= 4{,}0\, R_E$	$8{,}683 \cdot 10^{25}$ kg $= 14{,}5\, m_E$	84,0 Jahre	$8{,}87\,\frac{N}{kg}$
Neptun	4 498,4 Mio. km $= 30{,}07\, r_E$	24 764 km $= 3{,}9\, R_E$	$1{,}024 \cdot 10^{26}$ kg $= 17\, m_E$	164,8 Jahre	$11{,}15\,\frac{N}{kg}$